SIMONE SCHWARZ-BART
Pluie et vent sur Télumée Miracle

SIMONE SCHWARZ-BART

PLUIE ET VENT SUR TÉLUMÉE MIRACLE

EDITED WITH INTRODUCTION,
NOTES AND BIBLIOGRAPHY BY
ALFRED FRALIN & CHRISTIANE SZEPS

PUBLISHED BY BRISTOL CLASSICAL PRESS
GENERAL EDITOR: JOHN H. BETTS
FRENCH TEXTS SERIES EDITOR: EDWARD FREEMAN

This impression 2007
This edition published in 1998 by
Bristol Classical Press
an imprint of
Gerald Duckworth & Co. Ltd.
90-93 Cowcross Street, London EC1M 6BF
Tel: 020 7490 7300
Fax: 020 7490 0080
inquiries@duckworth-publishers.co.uk
www.ducknet.co.uk

French text reproduced by kind permission of Éditions du Seuil

Introduction, notes and bibliography © 1998 by A. Fralin & C. Szeps

A catalogue record for this book is available
from the British Library

ISBN 978 1 85399 483 8

Printed and bound in Great Britain by
CPI Antony Rowe, Eastbourne

Cover illustration: Simone Schwarz-Bart
(Éditions du Seuil, October 1987)
Photo by Anaïk Frantz, reproduced with permission
of Éditions du Seuil

CONTENTS

LA GUADELOUPE

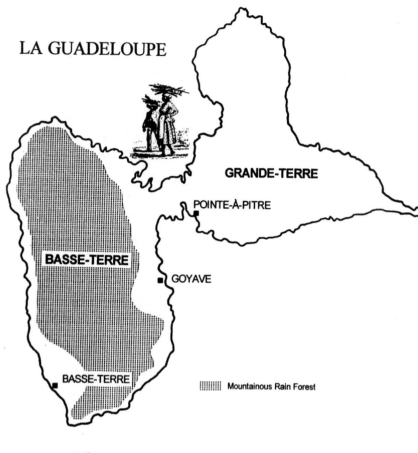

GRANDE-TERRE

POINTE-À-PITRE ■

BASSE-TERRE

■ GOYAVE

BASSE-TERRE ■

░░░░░ Mountainous Rain Forest

Case En Gaulettes
Le toit est en paille (de nos jours en tôle),
et les poteaux de bois dur supportent un
tressage de branchages.

La Coiffe
Accessoire du costume créole, elle
reflète tantôt la situation social, tantôt
les circonstances de la vie.

INTRODUCTION

The Author and Her Country

The only child of a Guadeloupean couple (an elementary school teacher and a career military man), Simone Schwarz-Bart was born on 9 December 1938, in Charente-Maritime, France, spent her first three months there and then went to live on the French West Indian island of Guadeloupe.

Located between the Caribbean Sea and the Atlantic Ocean, with an area of 1,373 sq.km. and a population of approximately 340,000, the volcanically formed, tropical island of Guadeloupe is really two very narrowly separated islands, Basse-Terre and Grande-Terre. Basse-Terre rises through one of the most beautiful Caribbean rain forests to an elevation of 1467 m. at the top of the Soufrière, the most active volcano in the western hemisphere. Grande-Terre, on the other hand, is relatively dry, flat and covered with undulating sugar-cane fields. Although the city of Basse-Terre is Guadeloupe's capital, its largest and most important city is the port of Pointe-à-Pitre located on Grande-Terre. Since most of Guadeloupe's inhabitants are descendants of African slaves from the coastal regions of Guinea, the majority of its people are either blacks or mulattoes, and they are largely Catholic.

Guadeloupe owes its name to Christopher Columbus. In 1493, during his second trip to the New World, he disembarked there after sailing through a terrible storm. In order to thank Virgin Mary for saving him, he gave the island a Spanish monastery's name, Santa Maria de Guadelupe de Extremadura. When the Spaniards explored the island, they encountered only Caribs, warlike Indians originally from Amazonia. Having no gold, however, the island did not attract the Spaniards, and so they never colonised it. In 1635, two French fortune hunters, L'Olive and Du Plessis, claimed the island for themselves and began permanent occupation of it by the French. By the end of the 17th century all the Caribs had been exterminated, Louis XIV had made Guadeloupe part of the royal domain, and cotton, coffee, tobacco and especially sugar-cane were cultivated there. Since the king needed labourers for such crops, he exploited the African slave trade which grew rapidly. At the end of the 18th century, between 1794 and 1798, Republicans took control of Guadeloupe and freed the slaves who lost their freedom again in 1801, despite great bloodshed, when Napoleon Bonaparte reinstated slavery. From the struggle, however, local heroes, as well as a tradition of resistance emerged to colour Guadeloupean history until slavery was definitively abolished in 1848. Thereafter, the sugar industry grew and thrived, thanks largely to the white landowners' (in Creole, the *Békés'*) exploitation of former slaves and their poor, resentful descendants whose socio-economic status began to improve radically in 1946 when Guadeloupe, like its sister island, Martinique, became a D.O.M. (*département d'Outre-Mer*) or French overseas state.

Simone Schwarz-Bart spent her childhood and adolescence in small villages or communities of Basse-Terre where she became thoroughly acquainted with rural life, customs, popular beliefs, Creole language and story-telling, all of which were heavily influenced by superstition and belief in the *merveilleux* (the supernatural or fantastic). After finishing her secondary education in Pointe-à-Pitre and Basse-Terre, at the age of eighteen Schwarz-Bart went to Paris in order to take her baccalaureat exam and then to undertake advanced study, as did many young West Indians who, at that time, looked to France for hope. As she put it, 'Tous les Antillais de ma génération avaient les yeux braqués sur la France...On s'imaginait que les Français savaient vivre, qu'ils avaient résolu le mystère de l'homme...'[1]

Paris was quite different from Guadeloupe, however, and young Simone underwent a tremendous cultural shock. According to her,

La capitale m'est apparue comme une grande banque avec toutes ses portes fermées. Un monde hostile. Chez nous, toutes les portes sont ouvertes, on vit en communauté...Le soir, les gens passent leur veillée chez les uns, chez les autres. Ils se racontent des histoires, ils inventent. Il y a toute une culture qui se forge ainsi...C'est en France que j'ai pris conscience de ma culture. Je me suis rendu compte que je n'étais effectivement pas Française. C'est à Paris que j'ai découvert que je suis noire...J'ai commencé à voir les blancs tels qu'ils étaient. J'ai vu leur piètre vie...[2]

She felt culturally lost, but she persevered, began to study law, frequently escaping to the warmth of the French Caribbean community in Paris. Then, in 1959, she met André Schwarz-Bart, a French writer of Jewish origin who that same year received the Goncourt prize for his novel, *Le Dernier des Justes*, in which he lashed out at antisemitism – of which he had been a victim during the Nazi occupation. In 1960, Simone and André, 'two beings quite distinct in terms of race, religion and culture...', were married, 'and their two sons [were] a concrete realisation of the union of ethnic groups and cultures that they both ardently desire[d].'[3]

After stays in Israel, in Guadeloupe and in Senegal, the Schwarz-Barts decided to settle down in Switzerland where Simone began to study literature at Lausanne University while André started to write a series of novels set in the West Indies (*les Antilles*). Realising that his wife had great talent for writing and transposing Creole into French, André strongly encouraged her to become a writer and to collaborate with him on her first volume, *Un plat de porc aux bananes vertes*, which appeared in 1967. Writing then became a necessity for Simone who recalls, 'J'ai besoin d'écrire pour éclaircir mon sentiment au fur et à mesure. Cela m'éclaire sur moi-même...Je suis quelqu'un qui colle aux choses. J'ai besoin de temps pour que les choses se décantent. Du recul. L'écriture me donne ce recul-là...'[4] So, she wrote and published in 1972 the novel, *Pluie et vent sur Télumée Miracle*, which won *Elle* magazine's literary prize. In 1978 the Schwarz-Barts moved to the village of Goyave in Guadeloupe, where Simone continues to live and write. In 1979 she published another novel, *Ti-Jean l'Horizon*, an example of West Indian magic realism, and in 1987, a play titled *Ton Beau capitaine* in which she deals with Guadeloupe's immigration problems. In 1988 she also published *Hommage à la femme noire*, an encyclopedia in three volumes.

Filled with colourful French expressions arranged in Creole rhythmic patterns, Schwarz-Bart's novels plunge us, so to speak, into the West Indian world and its reality generally unknown to outsiders. Narrators and characters in general are poor country people who have trouble adapting themselves to new ways of living that are foreign to the old lifestyle – with its reverence for legendary figures and the elderly. Says Schwarz-Bart,

> Notre vie ne se réduit pas à nous-mêmes...C'est peut-être ce sentiment qui me permet de ne pas étouffer dans les limites que la vie m'a tracées...Ecrivant, je souhaite fixer deux ou trois images des miens, de mon peuple, de ses souffrances et de ses joies, de ses luttes et, la chance aidant, inviter quelques personnes à s'arrêter pour le voir.[5]

In *Télumée Miracle* Schwarz-Bart expresses herself entirely in French but with the profuse narrative style of someone telling a story orally in Creole. She does not consciously choose between the oral and the written word. Intuitively and skilfully, without an apparent standard of transformation, she moulds French words and syntax to the West Indian soul. 'J'ai voulu faire passer surtout l'esprit de la langue créole,' she says,

> J'ai l'impression de mettre, dans cette espèce de langue française que j'écris à ma manière créole, l'esprit de notre langue. Quelquefois il y a des passages où je suis bloquée: j'écris d'abord en créole, après je reprends en français, et cela vient, car j'ai trouvé, l'esprit est venu.[6]

If old people are venerated in *Télumée Miracle*, it is because initiation to life occurs through oral transmission of which they are the privileged vehicle. Like Télumée and her grandmother, they are the living memory of Guadeloupe that the author hopes to preserve by converting oral communication into writing.

Genesis of *Pluie et vent sur Télumée Miracle*

Telling how she came to write her novel, Schwarz-Bart herself says,

> *Télumée Miracle* est un hommage à une femme de Goyave...Je l'ai
> connue pendant mon enfance...j'étais constamment chez cette femme.
> J'ai décidé de faire un roman du jour où elle a disparu...Elle est morte
> en 1968, il me semble. Elle s'appelait Stéphanie Priccin mais c'était
> Fanotte, Fanfan'ne Diaphane, selon ses périodes de femme...Elle se
> sentait incomprise par la jeunesse sans dons qui n'avait pas d'oreilles
> pour les vieux...Je sentais qu'elle se demandait comment cela serait
> après elle...Elle racontait sa vie comme quelque chose de nostalgique,
> de perdu, qui disparaîtrait à tout jamais...Pour moi, elle était d'un
> courage extraordinaire...Sa vie résumait toute une fresque, toute une
> tranche de la vie des Antillais. Je pense, comme les Africains, que
> lorsqu'un vieux meurt, toute une bibliothèque disparaît...En réalité ce
> n'est pas sa vie, mais une collecte de moments privilégiés, de moments
> de son enfance; c'est une espèce de mémoire que j'ai voulu restituer...
> Pourquoi le choix du prénom Télumée Miracle? Télumée, c'est ma
> marraine. Miracle, je l'ai ajouté...C'était un miracle qu'elle soit restée
> fidèle à elle-même.[7]

Simone Schwarz-Bart is compelled to tell about the people she thinks she
has understood, Guadeloupeans not yet tainted by modern civilisation. She
states, 'Ils ont leur forme d'aliénation propre, comme chacun de nous, mais
ils sont conscients de leurs restrictions...Ces gens-là m'ont beaucoup apporté.
Une certaine sagesse, c'est précieux dans ce monde fou qui change tellement
vite.'[8] At that time there was continuity from one generation to another, and
if Creole society revolved around the mother, it was because, during the four
centuries of colonial rule, the woman had always been the most stable family
element. Indeed, this social phenomenon grew out of slavery which totally
disorganised the family and prevented the black man from truly being a
father. Consequently, the West Indian woman's strategy for survival is silent
perseverance, whereas the man's way is one of protest and action much more
spectacular but less effective. Hence Schwarz-Bart bequeathed to Télumée
the duty of telling about a whole lineage of women to whom she, merely
because she is West Indian, is endebted for feeling as she does: 'Télumée
c'est, pour moi, une espèce de permanence de l'être antillais, de certaines
valeurs...'[9] Clearly, Schwarz-Bart deliberately chose to give to the first
woman of the line the name of Minerva, the guardian goddess of Rome.

The absence of male lineage in *Télumée Miracle* reflects a reality of the
author's early years in Guadeloupe, when life was a struggle for survival that

in no way helped men to assume total responsibility for their families. She states, 'Mes amis parlaient toujours de plusieurs pères...Les femmes, les mères, recherchaient un père, un poteau-mitan, mais se retrouvaient chaque fois toutes seules.'[10] This condition contributed to a constant malaise toward the future that manifests itself in the novel and is related to what Schwarz-Bart calls the *folie antillaise*, which she considers to be the peculiar source of the West Indian's genius, his driving force, according to her,

> Cette façon d'appréhender le monde, de se donner entièrement à l'instant...Cela vient peut-être de notre histoire, du fait que l'on ne pouvait pas faire de grands projets...Ce n'est pas un mal...C'est une façon de s'assumer ou de ne pas vouloir s'assumer.[11]

French Caribbean Literature

Literature produced in the French West Indies before the 1930s was essentially European in that its authors were mulattoes conditioned to imitate European literary models. A distinctly Caribbean type of French literature was not born overnight, but one work, more than any other, established its identity and caused it to flourish. This work was a long poem, *Cahier d'un retour au pays natal,* written by Aimé Césaire, the Martinican bard of black culture and spiritual father of a whole generation of distinctly Caribbean writers such as Edouard Glissant, Maryse Condé, Raphael Confiant and Patrick Chamoiseau. The first to articulate clearly a distinctly French Caribbean identity, Césaire was, with the Senegalese poet and former president L.S. Senghor, a spokesman and leader of the literary and philosophical movement, *Négritude,* a term that he was the first to use in *Cahier d'un retour.* Césaire made of his poem a manifesto in which he calls for the expression of black pride and dignity as well as the propagation of black cultural values. For Césaire, *Cahier d'un retour* represented a sudden awareness, a point of departure, the articulation of his decision to distance himself from European values by insisting on: 1. West Indian identity fashioned from slavery; 2. rejection of the white world, colonialism and racism; 3. the West Indian's need to reverse his endlessly humiliating and alienating situation; and 4.confidence in a future governed by universal brotherhood.

During the years that followed, French Caribbean literature rapidly divorced itself from African *Négritude.* Although Africans and West Indians had much in common and felt a certain closeness, they were quite different in that, unlike Africans for whom total colonialisation was relatively short-lived, West Indians were transplanted descendants of slaves whose history was shaped by a sudden uprooting and the long-lasting imposition of a foreign culture on them. Using this distinction, which Césaire posits in *Cahier d'un retour*, as a starting point, Martinican and Guadeloupean intellectuals share the urge to find their identity, to rediscover, mainly through an orally-expressed collective memory, what it means, historically or otherwise, to be a West Indian. Creole story-tellers, distant offspring of the African witch doctor, could tell their tales only at night during slavery. Under the cover of night and often incorporating songs, as does *Télumée Miracle*, such tales tended quite naturally to convey a message of resistance to colonial order. It is the language of these tales and songs that West Indian writers have tried to regain and insert into the literary mould of the novel, a Western World invention. So it happened that at the end of the 1940s, through his realistic depiction of the Martinican scene, an author of short stories and novels, Joseph Zobel, distinguished himself and amplified the struggle to preserve West Indian originality, most notably in *La Rue Cases-Nègres* [1950]. This novel contrasts the bone-wearying, dehumanising lives of cane-field workers and that of a pre-adolescent lad who may hope for a better future in a post-colonial world because he excels in school and because his elders give him a West Indian identity that ensures his dignity and sense of self-worth.

In the 1950s, impelled by a greater intellectual ambition, the Martinican Edouard Glissant launched his own quest for a distinct West Indian identity – or *Antillanité* as he called it.[12] He affirmed that the search for such an identity had to be achieved through a cultural re-conquest that would enable one to articulate the past and the future. This feat would entail, on one hand, an investigative journey backward toward the past with careful attention to sources and, on the other hand, a journey forward from the sources to the present which would rely heavily on written accounts. The thread of history would be found beneath the surface of apparent chaos, disorder or seemingly insurmountable differences. In the novel, *La Lézarde* [1958], Glissant's protagonist is the one who searches beneath the surface of events and goes back up the proverbial stream of time to find his way between myth or legend and reality, the tale and factual history, slavery and freedom.

Most of the West Indian novels published during the last three decades hark back to themes of protest put forth in previous works. For example, Guadeloupean Maryse Condé's novels, *Une Saison à Rihata* [1981] and *Ségou* [1984] emphasise ethnic awareness in particular, whereas in *Texaco* [Prix Goncourt 1992], Patrick Chamoiseau expresses the hope and bitterness of West Indians through sketches of daily life, of historical moments and of Creole tales among others. In general, French Caribbean literature, especially that of Martinique and Guadeloupe, addresses the question of identity, the definition and redefinition of the collective identity quest which the authors treat with an increasing variety of narrative strategies. From Régis Antoine's perspective,

Si l'on considère les oeuvres parues ces dernières années, on s'aperçoit que les idéologies, mythologies, les clichés mêmes qui jusqu'à présent avaient fait prospérer la littérature, y laissent encore déposer quelques-uns de leurs fragments...Un écrivain vrai s'empare de ces sédiments en réserve, de ce leg disponible. Refusant la gratuité et le dépaysement ludique, il les compose en un corps de signes réactivés par des préoccupations neuves, des symbolisations personnelles, comme avait su faire Césaire...[13]

Pluie et vent sur Télumée Miracle's Place in French Caribbean Literature

Having received no truly major literary award, *Télumée Miracle* has nonetheless become a classic, the kind of work for which appreciation grows retrospectively. As already stated, it is a living recollection rich in imagery, studded with proverbial sayings and conveyed by a kind of linguistic musicality or Creole rhythm that tells us what it meant to be a black Guadeloupean woman during the first half of the 20th century. The author owes her success to writing from the heart, being herself a Guadeloupean woman who can speak of Télumée as if she were a sister. Glissant affirms in *Le discours antillais* [1981] that he often uses the expression 'oral literature' to qualify the process of applying oral story-telling techniques to writing. Thereby, he claims, 'le cri devient parole écrite sans cesser d'être cri, ni même hurlement.'[14] *Télumée Miracle* belongs to that type of oral literature governed, as is Glissant's *Lézarde*, by the will to rediscover the beginnings of traditions and myths and to reactualise them so that, like a nourishing sap, they may revitalise and enrich modernity.

Schwarz-Bart chose a linear structure for her novel because it is quite naturally the form of a story told orally:

C'est la technique orale, celle du conte, du griot...Le conte, c'est une grande partie de notre capital. J'ai été nourrie de contes. C'est notre bible. Toute notre démarche dans la vie, nos façons de réagir, en fait, partent du conte.'[15] To critics who have reproached Schwarz-Bart for not offering a political solution to West Indian problems she has replied, 'Mais pour moi le fait d'avoir fait cela, c'était déjà un acte politique.[16]

When people ask Schwarz-Bart where she fits into a feminine literary tradition, she answers modestly that she does not create literature, that she simply describes life. Not considering herself to be a woman writer, she prefers to be seen as a West Indian woman story-teller. Says she,

Ce sont les femmes qui ont tout sauvé, tout préservé, y compris l'âme des hommes. Ce sont des gardiennes jalouses qui ont toujours lutté en silence. Quand l'homme antillais faisait des enfants sans revendiquer la paternité, celle qui devait assumer la lignée, accomplir les tâches quotidiennes, s'occuper des enfants tout en leur transmettant les traditions ancestrales, c'était naturellement la femme.[17]

Little does it matter that Schwarz-Bart's writing may or may not be distinctly feminine. The fact remains that the most beautiful female character of West Indian literature, the one who touches us most, the one most accurately drawn, is Télumée. She may not have a grandiloquent tongue of resistance or rebellion, but she does have strength in silence, for she is present, she resists, she tries to survive, she embraces a stoic philosophy, resigns herself to fatality and moves ahead despite adversity. That is what makes her extraordinary.

Is *Télumée Miracle* a love novel? 'Peut-être,' says the author, 'C'est d'abord un hommage rendu à l'existence de la femme antillaise.'[18] In fact, all black literature revolves around rhythm, poetry and existence. By adapting her text to a song in which her heroine, at life's end, finds the key to happiness: '....je mourrai là, comme je suis, debout, dans mon petit jardin, quelle joie!,'[19] Schwarz-Bart echoes Césaire's words,

> Et elle est debout la négraille
> La négraille assise
> inattendument debout
> debout dans la cale
> debout dans les cabines
> debout sur le pont
> debout dans le vent
> debout sous le soleil
> debout dans le sang
> debout
> et
>   libre...

lines from *Cahier d'un retour au pays natal*,[20] intended to restore black West Indians' dignity and heroic qualities.

Pluie et vent sur Télumée Miracle is the French Caribbean novel most widely read by French students in anglophone countries.[21] What now ensues is an attempt to explain the novel's popularity through: 1. an examination of its thematic structure in relation to the environment that shaped it; and 2. an amplification of critics' observations. Treating mainly salient characters, images and themes without precluding freedom of interpretation, such an analytic approach intends also to foster careful consideration of the work's aesthetic qualities and thus to further enhance the reader's understanding and appreciation of them.

Characters and Themes

Two of the most obvious reasons for the novel's success are its already noted linear, continually evolving plot and the uplifting epic tale that it tells. Easy to follow, it begins with a rather cursory, retrospective glimpse at three women of the Lougandor family: the great-grandmother (Minerve), the grand-mother (Reine Sans Nom) and the mother (Victoire) of narrator-protagonist Télumée. Then it traces in detail her life from the age of ten to old age and looming death. The literary embodiment of a real person, Télumée is the last of the fictitious Lougandor women who have bridged the gap, so to speak, between the abolishment of slavery in 1848 on the French West Indian island of Guadeloupe and the 1960s, after the island became a French state in 1946. Although materially poor descendants of slaves, these women immediately assume in Télumée's account the lofty, heroic, goddess-like stature that their names reflect, and from the outset one senses Télumée's stoic acceptance of the Promethean role that she, by inheritance and by her own mythic name itself, seems destined to play. In Monique Bouchard's words, Télumée's story is that of 'une lignée de femmes qui...ont toutes 'le visage haut levé' et qui...se transmettent de mère en fille le nom de Lougandor,'[22] If, as the suffering agent of fate, Télumée strongly resembles the classical tragic hero, she is also a dreamer, a Quixotic figure who, against overwhelming odds, never stops pursuing her dream of happiness.[23] Epitomy of the black race's essence or '*Négritude*,'[24] she is the nobly good and beautiful black woman – whose capacity to endure the social injustice of colonialism and the pain of abuse from the black man she loves most will forever stand as a tribute to her race and sex.

Indeed, another source of great interest in *Télumée Miracle* has been the protagonist's gender. The second of Simone Schwarz-Bart's three novels, the other two being *Un plat de porc aux bananes vertes* [1967, written jointly with her husband] and *Ti-Jean l'Horizon* [1979], *Télumée Miracle* was published in 1972 and received *Elle* magazine's literary prize. Since then it has often been labelled a feminist novel. To be sure, Schwarz-Bart's portrayal of Guadeloupean women is somewhat, though not always, kinder than is her treatment of their male counterparts. According to Bouchard, however, such discrimination results not from the author's being female and vindictive but from West Indian woman's growing intolerance of the endemic tyranny, infidelity, mediocrity and irresponsibility of the typical West Indian man.

However, as Bouchard is quick to add, some of the women in the novel are hardly less flawed than are some of the men, and even the least flawed Lougandor women 'could appear to be Amazons...who miscarry their male offspring...using men only for reproduction of girls.'[25] Perhaps the most striking leitmotiv of female superiority is the image that both opens and closes the novel, thus reinforcing the idea of a transitional circular link in the bridge or chain of lifespans between the old era and a promising new one. In this respect, of particular significance is the total effect that life's storms, symbolic wind and rain in the book's title, have upon both men and women, especially Télumée.

Yet another thematic aspect of *Télumée Miracle*, especially relevant to its growing number of black readers, is alienation. For Télumée and company, it is such a natural feature of their existence that they never consider the possibility of social integration, thereby lending credence to the notion that history repeats itself in preordained cycles of cosmic order. If this deterministic belief has led to revolt against fate among some, it has fostered a fatalistic, counter- productive attitude of submission among others, namely West Indian descendants of slaves brutalised by centuries of oppression and numbed by a terrible inferiority complex. In *Télumée Miracle*, traditional fatalism weighs heavily upon Schwarz-Bart's people, and she seems to be saying primarily to black men, 'Materially poor but spiritually rich, we, too, can find happiness and inner peace if we stop pitying ourselves, stop blaming fate or others for our problems and behave compassionately and responsibly toward one another.' The source of self-pity, alienation of Afro-Americans, has occurred in two basic ways: exile and enslavement. First, slave traders abducted them from their homeland and stripped them of their dignity, then white masters or landowners (the *Békés* in the French West Indies) controlled them economically, alienated them from the ruling society and made them feel inferior. Says Jones, '[Schwarz-Bart] is writing about the uprooted Africans who have emerged from slavery to reconstruct village communities, but who are still living precariously...Slavery is still vibrating in the landscape'[26] of twentieth- century Guadeloupe and is just as paralysing as it is in Joseph Zobel's *La Rue Cases-Nègres* set in Martinique. Also predisposing blacks to believe themselves cursed by fate, vestigial African superstition has compounded the paralysis. The most alienated of all have been the descendants of *marrons*, the rebellious slaves who escaped to the wooded slopes of the mountains and hills.

One of these hills (*mornes* in Creole), *La Folie*, has dual meaning in terms of Télumée's alienation from society. Of Marron ancestry, Télumée moves her cabin from the valley of Fond-Zombi to higher ground on *morne La Folie*, her last place of residence farthest removed from plantation lowlands.

Bouchard sees this move as the normal Marron reaction to the madness that, interpreted by Télumée to be of supernatural origin, has demonised Elie, her beloved common-law husband, driven a permanent wedge between them and gripped Télumée herself for months. It is not coincidental either that Télumée finally goes to live in a place called 'Madness' or 'Insanity' of which the residents, like those of an asylum, are among the most marginalised of Guadeloupe's inhabitants.[27] As she describes it, 'Le morne La Folie était habité par des nègres errants, disparates, rejetés des trente-deux communes de l'île et qui menaient là une existence exempte de toutes règles, sans souvenirs, étonnements, ni craintes.' (186)

Characterisation and imagery being Schwarz-Bart's forte, few authors are more skilled than she is in depicting local colour. Driven, as are other champions of *Négritude* such as Joseph Zobel, Camara Laye and Alex Haley, by the need to validate her ethnic roots, she excels in resurrecting people and places of the past, in *Télumée Miracle*, mainly the Guadeloupean black community of the first half of the twentieth century. The new perspective that she, like Maryse Condé, brings to Caribbean literature is that of a woman, and her primary goal is not simply to promote *Négritude* but to properly recognise humble, anonymous West Indian black women as the mainstay of West Indian black communities. To this end, it is only natural that characters of this type, namely, Télumée, her female antecedents and friends, be fully developed, whereas, seen through their eyes, their male companions and others are somewhat less drawn. The latter are nonetheless accurately described, for they colour Télumée's world, she and they interact as do she and the natural environment evoked in a wealth of commonplace and exotic images. One of these, the boat, is a particularly appropriate leitmotiv for the Lougandor women's conception of themselves as unsinkable vessels propelled by the winds of change. For instance, in reference to her recovery from the break-up with Elie, Télumée recalls, 'Ainsi, au long de ses derniers jours, grand-mère fabriquait-elle du vent pour gonfler mes voiles, me permettre de reprendre mon voyage sur l'eau.'(170) And later, to her question, 'il faut donc abandonner mon navire, et le laisser sombrer tout seul, bonne-maman?' her grandmother replies, '...évite que cela soit inscrit dans le livre de ta vie.'(172) In short, Télumée is the result of her genetic make-up, of tradition and of the people and things that surround her, none of which Schwarz-Bart neglects.

In *Télumée Miracle* the most influential remnants of African culture are folkloric or proverbial wisdom, clearly delineated social roles of the sexes and a belief in the supernatural. On one hand, Télumée and her people believe in the omnipresence of maleficent zombies or spirits and in the stigmatising supernatural curse already noted. On the other hand, they believe that certain elderly individuals, such as Télumée's grandmother's friend Man Cia, who supposedly transforms herself into a black dog at one point, possess extraordinary wisdom, a knowledge of magic and healing powers of supernatural origin. Scarcely diminished in the West Indies since Télumée's time, moreover, these beliefs are nowhere more apparent today than in the abundant West Indian newspaper advertisements for psychics and healers, known as *quimboiseurs* or *médiums*, who hardly differ from African witch doctors or *marabouts*. To this elite group Télumée herself finally belongs late in life when, having survived overwhelming sorrow and then miraculously curing her sick adopted daughter, she becomes, as it were, her community's doctor and receives the nickname 'Miracle.' Of course, this name, like the tags or nicknames so common in distinctive ethnic oral traditions, elevates Télumée from anonymity to legend. 'No male figure has such powers,' says Jones, and in reference to the Lougandor lineage, she adds, 'If their calm sense of a continuum between seen and unseen, living and dead, lends spiritual poise to these women, their strength is also shown in the economic sphere..., although Schwarz-Bart does not show women moving outside traditional occupations, she asserts their importance as independent providers, when no man supports the family.'[28]

The object of Télumée's most passionate love is Elie, the first man in her life. His older business partner, Amboise, is the second one. Stereotypical opposites in their treatment of women and in their attitudes toward work and responsibility, they both resent being treated as second-class citizens by whites but never question woman's traditional role in society, and neither does Télumée. If Elie loves but abuses her, Amboise loves and respects her, while Télumée, mocked by jealous rivals because she is unable to conceive a child, aspires only to be what her male-dominated society has predetermined her to be, a good companion and housekeeper. For instance, when she and Elie decide to live together in an arrangement tantamount to marriage, Elie's father, Abel, reminds her that 'une femme doit être patiente...[l'homme doit être] avant tout..., un peu fanfaron, un homme ne doit avoir peur ni de vivre, ni de mourir.' (73) The problem with Elie is that he is weak, and being *fanfaron* or cocky, accustomed to having his way as Guadeloupean men usually are, he is all the more prone to feel inadequate and then to vent his frustration and anger on Télumée when poor economic conditions force him to close his sawmill, inverting his role from manly provider to worthless dependent.[29] Instead of finding work, as Télumée does, Elie revolts against white economic control by refusing to compromise but only spites himself and becomes the debauched, wife-beating alcholic that virtuous Amboise ultimately supplants in Télumée's heart and cabin. Having lived and worked in France, Amboise is a rebel, too, but he refuses to give up, condescends to work alongside Télumée in the white-owned cane fields and becomes the articulate spokesman for a labour strike against the sugar factory. Télumée and Amboise come together quite naturally because, as Bouchard suggests, they are both cerebral types who have a heroic vein. They are strugglers, not quitters, even if their efforts are fruitless.[30] What happens subsequently to Amboise only further substantiates Schwarz-Bart's apparent view that Guadeloupean men are victims of an unfair, oppressive system that will not let them succeed socially and economically.[31] Other black men, for example, Télumée's father Angebert, the mad murderer Germain and mad Médard who tries to kill Télumée, are at best tertiary figures, whereas the white *Békés*, including the most visible one of all, Madame Desaragne, for whom Télumée is forced to work temporarily and who strives to understand the blacks' mentality, are largely insignificant, being totally out of touch with Télumée's reality.

Metaphorical Images

The central image of *Télumée Miracle* is that of the *pont de l'Autre Bord*, the bridge to the Other Side, which Barbara Bray uses to title her English translation of the novel, *The Bridge of Beyond*. This is the perilously disintegrating bridge across which Telumée's grandmother leads her when, at the age of ten, Télumée goes to live with the ageing matriarch in Fond-Zombi. Aptly expanded by Bray's title, the bridge's symbolic value warrants additional attention. Spanning the river gorge that separates Télumée's native community of L'Abandonnée from that of Fond-Zombi, the bridge marks figuratively Télumée's passage from the safe haven of innocent childhood into the dangerous realm of an adolescence that will end prematurely. The Other Side is not merely the border of just another remote area. It is the fringe of Télumée's exposure to the wisdom of the elderly, of Man Cia, old man Abel and others, most notably Reine Sans Nom, her grandmother. By holding Télumée's hand as they cross the bridge, she herself unwittingly creates a bridge of arms mirroring the wooden bridge, symbolically linking her generation with Télumée's and thus ensuring ethnic continuity. Indeed, in her own way, Télumée will impart to future generations of Guadeloupean women the knowledge, strength and courage to endure that only women seem to have in *Télumée Miracle*. In fact, the grandmother is the book's second most important and meticulously developed figure because, being old and alone, she needs Télumée's company, loves her deeply, has the time to give her proper attention, and in transmitting to her the proverbial wisdom acquired from her ancestors and elders, she has the greatest impact on Télumée.

Recurring at timely moments in Télumée's narrative as a haunting but stoically fortifying reminder of life's inexorable descent, one of the grandmother's African proverbs is a key component of what Jones terms 'the imagery based on water, the archetypal female element.'[32] 'All rivers go down to the sea,' according to this proverb with which Télumée opens Chapter 4 in Part II ('The Story of My Life'), for example, and then in a long philosophical outpouring she juxtaposes her densest water imagery and two allusions to the sun or sunlight. She observes,

> Et la vie attend l'homme comme la mer attend la rivière. On peut prendre méandre sur méandre, tourner, contourner, s'insinuer dans la terre, vos méandres vous appartiennent mais la vie est là, patiente, sans commencement et sans fin, à vous attendre, pareille à l'océan. Nous étions un peu en dehors du monde, petites sources que l'école endiguait en un bassin, nous préservant des soleils violents et des pluies torrentielles. Nous étions à l'abri, apprenant à lire,...à respecter les couleurs de la France, à vénérer sa grandeur...Et tandis que l'école nous amenait à la lumière, là-haut, sur les mornes de Fond-Zombi, les eaux se croisaient, se bousculaient, bouillonnaient, descendaient comme elles pouvaient se noyer dans la mer. Mais quelque soin qu'elle prît de nous,...l'école ne pouvait empêcher nos eaux de grossir et le moment vint où elle ouvrit ses vannes, nous abandonnant au courant. J'avais quatorze ans sur mes deux seins et sous ma robe...j'étais une femme. (81)

Equated here not only with woman's life-giving capacity but mainly with the archetypal river of life itself, the small, easily controlled spring of childhood inevitably swollen by heavy rain and becoming the turbulent, boiling, treacherous current of adolescence and early adulthood before it eventually reaches the sea is comparable to a woman's uncontrollable affective and physical needs, especially the urge to procreate, that she will attempt to satisfy at any risk before the onset of old age. Télumée's adolescence and schooling ended early. By the age of fourteen, so she says with a Creolised reference to her breasts, she was a woman, and within two years she would be a common-law wife. She would also be increasingly subjected to the violent sunlight and torrential rain so common in the tropics and clearly symbolic of the painful experiences from which Télumée was shielded in school.

Whatever one may seek on the level of imagery in *Télumée Miracle* he will find, for Schwarz-Bart is a colourist of sorts, a verbal painter whose artistic skills, like those of Aimé Césaire and Edouard Glissant,[33] are nowhere better displayed than in references to the natural Caribbean environment and to the socio-linguistic peculiarities of the Creole people who inhabit it. Besides the images of bridges and water, *Télumée Miracle* contains many recurrent images of nature that, taken in groups, offer the reader myriad interpretive possibilities. As previously noted, forests and hills connote freedom or independence among other things, whereas boats, gardens, the Edenesque island itself, marine and land animals as well as plants such as trees, sugar-cane and colourful or aromatic flowers suggest something else. In short, *Télumée Miracle* rises above most modern *francophone* novels because it has the stimulating linguistic, structural, stylistic, metaphorical and philosophical substance of a literary masterpiece.

NOTES

1. Nicole Métral, 'Quand Simone Schwarz-Bart parle, *Construire*, 28 February 1973, p. 1.

2. Métral, p. 1.

3. Claire-Lise Tondeur, 'Simone Schwarz-Bart,' *Voix de Femmes* (New York, University Press of America, 1990) p. 313.

4. Métral, 'Quand Simone Schwarz-Bart parle,' p. 2.

5. Simone Schwarz-Bart, 'Le livre est un lieu où se préserve notre liberté,' *Elle*, 9 juillet 1973, p. 6.

6. 'Sur les pas de Fanotte,' an interview with Simone and André Schwarz-Bart,' *Textes et documents* (Paris, Editions Caribéennes, 1979) p. 19.

7. 'Sur les pas de Fanotte,' pp. 14-15.

8. Métral, p. 2.

9. 'Sur les pas de Fanotte,' p. 14.

10. Ibid, p. 17.

11. 'Sur les pas de Fanotte,' p. 18.

12. In 1994, Edouard Glissant told the editors of this volume that, in a 1956 colloquium, he was the first to use the term, *Antillanité*.

13. Régis Antoine, *La littérature franco-antillaise* (Paris, Editions Karthala, 1992) p. 373.

14. Edouard Glissant, *Le discours antillais* (Paris, Gallimard, 1981) p. 345.

15. 'Sur les pas de Fanotte,' p. 20.

16. Ibid, p. 22.

17. Mary Jean Green, 'Simone Schwarz-Bart et la tradition féminine aux Antilles,' *Présence francophone*, no. 36 (Sherbrooke, Québec 1990) p. 131.

18. The author's reply to Françoise Ducout, 'Simone Schwarz-Bart: C'est peut-être un roman d'amour,' *Elle*, 2 mai 1973, p. 7.

19. S. Schwarz-Bart, *Pluie et vent sur Télumée Miracle* (Editions du Seuil, 1972) p. 249. All subsequent parenthetical page references are to this edition of Seuil's *Points* collection.

20. Césaire, *Cahier d'un retour au pays natal* (Paris, Présence Africaine, 1983) pp. 61-2.

21. According to a survey recently conducted by the editors in the United States.

22. M. Bouchard, *Une lecture de 'Pluie et vent sur Télumée Miracle' de Simone Schwarz-Bart* (Paris, Editions L'Harmattan, 1990) p. 27. This book provides the best, most thorough analysis of the novel.

23. Ibid, p. 22.

24. For the most easily accessible and comprehensible treatment of this concept see Joyce Hutchinson's 'French African Literature – La Négritude' in her Bristol Classical Press Edition of Camara Laye's *L'Enfant Noir* (London, 1994) pp. 11-14.

25. Bouchard, pp. 58-61.

26. Bridget Jones in the introduction to Barbara Bray's translation of *Pluie et vent sur Télumée Miracle* titled *The Bridge of Beyond* (London, Heinemann Educational Books Ltd., 1987) p. vii.

27. Bouchard, p. 15.

28. Jones, 'Introduction,' p. vii.

29. Bouchard, p. 61.

30. Ibid, p. 64.

31. Jones, pp. xi-xiii.

32. Jones, p. xi.

33. Jones, p. xii.

SELECTED BIBLIOGRAPHY

Alibar, F. and Lembeye-Boy, P., *Le couteau seul...: La condition féminine aux Antilles*, 2 vols. (Paris, Editions Caribéennes, 1981-2).

Antoine, R., *La littérature franco-antillaise* (Paris, Editions Karthala, 1992).

Bouchard, M., *Une lecture de 'Pluie et vent sur Télumée Miracle' de Simone Schwarz-Bart* (Paris, Editions L'Harmattan, 1990).

Césaire, A., *Cahier d'un retour au pays natal* (Paris, Présence Africaine, 1983).

Corzani, J. *Prosateurs des Antilles et de la Guyane françaises* (Fort-de-France, Editions Desormeaux, 1971).

Ducout, F., 'Simone Schwarz-Bart: C'est peut-être un roman d'amour,' *Elle* (Paris, 21 mai 1973).

Green, M. J., 'Simone Schwarz-Bart et la tradition féminine aux Antilles,' *Présence francophone*, No. 36, 1990 (Sherbrooke, Québec).

Jones, B., introduction to Schwarz-Bart's *The Bridge of Beyond* (London, Heinemann Educational Books Ltd., 1987).

Ludwig, R. et al, eds., *Dictionnaire créole français* (Servedit, Editions Jasor, 1990).

Marchand, P., ed., *Guadeloupe*, in *Guides Gallimard* (Paris, Editions Nouveaux-Loisirs, 1994).

Métral, N., 'Quand Simone Schwarz-Bart parle,' *Construire* (Paris, 28 février 1973).

Schwarz-Bart, S. 'Le livre est un lieu où se préserve notre liberté,' *Elle* (Paris, 9 juillet 1973).

'Sur les pas de Fanotte,' an interview with Simone and André Schwarz-Bart, *Textes, études et documents*, No. 2, 1979 (Paris, Editions Caribéennes).

Szeps, C. '*Rue Cases-Nègres*: Literary Exile and Cinematic Kingdom,' *Philological Papers*, Vol. 41, 1996 (Morgantown, West Virginia University).

Tondeur, C.-L., 'Simone Schwarz-Bart,' *Voix de Femmes* (New York, University Press of America, 1990).

Toumson, R., ed., '*Pluie et vent sur Télumée Miracle*: Une rêverie ency-clopédique', *Textes, études et documents*, No. 2, 1979 (Paris, Editions Caribéennes).

———*La Transgression des couleurs*, 2 vols. (Paris, Editions Caribéennes, 1989).

PART I

Chapter 1

Le pays dépend bien souvent du coeur de l'homme: il est minuscule si le coeur est petit, et immense si le coeur[1] est grand. Je n'ai jamais souffert de l'exiguïté de mon pays, sans pour autant prétendre que j'aie un grand coeur. Si on m'en donnait le pouvoir, c'est ici même, en Guadeloupe, que je choisirais de renaître, souffrir et mourir. Pourtant, il n'y a guère,[2] mes ancêtres furent esclaves en cette île à volcans, à cyclones et moustiques, à mauvaise mentalité. Mais je ne suis pas venue sur terre pour soupeser toute la tristesse du monde.[3] A cela, je préfère rêver, encore et encore, debout au milieu de mon jardin, comme le font toutes les vieilles de mon âge, jusqu'à ce que la mort me prenne dans mon rêve, avec toute ma joie...[4]

Dans mon enfance, ma mère Victoire me parlait souvent de mon aïeule, la négresse Toussine. Elle en parlait avec ferveur et venération, car, disait-elle, tout éclairée par son évocation, Toussine était une femme qui vous aidait à ne pas baisser la tête devant la vie, et rares sont les personnes à posséder ce don. Ma mère la vénérait tant que j'en étais venue à considérer Toussine, ma grand-mère, comme un être mythique, habitant ailleurs que sur terre, si bien que toute vivante elle était entrée, pour moi, dans la légende.[5]

J'avais pris l'habitude d'appeler ma grand-mère du nom que les hommes lui avaient donné, Reine Sans Nom;[6] mais de son vrai nom de jeune fille, elle s'appelait autrefois Toussine Lougandor.[7]

Elle avait eu pour mère la dénommée Minerve,[8] femme chanceuse que l'abolition de l'esclavage avait libérée d'un maître réputé pour ses caprices cruels. Après l'abolition, Minerve avait erré, cherchant un refuge loin de cette plantation,[9] de ses fantaisies, et elle s'arrêta à L'Abandonnée.[10] Des marrons[11] avaient essaimé là par la suite et un village s'était constitué. Nombreux étaient les errants qui cherchaient un refuge, et beaucoup se refusaient à s'installer nulle part, craignant toujours et toujours que ne reviennent les temps anciens. Ainsi arriva, depuis la Dominique,[12] un nègre qui s'éclipsa à l'annonce même de sa paternité,[13] et ceux de L'Abandonnée que Minerve avait dédaignés rirent sur son ventre ballonné. Mais lorsque le câpre[14] Xango releva la honte de Minerve, ma bisaïeule, les rires s'arrêtèrent net et le fiel empoisonna ceux-là même que le malheur d'autrui avait distraits. L'enfant Toussine vit

1

le monde et Xango l'aima comme si elle était née de ses oeuvres. A mesure que la fillette perçait le soleil, avec la grâce d'une flèche de canne,[15] elle devenait les deux yeux de cet homme, le sang de ses veines, l'air de ses poumons. Ainsi, par l'amour et le respect que lui prodiguait Xango, défunte Minerve put desormais se promener sans honte par la rue du hameau, la tête haute, les reins cambrés, les mains aux hanches et la pourriture des haleines se détourna d'elle pour s'en aller souffler sur de meilleures pâtures. C'est ainsi que la vie commença pour la jeune Toussine, aussi délicatement qu'un lever de soleil par temps clair.

Ils habitaient un hameau où se relayaient les vents de terre et de mer. Une route abrupte longeait précipices et solitudes, il semblait qu'elle ne débouchât sur rien d'humain et c'est pourquoi on appelait ce village L'Abandonnée. Certains jours, une angoisse s'emparait de tout le monde, et les gens se sentaient là comme des voyageurs perdus en terre inconnue. Toute jeune encore, vaillante, les reins toujours ceints d'une toile de journalière, Minerve avait une peau d'acajou rouge et patinée, des yeux noirs débordants de mansuétude. Elle possédait une foi inébranlable en la vie. Devant l'adversité, elle aimait dire que rien ni personne n'userait l'âme que Dieu avait choisie pour elle, et disposée en son corps. Tout au long de l'année, elle fécondait vanille,[16] récoltait café, sarclait bananeraies et rangs d'ignames.[17] Sa fille Toussine n'était pas non plus portée aux longues rêveries. Enfant, à peine debout, Toussine aimait à se rendre utile, balayait, aidait à la cueillette des fruits, épluchait les racines.[18] L'après-midi, elle se rendait en forêt, arrachait aux broussailles le feuillage des lapins, et, parfois, prise d'un caprice subit, elle s'agenouillait à l'ombre des mahoganys, pour chercher de ces graines plates et vives dont on fait des colliers. Quand elle revenait des bois, un énorme tas d'herbage sur la tête, Xango exultait à la voir ainsi, le visage caché par les herbes. Aussitôt, il dressait ses deux bras en l'air et se mettait à hurler...haïssez-moi, pourvu que vous aimiez Toussine...pincez-moi jusqu'au sang, mais ne touchez même pas le bas de sa robe...et il riait, pleurait devant cette fillette rayonnante, au visage ouvert, aux traits qu'on disait ressemblant à ceux du nègre de la Dominique, qu'il aurait bien aimé rencontrer une fois, pour voir. Mais elle n'avait pas encore tout son éclat, et c'est à l'âge de quinze ans qu'elle se détacha nettement de toutes les jeunes filles, avec la grâce insolite du balisier[19] rouge qui surgit en haute montagne. Si bien qu'à elle seule, elle était, disaient les anciens, toute la jeunesse à l'Abandonnée.

Dans le même temps, il y avait à l'Abandonnée un jeune pêcheur du nom de Jérémie qui vous remplissait l'âme de la même clarté. Cependant, il regardait les jeunes filles d'un oeil indifférent, et les amis de Jérémie prévenaient celles-ci en riant...lorsque Jérémie tombera amoureux, ce sera d'une sirène.[20] Ces propos ne suffisaient pas à l'enlaidir, et le coeur des jeunes filles se plissait de dépit. Il avait dix-neuf ans, était déjà le meilleur pêcheur de l'anse[21] Caret. Où donc prenait-il ces chargements de vivaneaux, de tazars, de balarous[22] bleus?...nulle part ailleurs que sous sa barque, *Vent-d'avant*, avec laquelle il partait danser à l'infini, du matin au soir et du soir au matin, car il ne vivait que pour entendre le bruit des vagues à ses oreilles et pour sentir les caresses de l'alizé[23] sur son visage. Tel était Jérémie en ce temps où Toussine apparaissait à tous comme le balisier rouge surgi en haute montagne.

Les jours sans vent, par calme plat sur l'eau, Jérémie s'en allait en forêt pour y couper des lianes qui serviraient à faire des nasses.[24] Un après-midi, il quitta le bord de mer pour aller couper de ces lianes, et c'est ainsi que Toussine se dressa sur sa route, au beau milieu d'un bois. Elle portait une vieille robe de sa mère, qui lui tombait jusqu'aux chevilles, et son gros paquet d'herbes se défaisant sur elle, couvrant ses yeux, lui masquant le visage, elle avançait un peu à la manière d'une égarée. Le jeune homme l'interpella en ces termes...c'est la nouvelle mode maintenant, à l'Abandonnée, cette mode-là des ânes bâtés?...Jetant bas le paquet, elle regarda le jeune homme et dit, surprise, au bord des larmes...je suis une jeune fille qui s'en va chercher de l'herbe en forêt, et voilà que je ramasse des insultes. Ayant dit, la jeune fille éclata de rire et détala dans l'ombre. Ce fut juste à cet instant que Jérémie bascula dans la plus belle des nasses qu'il ait jamais vue. Lorsqu'il revint de cette promenade, ses amis remarquèrent son air absent, mais ils ne le questionnèrent pas. En effet, cet air perdu se voit souvent aux vrais pêcheurs, à ceux qui ont adopté la mer comme patrie, de sorte que les amis pensèrent simplement que la terre ferme ne valait rien à Jérémie et qu'en verité, son élément naturel était l'eau. Mais ils déchantèrent, les jours suivants, quand ils virent Jérémie délaisser *Vent-d'avant*, l'abandonnant à lui-même, échoué sur la grève, à sec. Ils se consultèrent, en vinrent à l'idée que Jérémie était sous l'emprise de la créature maléfique entre toutes, la Guiablesse,[25] cette femme au pied fourchu qui se nourrit exclusivement de votre goût de vivre, vous amenant un jour ou l'autre, par ses charmes, au suicide. Ils lui demandèrent s'il avait fait une rencontre, ce jour maudit où il était monté dans la forêt. Comme les amis le pressaient, Jérémie avoua...la seule Guiablesse que j'ai rencontrée, ce jour-là, dit-il, s'appelle la Toussine, la Toussine à Xango. Alors ils lui dirent en riant sous cape...nous comprenons mieux maintenant, et la chose est bien plus simple qu'il ne paraît, car, si tu veux notre avis, à notre connaissance, il n'y a nulle fille de prince à l'Abandonnée. Heureusement, nous ne sommes tous qu'un lot de nègres dans une même attrape, sans maman et sans papa devant l'Eternel.[26] Ici, tout le monde est à la hauteur de tout le monde, et aucune de nos femmes ne peut se vanter de posséder trois yeux ou deux tourmalines[27] dormant au creux de ses cuisses.

Il est vrai, tu nous diras que celle-ci n'est pas du modèle courant, elle n'est pas de ces femmes qui traînent partout, comme des lézards, protégées par la fadeur même de leur chair, et nous te répondons: Jérémie, tu parles bien, selon ton habitude. En effet, nous avons comme toi des yeux et lorsque Toussine frôle nos pupilles, notre vue en sort rafraîchie. Voici, ami, toutes ces paroles pour te dire une seule chose: Si belle qu'elle soit, la fille te ressemble, et quand tu sortiras à ses côtés dans la rue, ce ne sera pas pour la dépareiller. Autre chose, quand tu iras chez ses parents pour leur faire part de tes intentions, souviens-toi qu'il n'y a pas de cannibales ici, et que Xango et Minerve ne te dévoreront pas...

Et ils laissèrent aller Jérémie à lui-même, afin qu'il prenne sa décision en homme.

Une bénédiction pour les amis, se disait Jérémie, le jour où il rendit visite aux parents de Toussine, vêtu comme à l'ordinaire, une belle pêche de pagues[28] roses à la main. Encore sur le seuil, il leur fit part de son amour pour Toussine, et les parents l'introduisirent aussitôt dans la case, sans même s'être consultés avec la demoiselle. A leurs façons, ils donnaient l'impression de bien connaître Jérémie, de savoir ce qu'il faisait dans la vie, sur la mer et sur la terre, homme en état de prendre compagne et mettre au monde et nourrir. Ce fut alors le commencement d'un de ces doux après-midi de Guadeloupe, et qui s'illumina avec l'arrivée de Toussine, juste sur la fin, avec du vermouth pour les hommes et de la crème de sapote[29] pour le sexe faible, le tout servi sur un plateau à napperon brodé. Au moment du départ, Minerve déclara que la porte de cette case lui était désormais ouverte nuit et jour, et Jérémie sut qu'il pouvait considérer ce vermouth et cette invitation comme un triomphe définitif; car, pour une si belle laitue que Toussine, on ne se précipite pas d'ordinaire au cou de l'homme, surtout à sa première démarche, tout comme si on espérait se défaire d'un bétail taré.[30] Le soir, pour marquer ce triomphe, Jérémie et ses amis décidèrent une pêche de nuit. Ils ramenèrent tant de poisson que leur sortie demeura mémorable à l'Abandonnée. Mais ils avaient pêché ces coulirous[31] avec trop de plaisir pour arriver sur la plage et les vendre, et la distribution de poisson au village resta, elle aussi, dans toutes les mémoires. Ce midi-là, un verre de rhum[32] à la main, les hommes gonflaient leur poitrine d'aise, la frappaient par trois fois et s'extasiaient...on pouvait le croire, mais en vérité, la race des hommes n'est pas morte...cependant que les femmes hochaient la tête à leurs affirmations et chuchotaient...ce que l'un fait, mille le défont...mais en attendant, lâcha l'une d'elles comme à contrecoeur, ça fait toujours flotter l'espoir...et les langues repues se donnaient de l'air, tandis que le bruit des vagues avait repris dans la tête de Jérémie.

Jérémie venait tous les après-midi, et il était dans la maison non pas en allié mais un peu comme le frère de Toussine, comme le fils même que Minerve et Xango n'avaient pas eu. Nul acide n'avait rongé l'âme du jeune homme et ma pauvre bisaïeule n'avait pas d'yeux assez grands pour le voir. Joyeuse par tempérament, elle était joyeuse deux fois devant ce morceau de pays, l'homme que saint Antoine en personne avait envoyé pour sa fille. Et, dans ce débordement de joie, elle taquinait parfois Mlle Toussine...j'espère que tu aimes le poisson, viens donc, chanceuse, que je t'apprenne à préparer un court-bouillon[33] spécial qui fera Jérémie se lécher les dix doigts, si poli soit-il...

Et à peine avait-elle dit cela qu'étalant sa large jupe jaune, elle chantait à sa fille:

J'ai besoin d'un mari pêcheur
Pour me pêcher des daurades[34]

Je ne sais pas si vous le savez
J'ai besoin d'un mari pêcheur

O rame devant il me fait plaisir
O rame derrière il me fait mourir

Mais Toussine n'écoutait guère le chant de sa mère. Depuis qu'il passait ses après-midi auprès d'elle, l'image de Jérémie dansait continuellement sur ses pupilles et toute la journée, sans que nul le soupçonne, la fiancée passait son temps dans l'admiration de celui qu'elle aimait, et cela le plus secrètement du monde, croyait-elle. Elle regardait la taille de l'homme, et elle la voyait souple et élancée, elle regardait ses doigts, et elle les voyait aussi agiles et effilés que les feuilles du cocotier au vent, elle contemplait ses yeux et un grand apaisement se coulait dans son corps. Mais ce qu'elle préférait, sur l'homme que saint Antoine lui avait envoyé, c'était une peau moirée et chatoyante qui rappelait la pulpe juteuse de certaines icaques[35] violettes, si bonnes à déchirer entre les dents. Avec son chant de pêcheur, Minerve savait pertinemment à quoi sa fille passait ses heures et elle continuait à chanter sa chanson et à danser pour le seul plaisir de voir Toussine rêver en toute liberté.

Ici comme partout ailleurs, rire et chanter, danser, rêver n'est pas exactement toute la réalité; et pour un rayon de soleil sur une case, le reste du village demeure dans les ténèbres.[36] Cependant que se préparaient les noces, c'était toujours la même platitude à l'Abandonnée, le même acharnement des humains à faire descendre d'un cran le niveau de la terre, le même poids de méchanceté accroché aux oreillettes de leur coeur. Ce vent qui soufflait sur la case de Minerve les aigrissait, rendant les femmes plus bizarres que jamais, chimériques, féroces, promptes à verser dans les propos acariâtres...[37]je prétends que la Toussine n'est qu'une belle inutile, que la beauté n'a jamais été au marché, que le tout n'est pas encore de se marier mais de rester ensemble devant les changements des saisons, disait l'une...ils rient à présent, mais après rire c'est pleurer, et d'ici à trois mois la bande joyeuse de Minerve se retrouvera avec ses six yeux pour pleurer[38]...disait une autre. Les plus acharnées étaient celles qui vivaient en case avec un homme de fortune.[39] Elles en voulaient d'avance à Toussine du morceau d'or qui allait briller à son doigt, elles se demandaient s'il y avait vraiment en elle quelque chose d'unique, d'exceptionnel, une vertu et un mérite si grands qu'ils appelaient le mariage. Et pour se consoler, calmer une vieille rancoeur, elles venaient au crépuscule tout contre la case de Minerve et murmuraient, avec une sorte de frénésie, d'emportement sauvage, des incantations du genre de celle-ci:

Mariée aujourd'hui
Divorcée demain
Mais Madame quand même

Minerve savait que ces femmes n'avaient rien dans la vie, quelques planches sur quatre roches, et le défilé des hommes sur leur ventre.[40] Pour ces négresses à l'abandon, le mariage était la plus grande et, peut-être, la seule dignité. Cependant, quand elle n'en pouvait plus de les entendre, Minerve se dressait mains aux hanches et leur hurlait...mes belles langueuses, je ne suis pas seule à avoir une fille et je souhaite aux vôtres les mêmes bonnes choses que vous souhaitez à ma Toussine, car, à ma connaissance, la justesse de cette parole ne s'est jamais trouvée démentie sous le soleil: qui se sert de l'épée périra par l'épée[41]...et elle rentrait chez elle, fermait ses portes et laissait japper les chiennes enragées.

Le jour de noces, tous les chemins du village étaient balayés et leurs abords sapés comme pour la fête communale. Autour de la case de Xango et Minerve s'élevaient des huttes en palmes de cocotier tressées. Celle des mariés était piquetée d'hibiscus, de résédas et de fleurs d'oranger[42] qui en faisaient un immense bouquet, à la senteur enivrante. Des rangées de tables s'étalaient à perte de vue et l'on vous offrait la boisson dont vous étiez assoiffé, la viande qui réjouirait votre palais. Il y avait viande cochon, viande mouton, viande boeuf et même de la volaille, servie dans son bouillon. Le boudin[43] s'empilait par brasses luisantes, les gâteaux à étages croulaient sous leur dentelle de sucre, et toutes sortes de sorbets se tournaient sous vos yeux, au coco, à la pomme-liane, au corossol.[44] Mais pour les nègres de l'Abandonnée, tout cela n'était de rien sans un peu de musique, et quand ils virent les trois orchestres, un pour les quadrilles et les mazoukes, un pour les biguines[45] à la mode, et le tambour traditionnel, accompagné des petits-bois et d'une trompe,[46] ils surent qu'ils auraient une belle chose à raconter, au moins une fois dans leur vie. Ce fut cela qui soulagea les coeurs enflés de jalousie. Trois jours durant,[47] les gens quittèrent mornes et plateaux, misères et indignités de toute sorte pour danser à leur aise et fêter les mariés, passant et repassant devant le couple, sous la tente fleurie et félicitant Toussine de sa chance, Jérémie de sa plus belle chance. On ne put compter combien de lèvres prononcèrent le mot chance car c'était sous ce signe qu'ils avaient décidé de raconter, plus tard, à leurs descendants, la noce de Toussine et de Jérémie.

Les années s'écoulèrent là-dessus, Toussine demeurant la même libellule, aux ailes scintillantes et bleues, Jérémie le même zèbre de mer[48] au pelage lustré. Il continuait à pêcher en solitaire, ne ramenant jamais sur la plage une barque vide, aussi ingrate que fût la mer. Selon les médisants, il usait de sorcellerie en se faisant seconder par un esprit qui pêchait à sa place, les jours où la mer était dépeuplée.[49] Mais à la vérité, le seul secret de l'homme était son énorme patience. Lorsque les poissons ne mordaient ni à droite, ni à gauche, Jérémie descendait sous l'eau pour plonger des lambis.[50] Si les lambis ne s'y trouvaient pas, il préparait de longues gaules munies qui d'un fer, qui[51] d'un crabe vivant pour charmer les poulpes. Il connaissait la mer comme le chasseur connaît les bois. La vente finie, le canot tiré au sec, il prenait le chemin de sa petite case, versait l'argent dans les jupes de sa femme et mangeait un morceau en attendant que le soleil faiblisse. Puis tous deux s'en allaient ensemble cultiver leur jardin et tandis qu'il bêchait, elle traçait les sillons et tandis qu'il brûlait les herbes, elle ensemençait, et le crépuscule des îles tombait sur leur dos avec sa brusquerie habituelle, et, profitant de l'ombre naissante, Jérémie prenait à même[52] la terre un petit hors-d'oeuvre du corps de sa femme cependant qu'il lui murmurait toutes sortes de bêtises, comme au premier jour...femme, je ne sais encore pas ce que je préfère en toi, un jour ce sont tes yeux, et le lendemain c'est ton rire des bois, un jour ce sont tes cheveux et le lendemain c'est la légèreté de ta démarche, un jour c'est ton grain de beauté à la tempe et le lendemain ce sont les grains de riz[53] que j'aperçois, lorsque tu me souris. Et à cet air de mandoline, Toussine frissonnait d'aise et répondait par un petit air de flûte rauque et frais...mon cher, à te voir comme ça dans la rue, on te donnerait l'hostie sans confession,[54] mais tu es un homme dangereux et tu me mettrais sous terre depuis belle lurette si seulement on mourait de contentement...et ils regagnaient leur maison et Jérémie disait pour le soir, en jetant un dernier regard aux champs...comment ne pas aimer son jardin?

Leur prospérité commença par une allée de gazon qu'ombrageaient des cocotiers, et qu'ils entretenaient aussi bellement que si elle devait aboutir à un château. Cette allée conduisait à une petite case[55] en bois, deux pièces, un toit de chaume, un plancher supporté par quatre grosses roches d'angle. Une hutte servait de cuisine, trois pierres noircies pour le foyer, et une citerne couverte évitait à Toussine d'aller jacasser avec les commères, là-bas, au bord de la rivière, pour sa lessive. Lorsqu'elles lavaient, les femmes se cherchaient volontiers querelle, pour faire aller leurs bras, comparant leur sort réciproque, s'emplissant l'âme à plaisir d'amertume et de rancoeur. Pendant ce temps, Toussine lessivait son linge en terrine, dans l'arrière-cour, et profitait de chaque minute pour embellir sa case. Tout devant l'entrée, elle avait planté un immense parterre d'oeillets d'Inde qui fleurissaient l'année entière. Sur la droite, un oranger à colibris[56] et sur la gauche, des touffes de canne congo[57] qu'elle allait couper l'après-midi pour le goûter[58] de ses filles, Eloisine et Méranée. Dans cet espace, elle évoluait avec une sorte d'allégresse permanente, de plénitude, comme si des oeillets d'Inde, des cannes congo, un oranger à colibris suffisaient à combler un coeur de femme. Et pour cette plénitude, pour la joie qu'elle montrait devant si peu de chose, on l'enviait, on la détestait.[59] Elle pouvait se retirer à volonté dans les replis de son âme, mais c'était une silencieuse, non une désenchantée. Et comme elle s'épanouissait ainsi, dans la solitude, on la taxait également 'd'aristocrate en pure perte'. Tous les dimanches en fin de soirée, elle se promenait au bras de Jérémie pour voir le village, les habitants, les bêtes, juste avant que la nuit ne les efface. Elle était heureuse, elle faisait elle-même partie du spectacle, de cet univers familier, immédiat, elle devenait la peine des uns, la joie des autres, et, comme elle prenait alors un air lointain, on la croyait aristocrate.

Après l'allée de gazon, la petite case s'agrémenta d'une véranda qui en faisait le tour, donnant de la fraîcheur et de l'ombre à tout instant, suivant qu'on changeait le banc de place. Puis il y eut ces deux fenêtres qu'on ouvrit sur les façades, de véritables fenêtres à jalousies dormantes qui permettaient de respirer les odeurs nocturnes, tout en fermant la porte sur les esprits.[60] Mais le vrai signe de leur prospérité fut le lit dont ils héritèrent de Minerve et Xango. C'était un immense lit de courbaril[61] à haut montant de tête, surmonté de trois matelas qui mangeaient tout l'espace de la chambre. Toussine glissait sous les matelas des racines vétiver, des feuilles de citronnelle[62] qui répandaient dans l'air, chaque fois qu'on s'allongeait, toutes sortes de belles senteurs qui faisaient du lit, au dire des enfants, un lit magique. Un tel lit était objet de curiosité dans ce pauvre village où tout le monde se contentait encore de hardes, jetées à terre le soir et soigneusement repliées le matin, étendues au soleil pour les puces. Les gens venaient, supputaient l'allée de gazon, les fenêtres aux jalousies dormantes, le lit à médaillon trônant derrière la porte ouverte, avec cette couverture à volants rouges qui était comme une offense supplémentaire aux regards. Et certaines femmes disaient avec une pointe d'amertume...pour qui se prenaient-ils, ces nègres à opulence?...Toussine et Jérémie avec leur case à deux pièces, leur véranda de madriers, leurs jalousies dormantes aux ouvertures, leur lit à trois matelas et à volants rouges?...se croyaient-ils donc blanchis[63] pour autant?...

Par la suite, Toussine eut encore un foulard de satin, un large collier d'or vert, des boucles de grenat, des escarpins montants qu'elle mettait deux fois l'an, le mercredi des Cendres et le jour de Noël.[64] Et comme la vague ne semblait pas prête à s'épuiser, le temps vint où les nègres ne s'en étonnèrent plus, parlèrent d'autres choses, d'autres gens, d'autres douleurs et d'autres merveilles. Ils s'étaient habitués à cette prospérité comme ils s'étaient habitués à leur misère, et la page Toussine et opulence des nègres était pour eux tournée, tout cela tombait dans la banalité.

Malheur à celui qui rit une fois et s'y habitue,[65] car la scélératesse de la vie est sans limites et lorsqu'elle vous comble d'une main, c'est pour vous piétiner des deux pieds, lancer à vos trousses cette femme folle, la déveine, qui vous happe et vous déchire et voltige les lambeaux de votre chair aux corbeaux...

Eloisine et Méranée étaient jumelles d'une dizaine d'années quand la chance quitta leur mère Toussine. Une école venait de s'ouvrir au village, un maître venait deux fois la semaine pour enseigner les petites lettres,[66] en échange de quelques sous de denrées. Un soir, comme elles étudiaient les petites lettres, Méranée demanda à sa soeur de mettre la lampe à pétrole au milieu de la table, lui reprochant d'accaparer toute la lumière. Et voilà que sur une simple petite phrase, la déveine avait débarqué...garde-la pour toi, ta lumière, dit Eloisine en poussant la lampe d'un geste coléreux. Et tout était fini: la porcelaine était en miettes, le pétrole enflammé se répandait sur les jambes de Méranée, sur ses épaules, sur ses cheveux. Dans la nuit s'échappa une torche vivante que le vent du soir attisait en hurlant. Toussine une couverture en main poursuivait la fillette lui criant de s'arrêter, mais l'enfant zigzaguait, prise de folie, et traçait derrière elle un sillage lumineux, à la manière d'une étoile filante dans sa chute. A la fin elle s'affaissa. Toussine l'enveloppa dans la couverture, la prit entre ses bras et revint vers sa maison qui n'en finissait pas de brûler. Jérémie consolait Eloisine, et tous s'assirent au milieu de leur belle allée, sur le gazon humide du soir, d'où ils regardèrent se consumer leur sueur et leur vie, leur joie. Il y avait grande affluence et les nègres étaient là fascinés, éblouis par l'ampleur du désastre. Ils regardaient fixement les flammes qui embrasaient le ciel, balançant sur place leur carcasse, entre deux âmes, voulant plaindre et trouvant dans cette fatalité comme un juste retour des choses. Ils en oubliaient leur propre sort, mettaient en parallèle la cruauté de ce destin avec la médiocrité de leur malheur...c'est autant, disaient-ils, qui ne nous arrivera pas.

L'agonie de Méranée fut atroce, son corps était une vaste plaie qui attirait les mouches à mesure de la pourriture. Toussine éloignait les bestioles d'un éventail, répandait de l'huile calmante et, les yeux sans expression, elle s'époumonait à appeler la mort qui n'arrivait pas, sans doute occupée ailleurs, qu'elle était. Lorsqu'on voulait relayer Toussine au chevet, elle répondait en souriant d'un air très doux...n'ayez pour moi aucune crainte, si lourds que soient les seins d'une femme, sa poitrine est toujours assez forte pour les supporter.[67] Elle resta dix-sept jours et dix-sept nuits à flatter la mort, et la déveine s'étant enfuie ailleurs, Méranée expira. La vie continuait semblable à elle-même, sans un seul petit morceau de coeur, véritable puce festoyant de votre dernier sang, exultant de vous laisser inanimée, endolorie, à maudire ciel et terre et le ventre qui vous engendra...

Face au mensonge des choses, à la tristesse, il y a et il y aura toujours la fantaisie de l'homme. C'est grâce à la fantaisie d'un blanc que Toussine et Jérémie eurent un toit. Ce dernier, un créole[68] du nom de Colbert Lanony, s'était pris d'amour pour une petite négresse à tourments, autrefois, dans les temps anciens, juste après l'abolition de l'esclavage.[69] Devenu un blanc maudit,[70] il était venu se réfugier sur un morne[71] désert, inaccessible, à l'abri des regards que son amour contrariait. De toute cette histoire, seules demeuraient de belles pierres qui s'effritaient, en un étrange endroit perdu, colonnades, plafonds vermoulus, dalles de faïence qui témoignaient encore du passé, de la fantaisie d'un blanc maudit pour une négresse. A ceux qui s'étonnaient d'une telle demeure en ce lieu, le peuple prit l'habitude de répondre, c'est l'Abandonnée, nom qui servit à désigner le hameau, par la suite. Une seule pièce y était habitable, à l'étage, une sorte de cabinet dont on comblait les ouvertures avec des panneaux de carton. Quand il pleuvait, un filet d'eau s'écoulait dans un baquet disposé sous la brèche, et la nuit venue le rez-de-chaussée devenait le refuge des crapauds, des grenouilles et des chauve-souris. Mais rien ne semblait gêner Toussine, qui s'était installée en corps sans âme dans cette tour, indifférente à ces détails. Les neuf premiers soirs, selon la coutume, elle reçut visite de tous les habitants du bourg,[72] venus pour vénérer l'âme de la défunte et tenir compagnie aux vivants, face à la mort.[73] Toussine ne pleurait pas, ne se lamentait pas, assise toute droite sur un banc, dans un coin, c'était comme si chaque bouffée d'air l'empoisonnait. Une barque[74] telle que Toussine, les gens ne désiraient pas l'abandonner à elle-même, mais le spectacle était si insupportable qu'ils abrégeaient la cérémonie, entraient, saluaient et repartaient, pleins de condescendance, croyant la femme perdue à jamais.

La feuille tombée dans la mare ne pourrit pas le jour même de sa chute, et la tristesse de Toussine ne fit qu'empirer avec le temps, justifiant tous les mauvais présages. Jérémie prenait encore la mer trois fois par semaine, puis ce fut deux fois, une et plus du tout. La maison semblait inhabitée, avec toujours le même aspect de désolation. Toussine ne quittait plus la pièce aux ouvertures de carton,[75] et Jérémie tirait leur nourriture des bois environnants, pourpier, cochléarias, bananes rouges makanga.[76] Autrefois, les porteuses empruntaient un sentier qui passait devant la ruine, un raccourci qui rejoignait la route coloniale, d'où elles filaient ensuite sur le marché de la Basse-Terre[77] pour y vendre leurs denrées. Mais elles craignaient maintenant,[78] délaissaient le passage et faisaient un large détour en forêt, à cause de ce cheval à diable de Toussine qui ne parlait pas, ne répondait même pas à la parole, s'obstinait à regarder ailleurs, maigre à compter tous ses os, déjà morte. De temps en temps, quand on en venait à parler d'elle, de Jérémie, de l'enfant Eloisine, un homme grimpait à un arbre dominant, regardait longuement et disait que rien n'avait bougé, que la maison avait toujours le même aspect, qu'elle n'avait pas changé de place.

Trois années s'écoulèrent avant qu'on ne se remît à parler d'eux. Comme d'habitude, un homme monta à un arbre et regarda en direction des ruines; mais cette fois il ne disait rien, ne semblait pas vouloir redescendre de l'arbre. On le pressait de questions auxquelles il répondait par gestes, demandant la présence d'un autre guetteur. Ce fut le second homme qui annonça la nouvelle: Toussine, cette petite barque enlisée, la femme qu'on croyait définitivement perdue, avait quitté sa tour cartonnée et faisait, en plein soleil, quelques pas devant sa maison.

Tout contents qu'ils fussent de la nouvelle, les nègres étaient encore dans l'expectative, hésitaient à se réjouir vraiment, attendaient d'avoir le cabri[79] et sa corde en main pour s'éviter la peine d'avoir affûté en vain leur poignard.[80] Et comme ils épiaient voici ce qu'ils virent: Toussine coupait les herbes folles autour de la ruine, frissonnait un moment, rentrait, sortait presque aussitôt pour sabrer un hallier, une broussaille, du geste vif et rageur d'une femme qui pare au plus pressé, qui n'a plus une minute à perdre...

De ce jour, le lieu commença à perdre un peu de sa désolation et les marchandes retrouvèrent le chemin du raccourci pour la Basse-Terre. Elle avait entraîné les siens dans sa prison et maintenant elle les ressuscitait. Eloisine d'abord qu'on revit au bourg, légère, un fétu de paille sèche, et puis le pauvre Jérémie qui venait jusqu'à la grève, se remplissait les yeux de la mer, se laissait fasciner un long moment et s'en revenait à son morne, tout souriant, comme au temps où la chanson des vagues dansait dans sa tête...et l'on voyait clairement au milieu de son front que c'était écrit, il reprendrait la mer. Toussine mettait les rideaux aux fenêtres, plantait des oeillets d'Inde autour de la ruine, des pois d'Angole,[81] des racines, des touffes de canne congo pour Eloisine, et, un beau jour, elle mit en terre un pépin d'oranger à colibris. Mais les nègres attendaient encore pour se réjouir, la regardaient faire, de loin...Ils songeaient à la Toussine d'autrefois, celle en haillons, et puis la comparaient avec celle d'aujourd'hui qui n'était pas une femme, car qu'est-ce qu'une femme?...un néant, disaient-ils, tandis que Toussine était tout au contraire un morceau de monde, un pays tout entier, un panache de négresse, la barque, la voile et le vent, car elle ne s'était pas habituée au malheur. Alors le ventre de Toussine ballonna, éclata et l'enfant s'appela Victoire,[82] et c'était ce que les nègres attendaient pour se réjouir. Le jour du baptême ils se présentèrent devant Toussine et lui dirent:

– Du temps de ta soierie et de tes bijoux, nous t'appelions Reine Toussine. Nous ne nous étions pas trompés de beaucoup, car tu es une vraie reine. Mais aujourd'hui, avec ta Victoire, tu peux te vanter, tu nous a plongés dans l'embarras. Nous avons cherché un nom de reine qui te convienne mais en vain, car à la vérité, il n'y a pas de nom pour toi. Aussi désormais, quant à nous, nous t'appellerons: Reine Sans Nom.

Et les nègres burent, mangèrent, et se réjouirent. C'est depuis ce jour-là qu'on appelle ma grand-mère la Reine Sans Nom.

Jusqu'à la mort de mon grand-père, Reine Sans Nom resta à l'Abandonnée avec ses deux filles, Eloisine et ma mère, Victoire. Puis, quand ses filles eurent des ventres de femmes, elle les abandonna à elles-mêmes, au courant de leurs vies avec leurs propres voiles pour naviguer. Elle désirait quitter cette maison où son mari pêcheur l'avait aimée, choyée, bordée au moment de la désolation, quand elle avait robe en loques et cheveux défaits. Elle aspirait à la solitude et se fit construire une petite cabane en un lieu qu'on disait sauvage et qui s'appelait Fond-Zombi.[83] Elle avait une amie d'enfance, man[84] Cia, une sorcière de première[85] qui vivait par là et, par son intermédiaire, elle espérait entrer en contact avec Jérémie.[86] Elle vivait dans ses bois et venait très rarement à l'Abandonnée.

Chapter 2

Petite mère Victoire était lavandière, elle usait ses poignets aux roches plates des rivières, et sous les lourds carreaux lissés à la bougie son linge sortait comme neuf. Tous les vendredis, elle descendait l'ancien sentier des marchandes, arrivait à la route coloniale où l'attendait un énorme ballot de linge venu par une voiture à cheval. Elle hissait le ballot sur sa tête[87] et gagnait les hauteurs de L'Abandonnée. Aussitôt arrivée, elle se mettait à laver son linge en chantant, à le sécher, l'amidonner et le repasser, chantant toujours. Ensuite, des après-midi durant, elle travaillait en plein air sur une table installée au pied d'un manguier,[88] chantant comme une pie heureuse. Empruntant ce passage pour se rendre à la route, des commères lui criaient parfois...une frêle comme toi, à manier ces fers si lourds, tu y laisseras tripes et boyaux. Un timide sourire se dessinait alors au niveau des yeux de Victoire et elle répondait...petite hachette coupe gros bois et s'il plaît à Dieu, nous irons encore comme ça.[89] Ma soeur Régina et moi gambadions autour de ses jambes, et nous l'entendions, après, qui se disait...les peines sont les mépris et mieux vaut faire envie que pitié...chante, Victoire, chante, et elle reprenait son couplet.

Nous habitions en retrait du village, sur une sorte de plateau qui surplombait les premières cases. Notre mère n'était pas une femme à propager son âme de plancher en plancher, elle tenait la parole humaine pour un fusil chargé, et ressentait parfois comme une hémorragie à converser, selon ses propres termes. Elle chantonnait, prononçait quelques mots sur les disparus, ceux qui avaient marqué ses yeux d'enfant, et c'était tout. Nous demeurions sur nos vaines soifs de présent. Aussi,[90] l'après-midi, quand l'air prenait une consistance d'eau transparente, nous nous transportions, ma soeur Régina et moi, sous la large terrasse du 'pitt'[91] de M. Tertullien, où, le dimanche, combattaient tous les coqs de l'endroit. M. Tertullien tenait également une buvette, et les gens s'assemblaient sous sa véranda, autour de verres de rhum, d'absinthe, riant, se chicanant, mettant à mal ceux qu'ils jugeaient sans griffes ni dents. Un jour que nous glanions les racontars,[92] à notre habitude, nous entendîmes que l'on parlait de notre mère...Victoire, elle n'avait nul titre, nulle parure sur la terre cette femme-là, à part ses deux bâtardes en guise de boucles d'oreilles...[93] pourquoi donc s'obstinait-elle à fuir leur compagnie, comme s'ils n'étaient ceux de par ici, qu'un lot de lépreux?...La parole sembla s'écraser au fin fond de la terre, telle une graine perdue, sans chance de repousse, les gens se grattaient négligemment, faisaient craquer les articulations de leurs doigts, las avant même de parler. Enfin, le doyen du village allongea une lèvre un peu à contrecoeur, visiblement, et puis il dit très lentement...que voulez-vous encore dénier, vous autres de par ici, que voulez-vous?...chacun se tient à une certaine hauteur sur la terre et ça vient du sang: les Lougandor ont toujours aimé survoler, ils s'accrochaient des ailes et ils se hissaient, et Victoire n'est même pas encore à sa vraie hauteur, termina-t-il sur un ton catégorique.[94] Mais à ce moment, s'avisant de notre présence, le vieux doyen toussa, nous regarda avec un sourire timide, et la conversation dévia. De retour à la maison, comme nous essayions de questionner mère, sa réponse tomba mystérieuse, identique à celles des autres fois:

– Ils peuvent toujours dire et redire, ceux qui ne trouvent pas molle leur couche sans avoir mis à mal quelqu'un...n'empêche que je suis qui je suis, à ma hauteur exacte, et je ne cours pas les rues mains tendues pour combler vos ventres creux...

Petite mère était une femme qui portait son visage haut levé par-dessus un cou délicat. Ses yeux toujours entrouverts semblaient dormir, rêver à l'ombre de leurs cils touffus. Mais à bien observer son regard, on y lisait sa détermination à demeurer sereine sous la violence même des vents, et à considérer toutes choses à partir de ce visage haut levé. Personne ne s'était avisé de la beauté de ma mère à L'Abandonnée, car elle était très noire, et ce n'est qu'après que mon père eut jeté les yeux sur elle que tous en firent autant. Quand elle se tenait assise au soleil, il y avait dans la laque noire de sa peau des reflets couleur de bois de rose, comme on voit aux anciennes berceuses. Lorsqu'elle bougeait, le sang affluait à sa peau, se mêlait à sa noirceur et des reflets lie-de-vin apparaissaient à ses pommettes. Si elle se tenait dans l'ombre, elle colorait l'air qui l'entourait, immédiatement, et c'était comme si sa propre présence suscitait alentour une auréole de fumée. Riant, sa chair se tendait, gonflait à en devenir transparente, et quelques veines vertes lui sillonnaient le dos des mains. Triste elle semblait se consumer tel un feu de bois, une couleur de sarment brûlé lui venait et sa peine montant, elle en devenait presque grise. Mais il était rare de la surprendre en cette dernière couleur de cendre fraîche, car elle n'était jamais triste en public, même devant ses enfants.

Lorsqu'elle se trouva enceinte pour la troisième fois, elle arrêta ses chansons en manière de reproche, et déclara tristement à ma soeur aînée...après toi, Régina, j'ai accepté l'homme Angebert sur mon plancher, mais c'était seulement du pain que je cherchais; et tu le vois, j'ai récolté viande sur viande, Télumée d'abord, puis celui-ci, et le pain n'est pas toujours sur ma table. Son coeur semblait soulagé de cet aveu, sa bile apaisée, il venait dans ses yeux comme une résolution ancienne, toujours la même, et elle écartait les lèvres en un sourire paisible. Mais un jour, comme elle étendait le linge à la blannie,[95] elle glissa sur une roche et on eut beau la porter, l'éventer, la frotter au rhum camphré,[96] l'enfant naquit avant l'heure et mourut. C'était un garçon déjà tout formé et petite mère en garda grande fierté. Parfois, interrompant son repassage, elle se grattait légèrement le ventre et disait...les gens me voient dans la rue, mais qui peut savoir qu'il a porté un homme, un homme qui rit et pleure et devient pape si ça lui chante...oui, qui peut savoir ce qu'il a porté, ce ventre-là?...

Mon père l'écoutait avec une grande attention et guettait les quartiers de lune, espérant qu'une même lune lui ramènerait un enfant identique, une même lune penchée pareillement dans le ciel...et le moment venu, ce qui se fera sera bien fait...murmurait-il d'un ton paisible.

Angebert était un homme spontanément grave, ne s'efforçant ni au rire ni au sérieux. Il ne considérait pas la vie comme une jungle où l'on se fraie une voie par tous les moyens. En vérité, il ne savait pas où il se trouvait et peut-être bien que c'était une jungle, concédait-il parfois à un ami, mais cela ne le préoccupait guère...pillez, brisez, dévalisez, je ne suis pas du tournoi. C'était un noir assez petit et qui aspirait à traverser l'existence de la manière la plus effacée qui soit. Angebert se promenait dans la vie d'une démarche posée, habité par l'heureuse pensée que ses petites affaires se déroulaient à merveille, puisque nul ne s'apercevait de sa présence sur la terre. Attentif à toutes choses, il n'avait pas besoin de longs palabres avec les amis pour voir ce qui se déroulait autour de lui. Mais, pensait-il, qui peut se douter que j'ai de tels yeux?...oui, qui?...et le visage de mon père ruisselait de placidité.

Il venait de la Pointe-à-Pitre[97] et, comme bien d'autres, il s'était arrêté ici, au pied de la montagne, parce que L'Abandonnée avait en ce temps-là un air de bout du monde. En passant par le hameau, il avait plongé son regard à l'intérieur des cases et cru voir plusieurs chaises défoncées. A tout hasard, il annonça qu'il pratiquait le métier de rempailleur de chaises, attendit de longs mois après sa déclaration, ne reçut jamais une chaise à réparer. Il vivait dans les bois, tendait des pièges aux écrevisses[98] de la rivière, cueillait des fruits à pain[99] et déterrait les racines sauvages, qu'il accommodait d'un peu de sel, d'une goutte d'huile, ainsi, dans la plus parfaite des tranquillités. Un soir, il eut envie d'entendre rire et s'habilla, prit la direction de la petite boutique de M. Tertullien, toujours pleine d'hommes et de femmes se querellant, jouant aux dés, buvant et blaguant la vie et la mort. La véranda était trop petite pour tout le monde, et sur le bord de la route, dans l'ombre, de petits groupes bavardaient, des solitaires d'une heure tiraient pensivement sur leur pipe. Angebert n'aimait pas boire, mais il se gardait bien de toutes pensées grasses[100] à propos des buveurs. Tout le monde peut tomber, disait-il, le porc meurt et celui qui tue le porc meurt aussi, c'est une question de moment. Il était descendu pour entendre rire, mais la saison ne s'y prêtait pas, à cause de la coupe des cannes, peut-être, terminée depuis trop longtemps. Il allait s'en retourner à sa solitude lorsque arriva Victoire, suivie de ma soeur aînée, Régina. Ma pauvre mère était complètement ivre et titubait à chaque pas. Faisant de grands gestes, elle dialoguait avec un être invisible et soudain, s'arrêtant en face de la petite boutique grouillante de monde, elle déclara à son fantôme...tu vois ce que je te disais, c'est ici que je donne le bal, je suis la mariée et c'est Hubert que j'épouse...quand j'étais à la tête du cocotier, j'ai vu le ciel entier, mes parents étaient auprès du Très-Haut[101] et ce dernier, me regardant, m'a dit très simplement: Retourne te marier, Victoire, car le bal va commencer avec Hubert.

Selon ce qu'on me dit, plus de vingt ans après l'événement, le dénommé Hubert était un nègre de la Désirade qui avait séjourné plusieurs jours dans la ruine du blanc et disparu, on ne savait où. Aussitôt après son départ, Victoire abandonna ses fers et ses chansons et se mit à errer, six mois durant, illuminée de rhum. Une voisine gardait pendant ce temps ma soeur Régina. Mais un jour la petite vit sa maman passer en titubant dans la rue et la suivit, en tous lieux, dès cet instant précis.

Ce soir-là, Angebert prit le bras de Victoire et l'amena le plus vite possible vers la ruine de L'Abandonnée, l'enfant les suivant sans un mot. Il coucha ma mère qui s'endormit aussitôt et soupa en grand silence, Régina dardant sur lui des yeux étonnés. C'est ainsi que mes parents se mirent en ménage.[102]

Il savait ce qu'il en était d'Hubert, le nègre de la Désirade, et il attendit tranquillement la fin du chagrin de Victoire, sans jamais lever la main sur elle,[103] même quand il la surprenait zigzaguant dans la rue. Ce n'était pas son rôle de bastonner les gens, disait-il, et d'ailleurs il ne voyait aucune supériorité dans le fait de ne pas boire, de garder les yeux ouverts sur la vie. Mais une petite buée glacée enveloppait progressivement son coeur, toutes les fois qu'il devait coucher Victoire, écrasée de rhum, inconsciente. Il devenait alors la proie du vide, luttait vainement sur sa paillasse, afin de trouver un emplacement de terre ferme, qui ne se dérobe pas sous ses pieds. Ce sentiment de vide lui resta et plus tard, lorsque j'étais toute petite fille, il lui arrivait de caresser doucement mes nattes crépues, disant d'un air inquiet...c'est moi, c'est moi Angebert, est-ce que tu me reconnais?...

Père tendait des nasses au creux des cours d'eau et vendait régulièrement ses pêches d'écrevisses aux gens de la ville, ou bien à M. Tertullien qui lui remettait en échange le sel de notre table et la morue salée. De temps en temps, un homme du nom de Germain traînait jusqu'à nous sa solitude, sa carcasse chargée de malédictions. Nous lui donnions une assiette chaude et s'il était bien luné,[104] il allait nous chercher un peu de bois, des racines sauvages qu'il mettait à cuire dans la baille aux porcs. C'était un voleur notoire d'écrevisses et père lui disait régulièrement:

– Garde-toi bien de me voler, Germain, car ça te coûtera très cher...Il y a tant et tant d'autres nasses dans la rivière, tu n'as qu'à faire comme si tu ne voyais pas la mienne...Lors de tes cueillettes nocturnes, pille les autres comme tu l'entends, mais fais bien attention à ne pas subtiliser une seule de mes écrevisses, car ce sont elles le pain de ma famille...Ce que je te dis là est très sérieux, prends garde.

Germain se taisait, les yeux brillants, et continuait de mener son éternelle vie de voleur, profitant de la peine d'autrui. Toutes les nuits, torche en main, il visitait les rivières et vidait nasses sur nasses, sauf celles de son ami Angebert. Tous savaient qui volait ainsi, subtilisait, vilipendait la sueur du nègre, et plus d'une fois notre homme s'était fait rosser. Quoique méritées, ces corrections l'humiliaient profondément. Il se cachait dans les broussailles, sautait à l'improviste sur sa victime, assouvissait très convenablement sa rancoeur. Un jour, un propriétaire de nasses le maudit en ces termes...nègre marron, voleur à conscience crevée, tu finiras si mal que le diable même rira de toi...tu n'es qu'un chien attaché et qui voudrait prendre son élan, mais tu n'iras pas loin et l'élan ne te portera nulle part ailleurs qu'au fond d'une geôle...car il y a élan, la fatigue et puis l'écroulement...Le propriétaire de nasses avait fermé ses yeux, et, la tête renversée en arrière, les veines saillant à son cou, il maudissait Germain devant la population entière, alertée par le vacarme inhabituel. La malheureuse prophétie ne pénétrait ni la terre ni le ciel, ni le tronc des arbres, elle ne se confondait pas avec le crépuscule tombant, elle restait sur votre coeur et l'on sentait qu'une abomination se préparait quelque part. De ce jour Germain fut un autre homme. Tous les soirs, on le voyait s'approcher du côté d'Angebert, lui disant bien tristement...ah, la vie est déchirée, de partout déchirée, et le tissu ne se recoud pas...quelqu'un lance une parole en l'air, comme ça, et la folie frappe et elle assaille, et l'on tue et l'on se fait tuer...Père le prenait par le bras et les deux hommes se dirigeaient vers la buvette, silencieux, le front baissé, buvaient d'un coup une rasade de tafia.[105] L'alcool aidant, les deux amis soupiraient, regardaient les autres buveurs, entreprenaient une partie de loto. Et le vent se levait, poussait les mois et les saisons, les songes, les lamentations de l'homme. Arriva la fin de la récolte, le chômage, le temps de la débrouillardise. Les économies des nègres avaient encore fondu plus vite cette année-là. On en était aux racines sauvages et plusieurs comptaient sur leurs pêches d'écrevisses pour tenir jusqu'à la montée des cannes. Toutes les nasses étaient veillées, camouflées, déposées en haut torrent, dans des cachettes inaccessibles, vidées avant même que Germain n'évente leur mystère. Il tournait à travers L'Abandonnée comme un fauve en cage, montait et redescendait la rue, seul, poitrail ouvert, ou se couchait subitement au milieu de la route, criant aux conducteurs de chars à boeufs...écrasez-moi! écrasez-moi! à quelle race j'appartiens donc? j'appartiens à la route, ne m'enlevez pas, écrasez-moi vous dis-je...et les gens se bouchaient les oreilles, fermaient les yeux pour ne pas voir ce Germain, qui voulait devancer le destin. A présent notre case se trouvait entièrement démunie, et petite mère chavirait en vain la bouteille d'huile sur nos tranches de racines. Mon père avait tendu toutes ses nasses et laissait 'monter'[106] sa belle pêche dans l'espoir de la vendre aux gens de la ville, le dimanche matin. Or, ce samedi, aux premières lueurs de l'aube, il trouva vides les nasses récentes et vides les 'gardes'[107] gonflées la veille d'écrevisses à longue queue bleue. Retournant chez lui, il y vit ce voleur de Germain qui sourit lamentablement et dit...Angebert, fais bien attention à toi aujourd'hui, car je vais te tuer. Mon père était défait et son regard ne se portait nulle part, il s'écoulait de lui une sueur jaune, comme s'il transpirait de la bile. Cependant l'attaque de Germain lui parut si curieuse, si parfaitement déplacée qu'il ne put s'empêcher de rire...va-t'en, lui dit-il enfin d'une voix très douce, va-t'en tout de suite, ôte-toi de ma vue car le sang m'étouffe. Germain s'éloigna aussitôt l'air grave, étonné, et mon père passa toute la journée sur son petit banc de bois, la tête entre les mains, silencieux. Le soir venu il se leva, donna à manger aux bêtes et mit des vêtements propres, s'en alla d'un pas tranquille vers la buvette du village. Régina, petite mère et moi le suivions à distance, afin que notre angoisse de femmes ne l'atteigne pas. Germain était accoudé au comptoir, et, l'empoignant au collet, mon père lui donna un coup de pied en s'écriant...pourquoi as-tu fait cela, pourquoi? Les deux hommes sortirent et commencèrent à lutter dans la pénombre, au milieu d'une savane[108] contiguë à la buvette. A un moment donné, on entendit la voix de mon père...ah, Germain, tu me piques...et puis un râle. Quittant la buvette, les gens trouvèrent mon père baignant dans le sang et Germain debout auprès de sa victime, un canif tout poisseux à la main. Aussitôt Germain lança le canif au loin, en direction d'un fourré d'acacias[109] qui bordait la savane. On alluma une torche et M. Tertullien se mit à genoux dans les acacias, cherchant le canif qui venait de tuer Angebert. Les gens affluaient maintenant, racontaient le meurtre chacun à sa manière, et, sortant de la foule, quelqu'un frappa Germain au milieu de la poitrine. Ce premier coup agit à la façon d'un signal et déjà on crachait au visage de Germain, on le pinçait à décoller sa chair, on le dévêtait entièrement pour voir, disait-on, comment était fait un criminel. Moi-même, je lui donnai un vif coup de poing. Une femme trempa ses mains dans le sang de mon père et en enduisit le visage de Germain, son torse nu et ses bras, s'écriant d'une voix aiguë...assassin...tu es taché, souillé à jamais par ce sang...respire, respire cette bonne odeur. Et les insultes et les coups affluaient, et je ne reconnaissais plus l'homme dans cette forme nue qui cachait son sexe de ses mains, et répétait sans arrêt, les yeux clos...j'ai piqué Angebert et vous pouvez me tuer, allez-y, vous avez raison...mais je jure que c'est pas ma faute, non, pas ma faute...Ces lamentations décuplaient la haine, et déjà Germain était devenu d'une autre espèce que ceux de L'Abandonnée. Le meurtre s'était déroulé sous leurs yeux, et ils n'étaient pas parvenus à l'éviter. Depuis toujours, chacun en avait connaissance au fond de lui-même: Germain devait tuer un jour ou l'autre, il était né pour ça, et cependant nul n'avait bougé lorsque les deux hommes étaient sortis de la buvette. A cette pensée les gens redoublaient de cruauté envers Germain, et sans doute l'auraient-ils mis à mort si les gendarmes à cheval n'étaient survenus, alertés par on ne sut qui. La corde au cou,[110] Germain s'en fut lentement à leur suite, titubant dans la nuit. Après cela, deux hommes soulevèrent le cadavre et, à travers l'épaisseur des ténèbres, on entendit une voix qui disait...je pardonne à Germain, parce que sa volonté ne lui appartenait plus: le mal des humains est grand et peut faire d'un homme n'importe quoi, même un assassin, messieurs, c'est pas une blague, un assassin...

Déjà, des émissaires s'enfonçaient dans la nuit pour signaler la mort du nègre Angebert. Le cortège se mit en marche pour la ruine de l'Abandonnée, où devait se dérouler la veillée funèbre. Les yeux secs, à demi clos, petite mère avançait à la clarté des étoiles, une épaule plus haute que l'autre, le pas traînant, boitant presque, comme sous un fardeau plus lourd qu'elle-même.

Lorsque, durant les longs jours bleus et chauds, la folie antillaise se met à tournoyer dans l'air au-dessus des bourgs, des mornes et des plateaux, une angoisse s'empare des hommes à l'idée de la fatalité qui plane au-dessus d'eux, s'apprêtant à fondre sur l'un ou l'autre, à la manière d'un oiseau de proie, sans qu'il puisse offrir la moindre résistance. Ce furent les épaules de Germain que toucha l'oiseau, et il lui déposa un couteau entre les mains, le dirigea vers le coeur de mon père. L'homme Angebert avait mené une existence réservée, silencieuse, il avait si bien effacé son visage qu'on ne sut jamais qui était mort ce jour-là. Parfois je m'interroge à son sujet, je me demande ce qu'il était venu chercher sur la terre, cet homme aimable et doux. Mais tout cela n'est plus et devant moi la route file, tourne, se perd dans la nuit...

PART II

Chapter 1

Histoire de ma vie

Deux ans après la mort d'Angebert, un étranger, un homme du nom de Haut-Colbi fit halte au village et changea le cours de ma destinée. C'était un nègre caraïbe[111] bien planté sur ses jambes, mais on eût dit qu'il évoluait dans l'eau, son véritable élément, on eût dit qu'il nageait tant était grande sa souplesse. Ses yeux se posaient sur vous comme une écharpe de soie et sa bouche enjôleuse, son rire en cascade, sa peau sombre aux ombres violettes s'imposaient à toute femme qui le croisait dans la rue, par hasard. L'homme venait de la Côte-sous-le-vent.[112]

En dépit de ses deux bâtardes, ma mère n'était pas pour autant une femme tombée. Elle avançait dans la vie avec la même attente, la même légèreté qu'au temps où nulle main d'homme ne l'avait effleurée. Les années l'avaient juste un peu ouverte, et elle était maintenant, sous le soleil, une gousse de vanille éclatée qui livre enfin tout son parfum. Un beau matin, elle partit avec sa grâce en commission, toute chantonnante, comme d'habitude. C'est alors qu'elle vit Haut-Colbi et que sa chanson s'arrêta net. On dit qu'ils restèrent une heure dans la contemplation l'un de l'autre, en pleine rue et sous les yeux de tous, saisis de cet étonnement qui étreint le coeur humain quand, pour la première fois, le rêve coïncide avec la réalité. Ils ne tardèrent pas à se mettre en case, transformant mon destin. Haut-Colbi passait par hasard dans notre hameau de L'Abandonnée, il avait vu ma mère et il était resté.

La vérité est qu'un rien, une idée, une lubie, un grain de poussière suffisent à changer le cours d'une vie. Si Haut-Colbi n'avait pas fait halte au village, ma petite histoire aurait été bien différente de ce qu'elle fut. Car ma mère avait trouvé son dieu ce jour-là, et ce dieu était grand amateur de chair féminine, ou du moins en avait-il la réputation. Le premier soin de ma mère fut de m'éloigner, d'écarter ma petite chair de dix ans pour s'éviter la peine, quelques années plus tard, de danser sur le ventre qui l'aurait trahie. Aussi décida-t-elle de m'envoyer à Fond-Zombi, auprès de ma grand-mère, loin de son nègre caraïbe.

On la blâma beaucoup, et la rumeur publique l'accusa de cracher sur son propre ventre, pour qui et quoi?...une bouche enjôleuse, un homme qui venait de la Côte-sous-le-vent. Mais elle connaissait la vie depuis longtemps, mon amoureuse de mère, avec ses deux bâtardes en guise de boucles d'oreilles; et elle savait qu'il faut le plus souvent arracher ses entrailles et remplir son ventre de paille si l'on veut aller, un peu, sous le soleil.

Reine Sans Nom n'était guère satisfaite de la manière dont sa fille faisait glisser sa barque sur les eaux de la vie. Mais lorsque Haut-Colbi s'installa dans notre tour, elle commença à trouver que Victoire ne naviguait pas si mal, après tout. A ceux qui critiquaient la conduite de sa fille, elle répondait d'une petite voix tout amusée...mes amis, la vie n'est pas une soupe grasse et pour bien longtemps encore, les hommes connaîtront même lune et même soleil, mêmes tourments d'amour...En vérité, elle jubilait à la seule idée d'avoir mon innocence pour auréoler ses cheveux blancs, et quand elle vint me prendre, elle quitta L'Abandonnée en bénissant ma mère.

C'était la première fois que je quittais la maison mais je n'en éprouvais nulle tristesse. Il y avait au contraire, en moi, une sorte d'exaltation à cheminer sur cette espèce de route blanche, crayeuse, toute bordée de filaos,[113] aux côtés d'une aïeule dont j'avais cru la vie terrestre achevée. Nous avancions silencieuses, à petits pas, grand-mère pour ménager son souffle et moi pour ne pas rompre l'émerveillement. Vers le milieu de la journée, nous avons laissé la petite route blanche se débattre sous le soleil, et nous sommes entrées dans un chemin de terre battue, toute rouge et craquelée par la sécheresse. Puis vint un pont flottant par-dessus une rivière étrange où d'immenses courbarils poussaient au bord de l'eau, plongeant l'endroit dans une éternelle pénombre bleuâtre. Penchée sur ma petite personne, grand-mère souriait, exhalait tout son contentement...tiens bon ma petite flûte, nous arrivons au pont de l'Autre Bord...[114] et me prenant d'une main, s'agrippant de l'autre au câble rouillé, elle me fit traverser lentement ce casse-cou de planches pourries, disjointes, sous lesquelles roulaient bouillonnantes les eaux de la rivière. Et soudain ce fut l'Autre Bord, la région de Fond-Zombi qui déferlait devant mes yeux, dans une lointaine éclaircie fantastique, mornes après mornes, savanes après savanes jusqu'à l'entaille dans le ciel qui était la montagne même et qu'on appelait Balata[115] Bel Bois. De-ci de-là apparaissaient des cases appuyées les unes contre les autres, autour de la cour commune, ou bien se tassant sur leur propre solitude, livrées à elle-mêmes, au mystère des bois, aux esprits, à la grâce de Dieu...

La case de Reine Sans Nom était la dernière du village, elle terminait le monde des humains et semblait adossée à la montagne. Reine Sans Nom ouvrit la porte et me fit entrer dans la petite pièce qui composait tout son logis. Sitôt que j'eus franchi le seuil, je me sentis comme dans une forteresse, à l'abri de toutes choses connues et inconnues, sous la protection de la grande

21

jupe à fonces de grand-mère. Nous avions quitte L'Abandonnée en début de matinée et maintenant la brume allait descendre. Grand-mère alluma un fanal suspendu à la poutre principale du plafond, en baissa la mèche pour économiser le pétrole, m'embrassa furtivement, comme par hasard, me prit la main et m'emmena faire connaissance de son porc, de ses trois lapins, de ses poules, du sentier conduisant à la rivère; puis, la brume étant tombée, nous rentrâmes.

Dans la case, un lit de fer était recouvert du drap du pauvre, quatre sacs de farine dont les inscriptions surnageaient, en dépit des nombreuses lessives. A lui seul, le lit occupait la moitié de l'espace. De l'autre côté il y avait une table, deux chaises, une berceuse de bois naturel, sans vernis. Grand-mère ouvrit une boîte métallique et en retira deux galettes de manioc.[116] Puis, pour fair descendre toute cette sécheresse, nous bûmes à petites lampees l'eau de la potiche de terre qui trônait au milieu de la table. A la lueur du fanal, je me risquai à regarder grand-mère en face, à la contempler sans détours ni ruses, pour la première fois. Reine Sans Nom était habillée à la manière des 'négresses à mouchoir',[117] qui portent un madras[118] en guise de coiffe. Lui enserrant bien le front, le tissu retombait sur son dos en trois pointes effilées,[119] à la 'tout m'amuse, rien ne m'attache'.[120] Elle avait un visage un peu triangulaire, bouche fine, court nez droit, régulier, avec des yeux d'un noir pâli, atténué, à la manière d'un vêtement qui a trop passé au soleil et à la pluie. Grande, sèche, à peine voûtée, ses pieds et ses mains étaient particulièrement décharnés et elle se tenait fière dans sa berceuse, m'examinant elle aussi sous toutes les coutures, cependant que je la contemplais de la sorte. Sous ce regard lointain, calme et heureux qui était le sien, la pièce me parut tout à coup immense et je sentis que d'autres personnes s'y trouvaient, pour lesquelles Reine Sans Nom m'examinait, m'embrassait maintenant, poussant de petits soupirs d'aise. Nous n'étions pas seulement deux vivantes dans une case, au milieu de la nuit, c'était autre chose et bien davantage, me semblait-il, mais je ne savais quoi. A la fin elle chuchota rêveusement, tant pour moi que pour elle-même...je croyais que ma chance était morte, mais aujourd'hui je le vois bien: je suis nee négresse à chance, et je mourrai négresse à chance.

Ainsi s'écoula ma première soirée à Fond-Zombi et cette nuit-là fut sans rêves, car en plein soleil, j'avais rêvé.

Grand-mère n'était plus d'âge à se courber sur la terre des blancs, amarrer les cannes, arracher les mauvaises herbes et sarcler, couper le vent, mariner son corps au soleil comme elle avait fait toute sa vie. Son temps d'ancienne était venu, le cours de sa vie avait baissé; c'était maintenant une eau maigre qui s'écoulait lentement entre les pierres, en un petit mouvement quotidien, quelques gestes pour quelques sous. Elle avait son jardin, son porc, ses lapins et ses poules, elle cuisait des galettes de manioc sur une platine, des gateaux aux cocos, faisait des sucres d'orge, cristallisait des patates douces, des surelles et de fruits-défendus[121] qu'elle remettait tous les matins au père Abel, dont la boutique était contiguë à notre case. Je l'aidais comme je pouvais, allais chercher de l'eau, courais après le porc, les poules, courais après les crabes de terre à carapace velue, si délectables au gros sel, courais après les mauvaises herbes en compagnie des 'ti bandes',[122] dans les champs de canne de l'Usine,[123] courais avec ma petite charge d'engrais, courais, sans cesse, avec quelque chose sur la tête: la touque[124] d'eau, le panier d'herbes, la caisse d'engrais qui me brûlait les yeux au premier coup de vent, ou bien me dégoulinait sur le visage, à la pluie, tandis que j'accrochais mes doigts de pieds en terre, surtout dans les crêtes, afin de ne pas renverser la caisse et ma journée avec.

Parfois, un chant s'élevait quelque part, une musique douloureuse venait à ma poitrine et c'était comme si un nuage s'interposait entre ciel et terre, recouvrant le vert des arbres, le jaune des chemins, le noir des peaux humaines d'une couche légère de poussière grise. Cela arrivait surtout au bord de la rivière, le dimanche matin, durant la lessive de Reine Sans Nom, quand les femmes alentour se mettaient à rire, à rire d'une manière très particulière, juste de la bouche et des dents, comme si elles toussaient. Alors, dans la voltige du linge, les femmes bruissaient de paroles empoisonnées, la vie tournait en eau et dérision et Fond-Zombi tout entier semblait gicler, se tordre et se répandre dans l'eau sale, en même temps que les jets de mousse vaporeuse et brillante. L'une d'elles, une certaine dame Vitaline Brindosier, personne grasse et ronde, âgée, les cheveux blancs comme neige et les yeux pleins d'innocence, avait un talent tout particulier pour jeter le trouble dans les esprits. Quand les âmes devenaient pesantes, quand l'heure etait à la dérision et à la nullité de la vie du nègre, Mme Brindosier secouait ses bras comme des ailes, victorieusement, et elle clamait que la vie etait un vêtement déchiré, une loque impossible à recoudre. Et là-dessus elle ne se tenait plus de joie, riait, battait ses beaux bras ronds, ajoutait sur un ton doux-amer...ah, nous les nègres de Guadeloupe, on peut vraiment dire que nous sommes à plat ventre, ah, ah...Et les autres femmes avaient alors ce rire étrange, une sorte de toux brève, juste de la bouche et des dents, et soudain l'ombre descendait sur moi et je me demandais si je n'étais pas venue sur la terre par erreur, cependant que la voix de Reine Sans Nom se faisait entendre, chuchotante, tout contre mon oreille...allon viens, Télumée, viens-t'en très vite, car ce ne sont là que de grosses baleines échouées dont la mer ne veut plus, et si les petits poissons les écoutent, sais-tu? ils perdront leurs nageoires...Nous sortions précipitamment de la rivière, elle s'appuyant à mon épaule, et le linge empilé sur nos têtes, nous gagnions à pas lents la petite case de bonne-maman.[125] Parfois elle s'arrêtait au bord du chemin, transpirante, et me regardant d'un air amusé...Télumée, mon petit verre en cristal, disait-elle pensivement, trois sentiers sont mauvais pour l'homme: voir la beauté du monde, et dire qu'il est laid, se lever de grand matin pour faire ce dont on est incapable, et donner libre cours à ses songes, sans se surveiller, car qui songe devient victime de son propre songe...Puis elle se remettait en route, susurrant déjà une chanson, quelque biguine des temps anciens qu'elle modulait de façon très particulière, avec une sorte d'ironie voilée, destinée à me faire comprendre, précisément, que certaines paroles étaient nulles et non avenues, toujours bonnes à entendre et meilleures à oublier. Alors je fermais les paupières, et, serrant très fort la main de bonne-maman, je me disais que ça devait bien exister, une manière d'accommoder la vie telle que les nègres la supportent, un peu, sans la sentir ainsi sur leurs épaules, à peser, peser jour après jour, heure après heure, seconde par seconde...

En arrivant, nous étendions le linge sur les buissons environnants, et la journée finissait là-dessus. C'était l'heure où la brise se lève, monte doucement la colline, gonflée de toutes les odeurs qu'elle a ramassées en chemin. Grand-mère prenait position dans sa berceuse, au seuil de la case, m'attirait contre ses jupes et, soupirant d'aise à chaque mouvement de ses doigts, entreprenait tranquillement de me faire les nattes.[126] Entre ses mains, le peigne de métal ne griffait que le vent. Elle humectait chaque touffe d'une coulée d'huile de carapate,[127] afin de lui donner souplesse et brillant, et, avec des précautions de couseuse, elle démêlait ses fils, les rassemblait en mèches, puis en tresses rigides, qu'elle enroulait sur toute la surface de mon crâne. Et ne s'interrompant que pour se gratter le cou, le haut du dos, une oreille qui la chagrinait, elle modulait finement des mazoukes lentes, des valses et des biguines doux-sirop,[128] car elle avait le bonheur mélancolique. Il y avait Yaya, Ti-Rose Congo, Agoulou, Peine procurée par soi-même[129] et tant d'autres merveilles des temps anciens, tant de belles choses oubliées, qui ne flattent plus l'oreille des vivants. Elle connaissait aussi de vieux chants d'esclaves et je me demandais pourquoi, les murmurant, grand-mère maniait mes cheveux avec encore plus de douceur, comme si ses doigts en devenaient liquides de pitié. Lorsqu'elle chantait les chansons ordinaires, la voix de Reine Sans Nom ressemblait à son visage où seules les joues, à hauteur de pommette, formaient deux taches de lumière. Mais pour les chants d'esclaves, soudain la fine voix se détachait de ses traits de vieille et s'élevant dans les airs, montait très haut dans l'aigu, dans le large et le profond, atteignant des régions lointaines et étrangères à Fond-Zombi, et je me demandais si Reine Sans Nom n'était pas descendue sur terre par erreur, elle aussi. Et j'écoutais la voix déchirante, son appel mystérieux, et l'eau commençait à se troubler sérieusement dans ma tête, surtout lorsque grand-mère chantait:

Maman où est où est où est Idahé
Ida est vendue et livrée Idahé
Ida est vendue et livrée Idahé...

A ce moment-là, grand-mère se penchait sur moi, caressait mes cheveux et leur faisait un petit compliment, bien qu'elle les sût plus courts et entortillés qu'il n'est convenable. Et j'aimais toujours les entendre, ses compliments, et comme je soupirais contre son ventre, elle me soulevait le menton, plongeait son regard dans le mien et chuchotait, avec un air d'étonnement:

— Télumée, petit verre de cristal, mais qu'est-ce que vous avez donc, dans votre corps vivant...pour fair valser comme ça un vieux coeur de négresse?...

Chapter 2

La vie à Fond-Zombi se déroulait portes et fenêtres ouvertes, la nuit avait des yeux, le vent de longues oreilles, et nul jamais ne se rassasiait d'autrui. A peine arrivée au village, je savais qui hache et qui est haché, qui garde son port d'âme et qui se noie, qui braconne dans les eaux du frère, de l'ami, et qui souffre et qui meurt. Mais plus j'en apprenais, plus il me semblait que l'essentiel échappait à mon attention, glissait entre mes doigts comme une anguille à l'instant de la saisir...

La boutique du père Abel se trouvait de l'autre côté de la route, à quelques enjambées de notre case, mais en direction du hameau et non de la montagne. Lorsque Reine Sans Nom m'envoyait y porter cassaves, sucres à coco, cornets de kilibibis ou fruits cristallisés[130] en échange d'un peu d'huile, de sel, d'une longe de morue sèche,[131] je m'attardais le plus possible sur le plancher du père Abel, tendais l'oreille de gauche, de droite, dans l'espoir de surprendre le secret des grandes personnes, cela même qui leur permettait de se tenir sur deux pieds tout au long du jour, sans jamais s'écrouler. Depuis une planche qui lui tenait lieu de comptoir, le père Abel débitait huile et morue, pétrole, chandelle et viande salée, allumettes par boîtes entières ou par groupe de trois, aspirines par tubes ou à la pièce, cigarettes à l'avenant, et toutes sortes de friandises que lui confectionnait Reine Sans Nom, pour réchauffer le coeur de ses pratiques. Derrière la cloison à claire-voie, une buvette recevait les hommes tandis que les femmes se tenaient sur la véranda, l'oreille tendue vers les cris qui montaient de l'arrière-salle avec le rhum du soir, le loto et les dés,[132] la fatigue, l'ennui. J'étais habituellement sous la planche du comptoir, tandis que le fils du père Abel, un garçon de mon âge, allait et venait de l'autre côté, dans la buvette proprement dite. Tout en servant et desservant, le négrillon jetait sur moi, par instants, un long regard incrédule, comme en rêve. Mais je ne lui prêtais guère attention, tout entière captivée par les événements de la buvette. Les langues allaient, les poings se tendaient pour des raisons mystérieuses, les dés roulaient bruyamment sur les tables et mes pensées elles-mêmes me semblaient rouler les unes sur les autres, sans qu'il me fût possible de les assembler. Parfois une crainte obscure me venait et mon esprit se défaisait, devenait semblable à un collier...on voit des choses sur la terre, Jésus, on voit des choses non, c'est pas croyable...

La plupart du temps, la buvette était un seul tintamarre de dés et de lotos, de dominos assénés sur la table comme des coups de hache. Il y régnait une atmosphère de chicane, de moquerie, de défis lancés à la ronde et qui ne retombaient jamais à terre. Une fois, accroupie sous le comptoir, je vis un frêle jeune homme du nom de Ti Paille se dresser subitement, les yeux exorbités de fureur, criant...aucune nation ne mérite la mort, mais je dis que le nègre mérite la mort pour vivre comme il vit...et n'est-ce pas la mort que nous méritons, mes frères?..[133] Il y eut un silence, puis un homme se leva et dit qu'il allait donner la mort à Ti Paille sur-le-champ, rien que pour lui apprendre à vivre. Mais Ti Paille répondit qu'il avait envie de mourir, que c'était ça même qu'il aimait, désirait, et lorsqu'on l'emporta avec une blessure à la tête, un peu plus tard, il souriait. Cet événement m'impressionna beaucoup. De même, j'étais toujours intéressée lorsque les hommes se mettaient à parler d'esprits, de sortilèges, du compère qu'on avait vu courir en chien, la semaine passée, et de la vieille man Cia[134] qui toutes les nuits planait au-dessus des mornes, des vallons et des cases de Fond-Zombi, insatisfaite de son enveloppe humaine. Grand-mère m'avait déjà parlé de cette femme, son amie, qui côtoyait les morts plus que les vivants, et elle promettait toujours de me la faire connaître un de ces après-midi. Aussi étais-je très attentive à ce qui se disait sur man Cia. Un jour, le père Abel raconta comment man Cia lui avait fait cette cicatrice au bras, lui avait lancé ce coup de griffe de négresse volante. Il s'en revenait d'une pêche de nuit, lorsque deux grands oiseaux se mirent à planer au-dessus de sa tête. L'un d'eux avait de larges seins qui lui servaient d'ailes et le père Abel reconnut aussitôt man Cia à ses yeux transparents, à ses seins observés un jour qu'elle lavait en rivière. Sitôt reconnue, man Cia descendit en cercle pour se poser sur les branches d'un flamboyant[135] voisin qui se mit à marcher autour du père Abel, suivi de tous les arbres du voisinage bruissant de toutes leurs feuilles. Puis, le père Abel ne se démontant pas, les arbres reculèrent et survint une énorme vague qui descendait du ciel avec un bouillonnement d'écume, de pierres, de requins aux yeux emplis de larmes. Presque aussitôt, la trombe d'eau rentra au fond du ciel comme elle était venue, et ce fut le second échec de man Cia. Ensuite, un cheval grand comme trois chevaux l'un sur l'autre fit son apparition. Mais le père Abel ne recula pas d'un pouce et la bête s'éloigna. Cependant, avant sa reculade finale, la bête fouetta l'air de ses sabots et c'est ainsi qu'elle lui fit cette estafilade.[136]

Et soulignant d'un trait d'ongle la cicatrice qui allait du coude au poignet, le père Abel murmura d'une voix sans timbre...ah, je me suis vu devant un précipice, reculer c'était mourir mais je n'ai pas eu peur, et me voici avec ma langue dans ma bouche pour vous dire, secourez-moi, mes amis...

Lorsque je racontai cette histoire à grand-mère, m'étonnant qu'elle fût l'amie d'une telle créature, elle haussa les épaules et concéda, souriante...certes, man Cia ne se contente pas de la forme humaine que le bon Dieu lui a donnée, elle a le pouvoir de se transformer en n'importe quel animal...et qui sait, peut-être est-elle cette fourmi qui court sur ton cou, écoutant le mal que tu dis d'elle?...

– Grand-mère dis-moi, pourquoi devenir oiseau, crabe ou fourmi, ne serait-ce pas plutôt à eux de devenir des hommes?...

– Il ne faut pas juger man Cia, car ce n'est pas l'homme qui a inventé le malheur, et avant que le pian ne vienne sur terre pour nous ronger la plante des pieds,[137] les mouches vivaient. Le plaisir des hommes c'est de prendre man Cia sous leur langue et de la faire voltiger à la façon du linge qu'on lance sur les roches de la rivière pour en faire tomber la crasse. C'est vrai que les gens en parlent avec crainte, car il y a toujours un risque à prononcer ce nom: man Cia. Mais te disent-ils ce qu'ils font lorsque leurs os se déplacent, lorsque leurs muscles se nouent, lorsqu'ils n'arrivent plus à reprendre souffle dans la vie?

Et souriant de manière rassurante, elle conclut d'une voix ferme:

– En vérité, man Cia est une femme de bien mais il ne faut pas lui chauffer les oreilles.

Le lendemain, grand-mère me jeta un regard singulier, vaqua à ses occupations courantes, donna leur plein de manger aux bêtes, poussa sa porte, la cala soigneusement d'un long bâton et dit: nous allons chez man Cia. Prenant la direction de la montagne, nous enfilâmes une petite sente cachée par des herbes folles. Au début ce furent de simples fougères, puis apparurent le long du sentier des pieds de malaccas, de tamarins, de pruniers de Chine[138] aux fruits séduisants. Mais je ne songeais pas à les cueillir, tout occupée à suivre la longue foulée silencieuse de Reine Sans Nom. Là-haut, les frondaisons des grands arbres se touchaient, penchaient au vent, masquaient la voûte du ciel. Le sentier déboucha sur une clairière, un immense disque de terre rouge et cuite au soleil, au milieu duquel se dressait une petite case branlante. Les fanes du toit avaient bleui, les planches délavées étaient de la couleur des mousses, des roches, des feuilles mortes qui tapissaient les halliers voisins, et elle semblait tout entière livrée aux esprits des grands bois qui s'élevaient à faible distance, tout contre la lumière hésitante de l'aube. Çà et là, des chiffes nouées aux branches, des piquets plantés en pleine terre, des coquillages disposés en croix la protégeaient du mal.

Passant vivement devant la case, Reine Sans Nom jeta d'une voix sourde, inquiète...cette maison est-elle habitée? et sans attendre de réponse, elle s'en fut vers un manguier proche où nous nous assîmes, en silence, sur de belles roches plates de rivière. A ce moment, une quelconque petite vieille sortit de la case, pieds nus, enveloppée dans une robe créole à fronces, un grand madras blanc noué sur la nuque et lui retombant dans le dos. Comme elle approchait, courant vivement sur la terre glaise, je vis un fin visage qui reflétait l'extase, et, malgré moi, je fermai les yeux. Soulevant l'ourlet de sa robe, la vieille essuya la sueur au front de grand-mère et l'embrassa à plusieurs reprises, sans paraître s'apercevoir de ma présence.

– Que fais-tu de la vie, Toussine? dit-elle à grand-mère.

– J'en fais un rêve, Cia, un rêve que je t'ai amené là, pour la douceur de tes yeux mêmes...

– Quel rêve, s'écria man Cia, feignant l'incompréhension.

– Alors j'en fais un pied de chance, dit grand-mère souriante, et je te l'amène à respirer...

Se tournant vers moi, man Cia m'aperçut enfin, me dévisagea longuement et se mit à m'embrasser, un premier baiser sur le front, pour elle-même, dit-elle, pour la faveur de son plaisir; puis un deuxième sur la joue gauche, puisque j'étais de celles dont on ne tire pas la ficelle pour les faire danser, un troisième pour que la joue droite ne soit pas jalouse, et un dernier parce que, elle le voyait déjà, j'étais une vaillante petite négresse. Elle ajouta, me couvrant de son beau regard tranquille: tu seras sur terre comme une cathédrale.

Les deux vieilles commencèrent à parler, sous le grand manguier, tandis que je regardais avidement man Cia, à la recherche de ce qui en elle différait des autres humains. J'examinais ses doigts aux ongles courbes striés dans la longueur, comme des griffes, ses pieds grisâtres à talons larges et proéminents, ce petit corps tout en os, presque d'enfant, ce visage patiné, écaillé par endroits et plus je la voyais, plus je la trouvais pareille à tout le monde, une quelconque petite vieille de Fond-Zombi. Cependant elle avait tout de même quelque chose, l'amie de Reine Sans Nom, et ce qu'elle avait man Cia? elle avait ces yeux-là...immenses, transparents, de ces yeux dont on dit qu'ils peuvent tout voir, tout supporter, car ils ne se ferment pas même en sommeil.

Comme je l'étudiais ainsi, la dévisageant à mon aise, soudain elle braqua sur moi son oeil transparent de sorcière et dit:

– Enfant, pourquoi me regardes-tu ainsi?...veux-tu que je t'apprenne à te transformer en chien, en crabe, en fourmi?...veux-tu prendre tes distances avec les humains, dès aujourd'hui, les tenir à longueur de gaffe?

J'aurais aimé soutenir l'action de ce regard si clair, tranquille, rieur par en dessous, qui semblait démentir le sérieux des paroles prononcées. Mais une grande peur me retint et je courbai honteusement la tête, murmurai d'une voix entrecoupée:

– Vous le voyez bien que je ne suis pas une cathédrale...et si vous cherchez la vaillante négresse, elle n'est pas là.

Grand-mère fronça les sourcils:

– Ah, c'est tout ce que vous avez à vous dire, par un si beau dimanche, quel gaspillage de lumière!...

Maintenant, grand-mère était penchée sur son amie et lui racontait un rêve, voici...elle se baigne dans une rivière, des dizaines de sangsues courent autour de sa tête et l'une d'elles se fixant à son front, grand-mère se dit: à cet endroit, j'ai du mauvais sang que la bête est en train de pomper...mais n'était-ce pas sa vie que la sangsue aspirait, n'était-ce pas signe de sa mort prochaine?...conclut-elle avec un sourire inquiet.

– Quelle mort?...s'écria man Cia d'un ton alerte, la bête a pompé ton mauvais sang et voilà tout. Quand ton heure sera venue, tu verras tes dents tomber en songe, tu verras ton corps et ton linge filer dans la rivière et tu te retrouveras dans un pays inconnu, avec des arbres et des fleurs que tu n'as jamais vus: ne te fie à aucun autre rêve que celui-là. En attendant, ma chère, caprice de mort ou caprice de vivant, l'odeur de cette daube qui mijote au feu m'enivre, et je sens déjà la viande qui fond dans ma bouche, allons...

Nous nous levâmes en riant, et quand nous revînmes un peu plus tard, chacune son écuelle de daube fumante à la main, Reine Sans Nom soupira:

– Ah, ah, maudite, comme tu t'entends à parler, avec toi deux mots quatre paroles, et il n'y a pas plus de mort que de banjo!

Et ce disant elle s'assit un peu brusquement, secouée d'un rire aigrelet, l'écuelle déversant un peu de sauce à ses pieds.

– Ah, dit man Cia, les morts se servent en premier, maintenant?

– Tu le sais, répondit grand-mère en souriant, Jérémie a toujours eu un faible pour la daube de cochon planche.[139]

– Et comment va-t-il? s'enquit gravement man Cia.

– Il ne m'a pas oubliée, dit grand-mère heureuse, il vient me voir toutes les nuits, sans faute. Il n'a pas changé, il est pareil que de son vivant...

– Mais il va bien? reprit son amie.

– Il va très bien, assura gravement grand-mère.

La clarté du jour nous pénétrait, la lumière arrivait par ondes à travers le feuillage que le vent secouait et nous nous regardions, étonnées de nous trouver là, toutes les trois, au milieu du courant de la vie, et tout à coup man Cia éclata de rire:

– Crois-tu, Toussine, que si nous étions encore esclaves, nous mangerions cette bonne daube de cochon, le coeur si content?...

Ses yeux se firent tristes, ironiques, ils parurent tout à coup délavés par le soleil, la pluie et les larmes, toutes les choses qu'ils avaient vues et qui s'étaient incrustées jusqu'au fond même de sa cervelle. Surprise, je me risquai à l'interroger:

– Man Cia chère, à quoi peut bien ressembler un esclave, et à quoi peut ressembler un maître?

– Si tu veux voir un esclave, dit-elle froidement, tu n'as qu'à descendre au marché de la Pointe et regarder les volailles ficelées dans les cages, avec leurs yeux d'épouvante. Et si tu veux savoir à quoi ressemble un maître, tu n'as qu'à aller à Galba, à l'habitation Belle-Feuille, chez les Desaragne.[140] Ce ne sont que leurs descendants, mais tu pourras te faire une idée.

– Que veux-tu qu'elle voie maintenant, à l'heure actuelle, man Cia? dit Reine Sans Nom. Elle ne verra rien, trois fois rien. Ces blancs-là sourient et on les salue, dans leur maison à colonnade qui n'a pas sa pareille de par ici. Mais qui dirait, à les voir aujourd'hui si souriants, que leur ancêtre le Blanc des blancs[141] vous encerclait un nègre dans ses deux bras, et lui faisait éclater la rate, comme ça?...

– Et pourquoi faisait-il ça? dis-je effrayée.

Man Cia réfléchit longuement:

– Autrefois, dit-elle, un nid de fourmis mordantes avait peuplé la terre et voilà, elles s'étaient elles-mêmes appelées hommes,...pas plus que ça...

Reine Sans Nom s'appuyait contre man Cia, et s'efforçant de lui arracher un peu de son amertume, elle dit:

– Qui peut reprocher au chien d'être attaché, et s'il est attaché, comment lui éviter le fouet?

– S'il est attaché, dit man Cia, il lui faut se résigner, car on le fouettera. C'est depuis longtemps que pour nous libérer Dieu habite le ciel, et que pour nous cravacher il habite la maison des blancs, à Belle-Feuille.

– C'est une bien belle parole en ce jour, dit grand-mère, et après cette tristesse en voici une autre: voir s'éteindre le feu et les petits chiens s'amuser dans la cendre.

– Avec ta permission, mon amie, je dirai que c'est là un morceau de tristesse, pas une tristesse entière. La tristesse entière était le feu. Or le feu est éteint et cela fait bien longtemps que le Blanc des blancs est sous terre, viande avariée qui ne repoussera plus. D'ailleurs, la cendre elle-même n'est pas éternelle.

Les yeux brillants d'une fièvre étrange, Reine Sans Nom me regarda longuement et dit:

– En vérité, la cendre n'est pas éternelle.

Les deux vieilles s'étaient tues, l'après-midi glissait, tout était clair, serein, au ciel et sur la terre. Reine Sans Nom et son amie Cia se tenaient appuyées l'une contre l'autre, les traits paisibles, assurés. Dans ce silence, je les regardais et je me demandais d'où venaient tous les feux, tous les éclats qu'elles tiraient de leurs vieilles carcasses rafistolées.

Un peu plus tard, nous fîmes un petit tour dans les bois, glanant des feuilles, des fruits sauvages, et man Cia semblait soudain toute pensive. Comme grand-mère et moi l'observions sans arrêt, attentives à toutes les ombres, toutes les lumières de son visage, nous vîmes que ça la gênait de penser devant nous, sans que nous sachions quelles idées se cachaient derrière son front. Alors grand-mère poussa un profond soupir, signifiant que notre visite s'achevait, et, se tournant vers l'enfant que j'étais, man Cia déclara...sois une vaillante petite négresse, un vrai tambour à deux faces, laisse la vie frapper, cogner, mais conserve toujours intacte la face du dessous. Grand-mère opina du chef et nous redescendîmes la pente aux herbes folles, agrippées l'une à l'autre. Le ciel était déjà tout bas, violet, et c'était l'heure où l'on sentait le vol exténué des phales et des phalènes[142] dans l'air lourd. Aussitôt arrivée, je gagnai gravement le fond de la cour, me glissai sous une touffe de bambou en écartant les branches basses, jusqu'à me perdre dans la petite cage de feuillage. Pour la première fois de ma vie, je sentais que l'esclavage n'était pas un pays étranger, une région lointaine d'où venaient certaines personnes très anciennes, comme il en existait encore deux ou trois, à Fond-Zombi. Tout cela s'était déroulé ici même, dans nos mornes et nos vallons, et peut-être à côté de cette touffe de bambou, peut-être dans l'air que je respirais. Et je songeai aux rires de certains hommes, de certaines femmes, leurs petites quintes de toux résonnaient en moi, cependant qu'une musique déchirante s'élevait dans ma poitrine. Et j'écoutais encore les rires, je me demandais, je croyais entendre certaines choses, j'écartais les feuilles pour voir le monde du dehors, les lignes qui s'assombrissaient, le soir montant comme une exhalaison, effaçant toutes choses, la case d'abord, les arbres, les collines au loin, les pentes de la montagne dont le sommet flamboyait encore dans le ciel, bien que toute la terre fut plongée dans l'obscurité, déjà, sous les étoiles au scintillement tremblant, inquiet, irréel, qui semblaient posées là par erreur, comme tout le reste.

Chapter 3

Un jour petite mère Victoire vint nous voir en coup de vent, radieuse, hagarde, un rien échevelée, portant sur elle tous les signes de l'amour et de ses tourments. Elle souriait sans raison et tout à coup portant une main à son front, elle entrait dans un état de méditation profonde, son regard glissait sur nous sans nous voir. A petits mots pressés, à la fois évasifs et vibrants, elle nous mit au courant du sort de ma soeur Régina, qui vivait maintenant chez son père naturel, sur la Basse-Terre, et dormait dans un lit, mangeait des pommes de France, possédait une robe à manches bouffantes et allait à l'école. Ce dernier point surtout la comblait d'aise, elle y revenait sans cesse, disant que cette petite négresse à tête poivrée savait déjà signer son nom...ah, s'exclamait-elle, parlez-moi d'une telle personne, parlez-moi de Régina, elle a dans son esprit toutes les colonnes des blancs, elle écrit aussi vite qu'un cheval galope et la fumée peut sortir de se doigts...ce n'est pas elle qui va signer un papier sans savoir ni pour qui ni pour quoi, et parlant de signer dites-moi un peu...connaissez-vous chose plus laide et plus honteuse: on vous demande de signer, vous mettez une croix...vous ne savez pas écrire, mes négresses, voilà une honte qu'il est difficile d'oublier, et, à ces moments-là, la terre ne s'ouvre même pas pour vous sauver...

L'écoutant, une tristesse obscure se répandait sur nous, grand-mère et moi, et nos têtes se penchaient lourdement en avant, comme cédant à une charge invisible. Mais déjà, petite mère Victoire nous serrait dans ses bras, pleurant, riant, balbutiant des propos confus et sur un geste d'adieu s'élançait au-dehors, courait à son destin. Haut-Colbi l'attendait à l'embarcadère de la Pointe-à-Pitre, et ce même soir, sous le conseil avisé d'un sorcier, tous deux déradaient vers l'île de la Dominique, dans l'espoir d'échapper au sort qui poursuivait le zambo-caraïbe[143] décidément amateur de[144] chair féminine. Nous ne revîmes jamais plus Victoire.

Quelques années plus tard, je vis ma soeur au milieu d'un cortège de mariés, sur le parvis de l'église de La Ramée. Régina était devenue une dame élégante de la ville. Profitant de la confusion, je m'approchai discrètement d'elle, et, comme je me penchai pour l'embrasser, elle tendit une main gantée et dit, gênée...vous êtes bien Télumée, n'est-ce pas?...

Reine Sans Nom était une talentueuse, une vraie négresse à deux coeurs, et elle avait décidé que la vie ne la ferait pas passer par quatre chemins. Selon elle, le dos de l'homme était la chose la plus souple, la plus dure, la plus solide du monde, une réalité inaltérable qui s'étendait bien au-delà de l'oeil.

Sur lui s'abattaient tous les déchirements, toutes les furies, tous les remous de la misère humaine. Il y avait longtemps que le dos de l'homme allait ainsi et il irait bien longtemps encore. Le principal était, après tous les avatars, les pièges et leurs surprises, oui, c'était seulement de reprendre souffle et de continuer son train, ce pour quoi le bon Dieu vous avait mis sur la terre. Elle n'exultait, ne se plaignait, ne gémissait pas devant n'importe qui, et nul ne savait ce qui bouillait au fond de sa marmite, soupe grasse ou galet de rivière. Elle avait posé sa case au bout de Fond-Zombi, en dehors de toutes les autres, à l'endroit même où commence la forêt, où les arbres viennent à la rencontre du vent et le portent sur les hauteurs. Les gens ne la comprenaient pas toujours, c'était une 'femme fantaisie', une 'lunée', une 'temporelle',[145] mais tout cela ne l'amenait qu'à hocher la tête et sourire, et elle continuait à faire ce pour quoi le bon Dieu l'avait créée, vivre.

Elle n'attendait que moi, la vieille, pour déverser les derniers flots de sa tendresse, raviver la lueur de ses yeux usés. Nous étions dans ces bois, appuyées l'une sur l'autre, à ceinturer la vie comme nous pouvions, au gré. Mais au creux de sa grande jupe froncée, je le savais, il y avait une chose dont je ne souffrirais pas, c'était de pénurie d'amour. Elle avait trouvé une petite baguette de bambou pour servir de tuteur à ses vieux os. Et quand elle me croyait absente, elle soupirait doucement, dans son coin, disant à haute voix qu'elle était en paix avec la vie, car, tous comptes faits, toutes deux étaient quittes. Elle vivait par moi, elle respirait par ma bouche. Lorsque je m'éloignais, elle entrait en un branle qui ne finissait qu'à mon retour. Un jour que je revenais de la rivière, je lui signalai deux petits renflements à ma poitrine, sans doute invisibles à l'oeil nu, mais perceptibles, là, sous la première couche de la peau. Sa figure se convulsa de joie et la voici qui se met à courir sur la route, les pans de sa robe soulevés à mi-cuisses, disant à toutes les femmes du voisinage...venez, venez voir, les guêpes ont piqué Télumée!...Les commères accouraient chantant, badinant, soulevant avec fierté leurs poitrines tombées, fêtant de mille manières mes petits seins naissants et disant par malice...si lourds que soient tes seins, tu seras toujours assez forte pour les supporter. La venue de mes seins avait eu des conséquences plus graves. Reine Sans Nom ne supportait plus de me voir filer des journées entières, pour piquer des rangs d'ananas, cueillir des boules de café ou charrier des seaux d'engrais dans les cannes. Tous les jours, elle me mettait en garde contre l'armée de négrillons qui patrouillaient dans la contrée...ne faufile pas parmi eux, ces enfants sont à l'école du mépris et nul ne peut les empêcher de suivre leur voie, laisse-les faire, couds ta bouche en leur présence car il n'y a rien à leur apprendre, ils sont déjà tout maudits et tout prêts à affronter le monde...de la vie ils savent tout, peuvent te donner des leçons de vagabondage, de vol, d'insultes...ne te mêle pas à eux, mon petit verre en cristal, dis-leur bonjour, bonsoir, écoute les contes et les cancans s'ils t'en rapportent, tais-toi et mets une croix sur ta bouche, ainsi tu passeras ton chemin et resteras blanche[146] comme un flocon de coton. Je ne savais trop comment suivre les conseils de grand-mère. Je ne marchais pas par bande, mais je n'étais pas non plus un homard à l'estomac froid. J'aimais bien la compagnie des enfants, ceux qui travaillaient dans les cannes, ceux qui rôdaient en brigandage, ceux qui avaient père et mère et les sans maman, sans toit et sans litière qui erraient dans la vie comme des enfants du diable. Les garçons s'amusaient entre eux et quand ils venaient à nous, c'était pour se moquer, nous faire basculer dans l'insignifiance, tirer nos cheveux, s'exercer à leur avenir brillant de mâles en mesurant gravement la longueur de leur jet d'urine. Je préférais la compagnie des filles, deux d'entre elles, surtout, Tavie et Laetitia. Nous jouions aux noix d'acajou, dans un trou creusé en terre, nous jouions à pichine,[147] avec de petites roches, nous racontions des histoires sur les femmes, les coups d'épée qu'elles recevaient dans leur eau, et les malheurs aussi, les maléfices, tout ce qui arrive dans les cases sans homme. Tavie avait un maigre visage pointu, aux yeux dansants, toujours en quête d'une faille, d'une porte ouverte, d'un trou dans une palissade, et sa plus grande joie était de dérober une poule et de la manger dans les bois, seule, en prenant bien soin d'enterrer les plumes. C'était une enfant tout particulièrement maudite. Laetitia, elle, allait d'une case à l'autre, attrapant une lèche de morue, une tranche de fruit à pain, un fruit, une miette de viande, car tout le village était sa maman. C'était une petite fille toute fraîche, à la peau épaisse, transparente, comme gonflée d'une sève lie-de-vin, ainsi qu'il arrive à certaines fleurs d'eau. Elle regardait le monde du haut d'un long cou, souple à l'ordinaire, mais qui se raidissait brusquement dans l'effroi, la colère, le triomphe, tel le col d'une oie sauvage. Comme toutes les négrillonnes, nous nous plaisions à des hanches inexistantes, nous dandinant, nous interpellant avec de grands gestes. Nous soupesions tous les petits garçons et surtout Elie, le fils du père Abel, dont mon amie Laetitia était fort curieuse...Pour ma part, je n'avais jamais prêté garde à ce négrillon. Mais un jour, comme je m'engageais sur le sentier de la rivière, un ballot de linge sale sous le bras, l'enfant Elie surgit subitement d'un fouillis de lianes et de buissons enchevêtrés. Il riait tout seul, et, au premier regard qu'il me jeta je demeurai inerte, saisie d'une curiosité étrange. Une touque d'eau valsait sur sa tête, le trempant, éclaboussant à chaque éclat de rire, sa peau de châtaigne après la pluie. Un immense short kaki s'évasait autour de ses genoux, ciel adorable!...de ces gros genoux épais, cornés, boursouflés,[148] qui semblaient façonnés par des journées de pénitence et n'étaient rien d'autre, pourtant, que ses genoux naturels. Ses lèvres me parurent encore plus boursouflées que ses genoux, comme prêtes à me lâcher des insolences, mais j'oubliais tout cela, le short, les genoux et les lèvres sitôt que je découvris ses yeux: larges, étalés par-dessus ses joues plates comme deux marigots[149] d'eau douce.

Après un long dévisagement, la parole lui est soudain revenue. Il s'est arrêté de marcher et m'a crié, riant toujours des lèvres.

– Qu'est-ce que tu fais là? tu ne serais pas venue chercher le trésor que ton grand-père a caché dans la savane?

– Et toi, grand savant, c'est comme ça que tu ris sans raison?

– Pas sans raison, dit-il, c'est ta vue qui me fait rire.

– Ma vue? en quoi est-elle risible, ma vue? est-ce que la séparation de mes nattes ressemble à un sentier de rat? et ma robe est-elle à l'envers?

– Laisse-moi te dire que tout est en ordre chez toi, comme dans une chapelle bien entretenue. Je ris, je ris de te voir surgir devant moi telle une apparition: y a pas[150] d'offense, j'espère?

J'ai répondu qu'il n'y avait pas d'offense et j'ai continué mon chemin vers la rivière, sans me douter que ma première étoile venait de naître à l'orient...

Vers cette époque, une école communale ouvrait ses portes au bourg de la Ramée. C'était une ancienne écurie où l'on se tenait assis, debout, selon la place, l'ardoise sur les genoux ou serrée contre la poitrine. Un seul maître ne pouvait suffire à tous les enfants du bourg et des hameaux avoisinants, Valbadiane, La Roncière, Dara, Fond-Zombi. Mais rares étaient ceux qui osaient affronter les petites lettres. Les premiers temps, les gens se tenaient au passage des écoliers, le long de la route, et leur demandaient d'un air anxieux...dites-moi, mes petits cabris, comment est-ce dans vos têtes?...ne sentez-vous pas vos cervelles trop lourdes?...arrive-t-il que vos têtes, l'intérieur de vos têtes devienne si lourd que vous deviez en ployer le cou?...

A la pointe du jour, nous dégringolions les mornes, pieds nus, une gamelle en main dans un torchon. En fin d'après-midi, c'était le retour, les uns suant, somnolant, les autres gesticulant sous le soleil qui virait doucement de bord, descendait pour se noyer à l'horizon. Elie et moi étions devenus amis. A midi nous mangions sous un énorme flamboyant qui poussait dans une arrière-cour, non loin de l'école. L'endroit était frais, rouge de toutes les fleurs qui jonchaient le sol. Ce lieu nous appartenait en propre, les autres enfants ne s'y arrêtant qu'en visite. Elie se servait lui-même à la boutique, et, l'huile du père Abel aidant, les racines les plus sèches glissaient dans notre gosier. Le repas terminé, nous en venions à la causerie. Il y avait dans cet air de La Ramée, et surtout dans la bâtisse sombre de l'école quelque chose de retenu, de sévère, de futile à la fois qui nous mettait mal à l'aise et pour nous consoler des petits bâtons et des lettres, des ânonnements interminables, nous en revenions toujours à parler de ces grandes bêtes d'hommes et de femmes de Fond-Zombi. On y était au soleil et à la pluie, au vent, on pouvait hurler et

36

mourir, on vivait dans une seule incertitude, mais il suffisait d'une belle journée, d'une lueur au milieu de ce foudroiement pour que, aussitôt, repartent les rires. Cependant, nous nous posions beaucoup de questions sur la vie intime des grandes personnes. Nous savions comment elles faisaient l'amour, et puis nous savions comment elles se déchiraient, se happaient et se piétinaient, suivant une trajectoire immuable, de la course à la lassitude, à la chute. Mais la balance penchait, me semblait-il, en faveur des hommes, et dans leur chute même ils conservaient quelque chose de victorieux. Ils rompaient os, brisaient matrices, abandonnaient leur propre sang à la misère, comme un crabe saisi vous lâche sa pince entre les doigts. A ce point de mes réflexions, Elie disait toujours sur un ton grave:

– L'homme a la force, la femme la ruse, mais elle a beau ruser son ventre est là pour la trahir et c'est son précipice.

Ces paroles me troublaient, serraient mon coeur dans un étau et il me semblait voir une fumée perpétuelle qui se formait toute seule au fond de lui, et qui monterait un jour pour le perdre, et moi avec. La bouche sèche, je lui demandais:

– Pourquoi les hommes sont-ils comme cela?...Elie, Elie, dis-moi: le diable s'est-il installé à Fond-Zombi?...Ah, je voudrais bien le connaître par coeur, le moment où tu commenceras à me mentir.

– Télumée, cher flamboyant, disait Elie en me caressant les cheveux, je suis un homme et pourtant? je n'y comprends rien à tout ça, rien de rien. Figure-toi, parfois le père Abel lui-même me fait l'effet d'un enfant abandonné sur la terre. Certains soirs, il se met à hurler dans son lit: est-ce que je sors du ventre d'une femme humaine?...et puis il se penche vers moi, me prend dans ses bras et chuchote: hélas, où aller pour crier?...c'est toujours la même forêt, toujours aussi épaisse...alors mon fils, écarte les branches comme tu peux, voilà.

Ce disant, Elie me souriait de ses beaux yeux larges, brillants, un peu plus sombres que sa peau, retenant une larme sous les lourdes paupières aux courts paquets de cils qu'il rabattait soudain, avec lenteur, comme s'il s'était mis à dormir sur place. Et toujours sans me voir, il ajoutait:

– Télumée, si la vie est ce que dit mon père, il se peut qu'un jour je me trompe de traces, au milieu de la forêt...Mais n'oublie pas, n'oublie pas que tu es la seule femme que j'aimerai.

Nos conversations sous l'arbre étaient connues de tout Fond-Zombi, des plus petits fruits verts à ceux qui tombaient déjà en poussière. Mille versions couraient sur l'histoire, chacun essayant d'imposer la sienne. A Fond-Zombi la nuit avait des yeux, le vent des oreilles. Les uns n'avaient pas besoin de voir pour parler, ni les autres d'entendre pour savoir ce qui s'était dit. Grand-mère savait ce qu'il en était, elle disait que j'avais hérité de sa chance, et combien il est rare qu'une étoile se lève si tôt dans le ciel d'une petite négresse. Elle regardait Elie avec les mêmes yeux que moi, l'entendait avec mes oreilles, l'aimait avec mon coeur. Lorsque j'entrais dans sa boutique, le père Abel quittait son air morose, flasque et indifférent, ses yeux se ranimaient, il semblait tout à coup à hauteur d'homme et me posait mille petites questions, histoire, disait-il, de tâter un peu la future:

– Es-tu patiente, petite, demandait-il non sans malice, et si tu ne l'es ne t'embarque pas sur la barge d'Elie, pas plus que sur aucune autre car avant tout, une femme doit être patiente, c'est ça.

– Et qu'est-ce que l'homme doit être, avant tout?

– Avant tout, répondait-il, un peu fanfaron, un homme ne doit avoir peur ni de vivre, ni de mourir. Et vite, il prenait dans le bocal une boule de menthe, me la tendait en souriant: que ce petit goût de menthe te fasse oublier mes paroles, cartouches vides dans un fusil rouillé...

D'un commun accord, la Reine et le père Abel nous laissaient passer ensemble toute la journée du jeudi. S'il n'y avait eu qu'Elie, je serais une rivière, s'il n'y avait eu que la Reine je serais la montagne Balata, mais les jeudis faisaient de moi la Guadeloupe tout entière. Ces jours-là, nous nous levions avant l'apparition du soleil, et, à travers les fentes de nos cases respectives, chacun épiait la venue du jour. Très tôt c'était la corvée d'eau, la fouille des racines au jardin, le nettoyage de la cour et, sur les huit heures, Elie apparaissait avec de grandes boîtes en fer liées à ses épaules. Reine Sans Nom hochait la tête et nous lâchait au moment du départ...ne vous hâtez pas de grandir, négrillons, ébattez-vous, prenez tout votre temps, car les grands ne vivent pas en paradis. Sur ces mots, Elie courbait les épaules et je lui emboîtais le pas, la tête chargée d'un énorme tas de linge sale de la ville. Nous prenions le sentier de la rivière, celui-là même où il avait surgi pour la première fois, où mon étoile s'était levée. La rivière de l'Autre Bord avait trois branches et délaissant le gué habituel, qui servait de fontaine à Fond-Zombi, nous sautions de roche en roche vers un bras plus isolé, où tombait une cascade, sur un trou d'eau profonde qu'on appelait le Bassin bleu. Cependant qu'Elie donnait la chasse aux écrevisses, soulevant une à une les pierres, je choisissais une belle roche pour mon linge et commençais à le savonner, à l'étreindre et le fouailler comme bourreau sa victime. De temps en temps, Elie poussait un cri perçant lorsqu'une écrevisse le pinçait aux doigts, à l'instant de la glisser dans une de ses boîtes en fer. Le soleil montait lentement au-dessus des arbres, et quand il prenait la rivière de fouet, sur les dix heures, je m'aspergeais d'eau, prenais mon linge et m'aspergeais encore, et soudain n'y tenant plus je me jetais tout habillée dans la rivière. Ainsi toutes les heures, jusqu'à ce que toute la pile de linge me soit passée par les mains. Alors Elie venait à moi et nous plongions ensemble, tout habillés, lâchions nos craintes, nos jeunes appréhensions au fond du Bassin bleu. Puis nous nous faisions sécher sur une longue roche plate, toujours la même, à la dimension exacte de nos corps et cependant que la parole allait, venait, je me sentais envahie par la pensée qu'une petite chose était sur la terre, de la même grandeur que moi, qui m'aimait, et c'était comme si nous étions sortis du même ventre, en même temps. Elie se demandait s'il se ferait aux petites lettres car il voulait devenir employé aux douanes, s'il plaît à Dieu. Il poussait toujours devant lui le même rêve, dont je faisais partie...

– Tu verras, disait-il, tu verras plus tard, quel beau cabriolet nous aurons, et nous serons habillés en conséquence, moi en costume à jabot,[151] toi, en robe de brocart à col châle; et nul ne nous reconnaîtra, et l'on demandera sur notre passage: à qui êtes-vous donc, beaux jeunes gens? Et nous répondrons, l'une est à Reine Sans Nom et l'autre au père Abel, vous savez, celui qui tient la boutique? Et je lancerai un coup de klaxon et nous irons rire ailleurs, voilà.

Je ne disais rien, n'émettais pas un soupir, de crainte qu'une influence néfaste ne me tombe des lèvres, barrant à jamais l'accomplissement de ce rêve. J'étais fière des paroles d'Elie, mais j'aurais mieux aimé qu'il les garde au fond de lui, soigneusement abritées du mauvais sort. Et cependant que je me taisais, gardant l'espérance, un conte de Reine Sans Nom me traversait l'esprit, le conte du petit chasseur qui s'en va dans les bois et rencontre, et qu'est-ce qu'il rencontra, fille?...il rencontra l'oiseau savant et tandis qu'il le prenait pour cible, fermait les yeux, visait, il entendit cet étrange sifflement:

Petit chasseur ne me tue pas
Si tu me tues je te tuerai aussi.

Selon grand-mère, effrayé par le chant de l'oiseau savant, le petit chasseur abaissait son fusil et se promenait dans la forêt, lui trouvant pour la première fois un charme. Je tremblais pour l'oiseau qui n'avait que son chant et ainsi, allongée sur ma roche, sentant à mes côtés le corps humide et rêveur d'Elie, je partais moi aussi en songe, m'envolais, me prenais pour l'oiseau qu'aucune balle ne pouvait atteindre, car il conjurait la vie par son chant...

Quand nous redescendions à Fond-Zombi, nous nous sentions encore flotter dans l'air, par-dessus les cases perdues, les âmes offensées, indécises, en friche des nègres, au gré du vent qui soulevait nos corps tels des cerfs-volants. La brise nous déposait devant la case de Reine Sans Nom, au pied des marches de terre battue, lisse et rose, et une large bande de soleil couchant s'engouffrait par la porte sur la vieille qui se tenait presque au ras du sol, sur son banc minuscule, drapée dans son éternelle robe à fronces, et balançant lentement son corps, les yeux ailleurs. Elie allait chercher du bois pour le père Abel, j'étendais mon linge pour la nuit, et Reine Sans Nom se mettait à faire une sauce d'écrevisse à se mettre à genoux, crier pardon merci. Çà et là, mèches baissées, quelques lampes brûlaient déjà au loin, et les poules commençaient à monter aux arbres, pour la nuit. Elie revenait en courant et grand-mère haussait la mèche de son fanal, afin que nous décortiquions à l'aise nos écrevisses. Et puis grand-mère déposait précautionneusement sa carcasse dans la berceuse dodine,[152] nous nous asseyions à ses pieds, de part et d'autre, sur de vieux sacs de farine, et après un de profundis pour ses morts, Jérémie, Xango, Minerve et sa fille Méranée, elle nous disait quelques contes sur lesquels s'achevaient nos jeudis. Au-dessus de nos têtes, le vent de terre faisait craquer les tôles rouillées du toit, la voix de Reine Sans Nom était rayonnante, lointaine, un vague sourire plissait ses yeux tandis qu'elle ouvrait devant nous le monde où les arbres crient, les poissons volent, les oiseaux captivent le chasseur et le nègre est enfant de Dieu.[153] Elle sentait ses mots, ses phrases, possédait l'art de les arranger en images et en sons, en musique pure, en exaltation. Elle savait parler, elle aimait parler pour ses deux enfants, Elie et moi...avec une parole, on empêche un homme de se briser, ainsi s'exprimait-elle. Les contes étaient disposés en elle comme les pages d'un livre, elle nous en racontait cinq tous les jeudis, mais le cinquième était toujour le même, celui de la fin, le conte de l'Homme qui voulait vivre à l'odeur:

– ...Enfants, commençait-elle, savez-vous une chose, une toute petite chose?...la façon dont le coeur de l'homme est monté dans sa poitrine, c'est la façon dont il regarde la vie. Si votre coeur est bien monté, vous voyez la vie comme on doit la voir, avec la même humeur qu'un brave en équilibre sur une boule et qui va tomber, mais il durera le plus longtemps possible, voilà. Maintenant écoutez autre chose: les biens de la terre restent à la terre, et l'homme ne possède même pas la peau qui l'enveloppe. Tout ce qu'il possède: les sentiments de son coeur...

A cet endroit, elle s'interrompait brusquement, disant:

– La cour dort?

– Non, non, la Reine, la cour écoute, elle ne dort pas, faisions-nous avec empressement.

– ...eh bien mes enfants, puisque vous avez un coeur et des oreilles bien posées, apprenez qu'au commencement était la terre, une terre toute parée, avec ses arbres et ses montagnes, son soleil et sa lune, ses fleuves, ses étoiles. Mais Dieu la trouva nue, et il la trouva vaine, sans ornement aucun, c'est pourquoi il l'habilla d'hommes. Alors il se retira au ciel entre deux coeurs, voulant rire et voulant pleurer et il se dit: ce qui est fait est bien fait, et là-dessus il s'endormit. A l'instant même, le coeur des hommes sauta d'émotion, ils levèrent la tête, virent un ciel tout rose et se sentirent heureux. Mais déjà ils étaient autres et beaucoup de visages ne rayonnaient plus. Ils devinrent lâches, malfaisants, corrupteurs et certains incarnaient si parfaitement leur vice qu'ils en perdaient forme humaine pour être: l'avarice même, la méchanceté même, la profitation même. Cependant, les autres continuaient la lignée humaine, pleuraient, trimaient, regardaient un ciel rose et riaient. En ce temps où le diable était encore un petit garçon, vivait à Fond-Zombi un nommé Wvabor Hautes Jambes, un très bel homme qui avait une couleur terre de Sienne, de longues jambes musclées, et une chevelure verte que tout le monde lui enviait. Plus il observait les hommes, plus il les trouvait pervers et la méchanceté qu'il voyait en eux l'empêchait d'admirer quoi que ce fût. Puisque les hommes n'étaient pas bons, les fleurs n'étaient pas belles, la musique de la rivière n'était qu'un coassement de crapauds. Il avait des terres, une belle maison de pierre que les cyclones[154] ne pouvaient renverser, et il jetait sur tout cela un regard de dégoût. Une seule compagnie lui agréait, celle de sa jument qu'il avait appelée Mes Deux Yeux. Il la chérissait plus que tout, lui donnait tous les droits: elle s'asseyait dans sa berceuse, ruait sur ses tapis, mangeait dans une baignoire en argent. Un jour de grande nostalgie, tôt levé, il vit le soleil qui apparaissait à l'horizon et sans savoir pourquoi, il enfourcha Mes Deux Yeux et s'en alla de sa demeure. Une grande souffrance était en lui, il se sentait misérable et se laissait emporter au gré de l'animal. On le voyait passer de morne en morne, de plaine en plaine et rien ne parvenait à l'égayer. Il vit des contrées que l'oeil humain n'a jamais contemplées, des étangs couverts de fleurs rares, mais il pensait à l'homme et à son mal et rien ne le charmait. Il ne descendait même plus de sa monture, il dormait, mangeait, pensait depuis le dos de Mes Deux Yeux. Un jour qu'il se promenait ainsi sur la jument, il aperçut une femme aux yeux sereins, l'aima, tenta alors de mettre pied à terre, mais il était trop tard. La jument se mit à braire, à ruer, et prenait la cavalcade, l'entraîna ailleurs, bien loin de la femme, en un galop forcené qu'il ne pouvait arrêter. La bête était devenue son maître.

Et s'interrompant une seconde fois, grand-mère disait d'une voix lente, pour nous faire sentir la gravité de la question:

— Mes petites braises, dites-moi, l'homme est-il un oignon?

— Non, non, disions-nous, fort savants dans ce domaine, l'homme n'est pas un oignon qui s'épluche, il n'est pas ça.

Et elle reprenait alors très vite, satisfaite...

— ...Alors, voyez-vous, l'Homme qui vivait à l'odeur, du haut de sa jument, un jour il fut las d'errer et se languit de sa terre, de sa maison, du chant des rivières, mais l'animal l'entraînait ailleurs, toujours ailleurs, Le visage défait, plus lugubre que la mort, l'homme gémissait de ville en ville, de campagne en campagne et puis il disparut. Où? Comment? Personne ne le sait, mais on ne le revit jamais plus. Ce soir pourtant, alors que je rentrais ton linge, Télumée, j'entendis un bruit de galop derrière la case, juste sous la touffe du bambou. Aussitôt je tournai la tête dans cette direction, mais la bête me lança une telle ruade que je me suis retrouvée ici, assise dans ma berceuse à vous raconter cette histoire...

La lueur du fanal déclinait, grand-mère se confondait avec le soir et Elie nous saluait, l'air inquiet, regardait la nuit au-dehors, sur la route, et soudain prenait ses jambes à son cou pour s'engouffrer dans la boutique de père Abel. Nous pas. Et, tandis que je me serrais contre elle, respirant son odeur de muscade, Reine Sans Nom soupirait, me caressait et reprenait lentement, en détachant ses mots, comme pour les graver au fond de mon esprit...derrière une peine il y a une autre peine, la misère est une vague sans fin, mais le cheval ne doit pas te conduire, c'est toi qui dois conduire le cheval.

Chapter 4

Toutes les rivières, même les plus éclatantes, celles qui prennent le soleil dans leur courant, toutes les rivières descendent dans la mer et se noient. Et la vie attend l'homme comme la mer attend la rivière. On peut prendre méandre sur méandre, tourner, contourner, s'insinuer dans la terre, vos méandres vous appartiennent mais la vie est là, patiente, sans commencment et sans fin, à vous attendre, pareille à l'océan. Nous étions un peu en dehors du monde, petites sources que l'école endiguait en un bassin, nous préservant des soleils violents et des pluies torrentielles. Nous étions à l'abri, apprenant à lire, à signer notre nom, à respecter les couleurs de la France, notre mère, à vénérer sa grandeur et sa majesté, sa noblesse, sa gloire qui remontaient au commencement des temps, lorsque nous n'étions encore que des singes à queue coupée. Et tandis que l'école nous amenait à la lumière, là-haut, sur les mornes de Fond-Zombi, les eaux se croisaient, se bousculaient, bouillonnaient, les rivières changeaient de lit, débordaient, s'asséchaient, descendaient comme elles pouvaient se noyer dans la mer. Mais quelque soin qu'elle prît de nous, de nos petites têtes nattées, crépues, l'école ne pouvait empêcher nos eaux de grossir et le moment vint où elle ouvrit ses vannes, nous abandonnant au courant. J'avais quatorze ans sur mes deux seins et sous ma robe d'indienne à fleurs, j'étais une femme. Me l'avait-elle assez répété, Reine Sans Nom, que toutes les rivières descendent et se noient dans la mer, me l'avait-elle assez répété?...Je réfléchissais, je voyais la vie se faire, se défaire devant mes yeux, toutes ces femmes qui se perdaient avant l'heure, se désarticulaient, s'anéantissaient – et lors de leurs veillées mortuaires, on cherchait en vain le nom, le vrai nom qu'elles avaient mérité de porter, sur la terre; et ainsi les uns voyaient le soleil tandis que les autres se dissipaient dans la nuit. Et je réfléchissais, supputais toutes choses, me demandant quelles courbes, quels méandres, quels reflets seraient les miens tandis que je descendrais à l'océan...

Il était bien fini, le temps du flamboyant, nous étions arrivés sur une grande vague en frémissements intenses, continus, et l'agitation de Fond-Zombi était à son comble. Nous submergions le hameau à grand fracas. Des rires s'accrochaient, se traînaient jusqu'au faîte même des arbres, l'air était une corde à violon, une peau de tambour triturée et l'on s'interpellait de bande à bande, nerveusement. A toute heure du jour il y avait, sur le pont, sur le morne, sur la route, sous l'apprentis de la boutique du père Abel un groupe de jeunes oisifs qui brassaient l'air de leurs bras ballants, discutaient à voix haute d'amour, claironnant leurs conquêtes, et se querellant, se battant, ricanant sur toutes choses. Ils arpentaient la combe, narguant ceux d'entre eux qui avaient trouvé un job. Avec leurs corps de femmes et leurs yeux d'enfants, mes camarades se sentaient toutes prêtes à malmener l'existence, elles entendaient conduire leur vie à bride abattue, rattraper leurs mères, leurs tantes, leurs marraines.[155] Les mises en garde fusaient, et les sarcasmes contrefusaient, et toute cette nouvelle fournée de pain chaud se précipitait allègrement à la noyade. Les ventres ballonnaient et le temps était aux larges jupes froncées. On narguait les ventres plats, on leur chantait:

On est sans maman
On est sans papa
Et l'on crie bravo
Femme qui n'a pas deux hommes
N'a pas de valeur

Lorsqu'elles traînaient par la rue leurs jambes gonflées, avec, chacune devant elle, sa petite calebasse[156] en crise, Reine Sans Nom levait ses deux bras au ciel et implorait...pourvu que la brise continue à souffler sur leur pauvre ballon, pourvu qu'elle ne s'arrête pas...autant de belles fleurs de coco, autant qui faneront avant l'heure...tiens bon ma fille, accroche-toi, il faut que tu mûrisses, que tu donnes ton fruit. Je l'écoutais avec inquiétude, considérais ses joues, ses mains décharnées, ses yeux usés par les soleils et pluies et larmes, toutes les choses qu'elle avait vues et qui s'étaient incrustées au fond de ses rétines, devenues lentes à se mouvoir, depuis quelques semaines, et tristes par instants fugitifs, voilées d'ironie. Sous son éternel madras à trois pointes, s'était formé une sorte de nid d'argent mousseux, léger, qui semblait suspendu à sa nuque et tout prêt à se détacher, au moindre coup de vent. J'aurais tant voulu la soulager de son jardin, de ses kilibibis et fruits cristallisés, de ses pauvres sucres d'orge à un sou et la mettre dans sa berceuse, comme il convenait à son âge, à boire de ses amples narines les senteurs qui avaient roulé jusqu'au seuil de sa case. C'était ça même, ça même qui devait attendre une vieille maman bourrique noire, qui avait tant sué et trimé sur terre. Depuis l'école, je n'avais pourtant pas passé mon temps derrière un piano à queue. Du lever au coucher, je ne faisais que me démener, me décarcasser, faire monter et descendre le sang de mon corps. Mais c'étaient des petits travaux payés de vent et pour amener quelque argent dans une case, il fallait entrer dans les cannes et leurs piquants, leurs guêpes et leurs fourmis mordantes, leurs contremaîtres amateurs de chair féminine. Grand-mère elle-même s'y refusait, disant que je n'avais pas à leur servir mes seize ans comme plat du jour.[157] Quant à Elie, le seul mot de canne le faisait entrer dans des transes, des fureurs incompréhensibles. Ses rêves de grand savant étaient loin, la douane s'était enfuie avec l'école, et le cabriolet, le costume à jabot, les robes de brocart à col châle[158] avaient fondu dans la même amertume. De tout cela ne restaient que des visions confuses, quelques images de neige dans un livre, d'arbres étranges, dépouillés de leurs feuilles, une carte de France, des vignettes figurant les saisons, et les curieuses petites lettres porteuses d'espérance, et qui se dissipaient déjà, se réduisaient à des ombres, elles aussi. Elie criait, jurait tous ses grands dieux que la canne ne le happerait pas, jamais, jamais il n'achèterait de coutelas pour aller dans la terre des blancs.[159] Il préférait plutôt se trancher les mains avec, il hacherait l'air et fendrait le vent, mais il ne ramasserait pas la malédiction. Tenus dans la boutique, ces propos entrèrent dans l'oreille d'un grand nègre rouge, un dénommé Amboise, homme silencieux, philosophe, scieur de long de son état,[160] qui sourit en les entendant et dit...voilà ce que doit faire le nègre, plutôt que d'entrer dans les piquants des cannes: se trancher la main droite et en faire présent aux blancs. Le lendemain, Elie prenait la direction des bois en compagnie de l'homme Amboise, une scie de long à l'épaule: sur une simple parole jetée en l'air, il avait échappé à la malédiction.

Je ne le voyais plus que les dimanches, pour quelques heures, auprès du Bassin bleu, où toute l'agitation du monde venait mourir. Je le taquinais sur son nouveau métier de scieur de long...tu veux donc courir avant l'heure, avec toute cette humidité, là-haut, sur ces échafaudages? Il éclatait de son rire des premiers temps, sur le sentier de la rivière...comment abriter nos petits squelettes, plus tard, si je ne scie pas des planches?...Et il riait encore, m'entourait, me cernait, me huilait de mille paroles, m'inventait des robes bleues, rouges, vertes, et pour finir disait que je me trouvais devant lui comme un arc-en-ciel...ah, reste là, sous mes yeux, ne va pas disparaître comme ça au fond d'un ciel...et il me serrait tellement fort, pour m'empêcher de disparaître, que j'étouffais. Un dimanche que j'étais installée sur une roche, à la fraîcheur, Elie s'assit sur une roche voisine et dit:

— Je pense comme toi au Bassin bleu, mon petit cabrisseau, lorsque la chaleur m'incommode dans les bois. Tu peux courir en mon absence, sauter, danser, tu es à moi et ta corde est passée à l'entour de mes reins: tu gambades à droite, me voilà à droite, tu t'élances à gauche me voici à gauche.

— Bon, te voici à gauche, et après?

— Après, toi seule le sais, toi qui bondis loin de mes reins, toi seule le sais.

— Je ne fais que gambader, les yeux braqués sur ta chair et tes os, mais tu l'as dit: ma corde est autour de tes reins, ne la tire pas, donne-moi un petit répit, une respiration, pas plus.

Nous nous étions baignés ensemble, et le soleil buvait l'humidité sur nous, tandis que nous reposions sur une immense roche plate, toute brûlante, au beau milieu de la rivière. L'eau glissait doucement contre la roche, s'engageait plus loin sous une voûte de mombins et de fougères géantes[161] qui faisaient une ombre reposante, un peu solennelle. Me tournant vers Elie, je lui vis l'expression hagarde qu'il avait sous le flamboyant de l'école, parlant de son père, de la forêt, de la vie aux mille traces, et de ses craintes de s'égarer. Il plongea une main dans l'eau claire, et la laissant filer dans le courant, dit rêveusement...tu as raison, gambade et bondis loin de moi, loin de mes reins, qu'ai-je à t'offrir et à quoi me sert de te voir comme une princesse, une fée: un jour notre table sera mise, nos assiettes seront remplies et le lendemain, nous aurons de l'eau salée et trois yeux d'huile pour nous examiner. Seulement Télumée n'oublie pas ceci: à mes yeux, rien sur la terre n'est assez beau pour toi, et si j'ai dix malheureux francs perdus dans ma poche et si je vois une robe à dix francs, je l'achèterai, mais elle ne sera pas assez belle.

J'ai pensé à me coucher là, sur les galets, afin qu'Elie me recouvre de tout son corps, mais au lieu de cela, moi, négresse perdue, j'ai pris mes jambes à mon cou[162] et je suis remontée, tandis qu'il me hélait...qu'est-ce que j'ai dit là? mais qu'est-ce que j'ai dit là?...et je courais toujours, et sa voix se fit de moins en moins distincte, et je n'entendis bientôt que le petit vent tout contre les casses du sentier, les rires, un chant, quelque part, j'étais à Fond-Zombi.

J'avais beau me décarcasser, entretenir la case des accouchées, soigner des bêtes en colonage,[163] porter la charge des marchandes à la route coloniale, à peine avions-nous une livre de porc frais tous les samedis et une robe de cotonnade tous les ans. L'arbre de la fortune poussait ailleurs qu'à Fond-Zombi. En dépit des herbes coupantes, des fourmis rouges et des mille-pattes, j'aurais volontiers cassé mes reins dans les cannes, les rangées d'ananas, mais voici les encouragements que me prodiguait Reine Sans Nom, chaque fois que j'évoquais cette perspective...mon petit soleil, pourquoi servir tes seize ans comme friandise à un contremaître?...et tout cela en échange de quoi, de quelle merveille: une place normale à désherber, une tâche où tu ne cracheras pas le sang, où tu ne tousseras pas au milieu d'herbes plus hautes que toi-même...et enfin dis-moi: où as-tu vu que les cannes se plantaient toute l'année?...Et si j'envisageais de partir en louage, derrière la chaise des blancs, Reine Sans Nom me faisait sur un ton de profond reproche...t'ai-je dit que j'étais embarrassée de toi, te l'ai-je dit?...

Voyant nos flottements, notre indécision, la maladie vint et tomba sur Reine Sans Nom. De jour en jour elle se minait, les petites maladies se posaient sur sa carcasse, venaient se nicher comme des oiseaux sur un arbre foudroyé. Sur les conseils de man Cia, je la soignais à grand renfort de tisanes et d'enveloppements, de ventouses scarifiées.[164] Mais il fallait aussi des pilules cachetées, et à chaque promenade en pharmacie, nos économies fondaient comme chandelle en courant d'air. Bientôt, nous aurions beau[165] retourner notre bourse, il n'en tomberait plus la moindre petite pièce. Il fallait que je parte, que je me loue au mois, que je vende régulièrement la sueur de mon corps. Mais où y avait-il place, dans ce trou perdu, pour une demeure à colonnade, à portail et bougainvillées?...la case la plus spacieuse de Fond-Zombi était de quatre pièces sans véranda. Grand-mère et moi faisions le tour des sections avoisinantes, dans l'espoir de découvrir une maison cossue qui aurait besoin d'une servante à demeure. Mais notre tête tournait, tournait, sans qu'apparaisse la moindre lueur à l'horizon. Un jour le visage de Reine Sans Nom s'illumina et elle dit, sur un ton de léger reproche...comment n'avais-je pas pensé aux Andréanor, avec leur grande boutique de Balbadiane, à cinquante longueurs de gaffe de chez nous?...Mais la belle vision fut brève comme l'éclair, et je vis grand-mère se rembrunir, baisser la voix, marmonner...il y a, sur la terre, de très étranges maladies, et le sang de l'homme devient comme du pus...

Comme je la regardais avec étonnement, elle précisa:

– On prétend qu'ils sont lépreux dans le sang, les Andréanor, de père en fils, mais ça m'était sorti de la tête car je pensais à mamzelle[166] Loséa, avec ses beaux cheveux de mulâtresse,[167] ses doux yeux moirs si tristes, qui vous envoie une bonne petite parole avec la marchandise: et les autres, les affligés, ceux qu'on ne voit jamais, ceux qui cachent leur propre figure de lion derrière la boutique, ils m'étaient complètement sortis de l'esprit...

Nous avons laissé les Andréanor à leur destin et cherché une propriété au milieu de laquelle pousse un pied d'argent. Deux familles blanches vivaient dans le voisinage, l'une à Bois Debout, de petits blancs[168] pauvres égarés tout comme nous, et l'autre qui vivait pompeusement à Galba, derrière un portail de fer forgé: c'étaient les descendants du Blanc des blancs, celui-là même qui faisait éclater la rate aux nègres, juste pour décolérer. On prétend que tambour au loin a beau son, mais la mère de Reine Sans Nom l'avait entendu de ses oreilles, le fracas de leur tambour, et elle l'avait raconté à bonne-maman qui elle-même avait entrouvert ses dents, un jour, pour laisser passer l'écho de ces temps anciens, et c'était comme si je l'avais vu de mes propres yeux le Blanc des blancs, celui qui boitait, celui qui soulevait un cheval, celui dont les cheveux étincelaient comme soleil midi, celui qui te serrait un petit nègre dans ses bras pour le faire mourir. Mais le pied d'argent poussait dans leur cour, et j'avais beau tourner et retourner dans ma tête, Minerve, le Blanc des blancs, la rate éclatée des nègres, ce qui m'attendait c'était l'habitation Belle-Feuille, chez les Desaragne. La rivière qui déborde entraîne les grosses roches, elle déracine des arbres mais le galet sur lequel tu dois te fendre le pied, elle le laissera pour toi, là. Mais rien n'est éternel, me dit grand-mère, pas même de secouer la poussière des blancs, et s'habillant avec soin, fixant un madras à sa taille, brûlante de fièvre, les yeux éteints, elle prit le chemin de l'habitation Belle-Feuille à Galba. Comment se présenta-t-elle devant Mme Desaragne, que lui dit-elle, je ne le saurai jamais.

Un jour, par la suite, j'en eus une vague idée lorsque ma patronne me dit...si vous êtes le verre en cristal de votre aïeule, ici, à Galba, vous n'êtes en cristal pour personne. Et je me suis doutée alors, j'ai bien imaginé ce qu'elle avait pu dire à cette femme blanche, Reine Sans Nom.

Quelques semaines plus tard, grand-mère me largua dans le ciel, tout légèrement, précautionneusement, comme un cerf-volant qu'on lâche, qu'on essaye, qu'on fait voler pour la première fois. Elle me donna sa bénédiction pour tout le soleil que j'avais fait entrer dans sa petite case. Puis me frictionnant d'un jus d'absinthe amère, de citronnelle et de patchouli, elle déclara:

– Il arrive, même au flamboyant, d'arracher ses boyaux dans son ventre pour le remplir de paille...

Mon linge enveloppé dans un grand mouchoir de toile, ma peine pliée en deux, au fond de moi, je pris à mon tour le chemin de l'habitation Belle-Feuille. Il était grand matin, la rosée perlait encore sous les herbes, les feuilles brillantes des arbres, le chant des coqs s'élevait très haut dans l'air et tout cela présageait une journée lumineuse. Quelques commères lavaient déjà sous le pont de l'Autre Bord, la légère passerelle qui relie Fond-Zombi au monde et que j'avais franchie pour la première fois, il y avait des éternités, aux côtés de la Reine Sans Nom. Peu avant La Ramée, laissant le chemin qui conduit à l'école, je pris une route entièrement longée de champs de cannes, sans cases, sans arbres visibles, sans rien pour arrêter le regard. C'était l'époque où les blancs brûlent leurs terres et des souches noirâtres s'étendaient à l'infini, dans une âpre odeur de nature boucanée.[169] J'avançais sur Galba, entre deux âmes, en rage de devoir aller là et espérant malgré tout y trouver un petit répit, un peu d'ombrage, avant de m'enfoncer moi-même sous le soleil des cannes. J'entendais la voix de man Cia, dans le vent, par-dessus ces étendues incendiées: un nègre? un crabe sans tête et sans gîte, et qui marche à rebours...Ainsi divaguant, j'aboutis à une longue allée verte et soyeuse, toute luisante d'une herbe grasse, par-delà des bosquets d'hibiscus blancs, rouges, roses, qui l'ombrageaient. Derrière moi, la route des cannes se poursuivait à une petite longueur de gaffe, mais déjà je me sentais dans un autre monde, et c'était comme si je m'enfonçais au choeur même d'une église, la même fraîcheur, le même silence, le même éloignement de tout. Et tandis que j'allais ainsi, d'un pas retenu malgré moi, contrôlé, soudain surgit une vaste demeure à colonnades et bougainvillées, perron surélevé, toit surmonté de deux flèches métalliques,[170] et ces étonnantes fenêtres à vitres et rideaux de dentelle dont nous avions parlé, Reine Sans Nom et moi. Sur toute la façade, les fleurs tapissaient la maison d'un mauve écarlate, éblouissant.

Venant à moi, depuis le perron où elle se tenait, la descendante du Blanc des blancs m'apparut, dame frêle, un peu vieille demoiselle, avec de longs cheveux jaunes et gris et les orteils fardés dans des sandales, qu'elle traînait avec légèreté, comme de petits bateaux de papier tirés à la ficelle, sur une pièce d'eau dormante. Deux yeux d'un bleu intense m'examinèrent, et le regard me parut froid, languissant, désinvolte tandis que Mme Desaragne m'interrogeait avec insistance, tout comme si elle n'avait jamais rencontré grand-mère.

— C'est une place que vous cherchez?

— Je cherche à me louer.

— Qu'est-ce que vous savez faire, par exemple?

— Je sais tout faire.

— Vous connaissez cuisiner?

— Oui.

— Je veux dire cuisiner, pas lâcher un morceau de fruit à pain dans une chaudière d'eau salée.

— Oui, je sais.

— Bon, c'est bien, mais qui vous a appris?

— La mère de ma grand-mère s'était louée, dans le temps, chez les Labardine.

— C'est bien, savez-vous repasser?

— Oui.

— Je veux dire repasser, c'est pas bourrer de coups de carreaux des drill[171] sans couleur.

— Je sais, c'est glacer des chemises en popeline avec des cols cassés.

— C'est bien. Mais ici, c'est une maison respectable, c'est une chose qu'il faut bien comprendre. Avez-vous un mari? quelqu'un?

— Non, je vis seule avec ma grand-mère, seule.

— C'est bien, car vous savez, l'inconduite ne mène à rien. Si vous respectez les gens comme il faut, si vous vous occupez de vos affaires, de vos propres chancres[172] au lieu de bâiller la bouche grande ouverte, alors vous pouvez rester, elle est libre, la place. Seulement je vous avertis bien, vous êtes à l'essai.

J'ai déposé mon balluchon dans un réduit à l'écart de la maison, du côté de l'écurie, ma chambre désormais, et je me suis mise à laver une pile de linge sale que Mme Desaragne me désigna, dans un petit bassin à robinet de cuivre.

Alors Fond-Zombi fut devant mes yeux et se mit à flotter par-dessus son bourbier, morne après morne, vert après vert, en ondulant sous la brise tiède jusqu'à la montagne Balata Bel Bois, qui se fondait au loin parmi les nuages. Et j'ai compris qu'un grand vent pourrait venir, souffler, balayer ce trou perdu case par case, arbre par arbre, jusqu'au dernier grain de terre et cependant, il renaîtrait toujours dans ma mémoire, intact.

Tapage, frénésie, bousculade venaient mourir au bout de cette allée, chaque chose avait une place, une heure, une raison d'être bien précise, rien n'était laissé au hasard et un sentiment d'éternité se distillait dans l'air. toutes les actions du jour se déroulaient de la manière dont la patronne les avait décidées la veille. C'était un temps sans surprise, sans nouveauté qui semblait tourner sur lui-même, les gestes glissaient chacun leur tour, l'un après l'autre, dans l'ordre, tout au long de la journée. J'étais maintenant entourée d'yeux métalliques, perçants, lointains sous lesquels je n'existais pas. Ma maîtresse avait la voix un peu sèche, mais qu'est-ce qu'une voix un peu sèche, si on ne l'écoute pas?...et le maître, et le fils du maître, et le contremaître en poursuivaient d'autres que moi, dans les chambres, dans la cuisine, dans l'écurie, selon leur rang. Je ne songeais qu'à manoeuvrer, me faufiler à droite, à gauche, avec une seule idée au milieu de mon coeur: il me fallait être là, comme un caillou dans une rivière, simplement posé dans le fond du lit et glisse, glisse l'eau par-dessus moi, l'eau trouble ou claire, mousseuse, calme ou désordonnée, j'étais une petite pierre.

A présent mon travail donnait satisfaction, et je recevais force compliments sur ma béchamel, dans la salle à manger aux meubles d'acajou massif fixés solidement au sol, immuables. Ne la complimente pas trop, disait madame à son époux, elle s'appliquera moins la prochaine fois, tu verras. Mais elle se trompait, car j'avais envie de passer tranquillement mon petit répit, ici, à Belle-Feuille, et je n'étais pas là pour contrarier le monde. Quelquefois, au milieu de cet ordre, de cette sérénité exsangue, une tristesse soudaine m'envahissait et j'avais soif d'un éclat de rire, et le petit fanal de Reine Sans Nom me hélait, me manquait. Et ces jours-là je me mettais à chanter, tout en faisant mon travail, et mon coeur se desserrait car derrière une peine, il y a une autre peine, c'étaient là les paroles de grand-mère. Et je voyais se dessiner dans l'ombre le sourire de Reine Sans Nom, le cheval ne doit pas te conduire, ma fille, c'est toi qui dois conduire le cheval, et ce sourire me donnait du coeur au ventre et je faisais mon ouvrage en chantant, et lorsque je chantais je coupais ma peine, je hachais ma peine, et ma peine tombait dans la chanson, et je conduisais mon cheval.

Depuis que j'avais pris le rythme de Belle-Feuille, Mme Desaragne me laissait à sa cuisine, à son ménage en toute confiance. Nous avions rarement l'occasion d'échanger quelques mots. Cependant, tous les mardis après-midi, elle présidait en personne à l'empesage des chemises de monsieur. Elle me faisait alors remarquer, en un sourire ravi, étonné...il est si délicat votre patron, trop amidonné ça lui coupe la peau, pas assez le tissu est sans fraîcheur, elle lui collent, il faut voyez-vous que je vous surveille, que ça tienne juste assez. J'étais déjà habituée à la tactique, à la musique, je prenais ces paroles et m'asseyais de tout mon vaillant poids sur elles, paroles de blanc, rien que ça. L'écoutant de la sorte, j'ajoutais progressivement mon eau à la pâte, que je faisais couler entre mes doigts, afin qu'elle voie, estime, juge par elle-même du dosage de l'amidon. Cette opération se pratiquait à l'arrière de la maison, sur une véranda qui donnait au soleil couchant. Par-devant la maison, le soleil tombait de toutes ses forces sur les bougainvillées, mais de notre côté c'était l'ombre, le vent d'est. Je malaxais la pâte et madame avait un sourire tranquille, l'air détaché, et puis sans me regarder elle disait comme en rêve, pour elle-même...dites-moi ma fille, je suis fort aise de vous voir si gaie, à chanter et à rire, à sautiller, mais dites-moi tout de même: que savez-vous, au juste?

Je malaxais soigneusement l'amidon, me tenant sur le qui-vive, toute prête à esquiver, à me faufiler à travers les mailles de la nasse qu'elle tissait de son souffle, j'étais une pierre au fond de l'eau et je me taisais.

– ...Ah, continuait-elle, du ton et de l'air de quelqu'un qui regarde le ciel et dit: il va faire beau, ah, savez-vous au juste qui vous êtes, vous les nègres d'ici?...vous mangez, vous buvez, vous faites les mauvais, et puis vous dormez...un point c'est tout. Mais savez-vous seulement à quoi vous avez échappé?...sauvages et barbares que vous seriez en ce moment, à courir dans la brousse, à danser nus et à déguster les individus en potée...on vous emmène ici, et comment vivez-vous?...dans la boue, le vice, les bacchanales...Combien de coups de bâton ton homme te donne-t-il?...et toutes ces femmes, avec leurs ventres à crédit?...[173] moi, je préférerais mourir, mais vous, c'est ce que vous aimez: drôle de goût, vous vous vautrez dans la fange, et vous riez.

Je me faufilais à travers ces paroles comme si je nageais dans l'eau le plus claire qui soit, sentant sur ma nuque, mes mollets, mes bras, le petit vent d'est qui les rafraîchissait, et, me félicitant d'être sur terre une petite négresse irréductible, un vrai tambour à deux peaux, selon l'expression de man Cia, je lui abandonnais la première face afin qu'elle s'amuse, la patronne, qu'elle cogne dessus, et moi-même par en dessous je restais intacte, et plus intacte il n'y a pas.

Après un temps de silence elle reprenait, mais avec, cette fois-là, une petite nuance d'énervement:

– ...Regardez vous-même, comme vous êtes, je vous parle et vous ne répondez pas, vous gardez votre langue dans votre poche...dites-moi honnêtement, sincèrement, vous trouvez que c'est des façons?...Que faire, Seigneur, que faire avec des gens pareils, que vous leur parlez et c'est comme si vous leur chantiez!

Alors je levais la tête, et tout en battant l'amidon au fond de ma calebasse, je regardais Mme Desaragne un peu par en dessous, mais la voyant tout entière, cependant, transparente et menue, avec ses yeux qui avaient tout classé, mis en ordre, prévu, au fond de leurs prunelles sans vie, et je disais doucement, l'air étonné:

– Madame, on dit que certains aiment la lumière, d'autres la fange, c'est ainsi que le monde tourne...moi je ne sais rien de tout ça, je suis une petite négresse si noire que bleue et je lave, je repasse, je fais des béchamels, et voilà tout...

Mme Desaragne soupirait d'aise et d'un ton de regret léger, mais sincère, je crois, elle secouait tout près de moi ses cheveux jaunes et disait:

– Ah, vous autres, je ne vous comprendrai jamais...

Elle contrôlait alors la fluidité de l'amidon et s'en allait, la tête un peu renversée en arrière, et balayant son dos de ses longs cheveux en liberté comme pour me dire: où sont tes cheveux, négresse, pour qu'ils te caressent le dos...Et puis elle ouvrait la grande porte vitrée, se retournait une dernière fois, secouait encore ses cheveux...va, Télumée, disait-elle, ajoute le bleu, tu peux commencer l'empesage...et elle se dissipait, légère, en tirant derrière elle ses sandales, comme de petits bateaux sur l'eau.

Je plongeais précautionneusement les chemises dans l'eau bleutée, dense, chantant déjà, en selle déjà, conduisant mon cheval.

Chapter 5

Les dimanches, s'il y avait réception, c'était un seul et même défilé de cabriolets, une journée de saluts, baise-mains et de révérences, de coups d'ongle sur les verres de bacarat, entrecoupés de propos nostalgiques sur les temps anciens, où toutes choses étaient à leur place et le nègre à son rang. Les convives semblaient à l'affût du moindre manquement dans le service. Si un plat n'était pas posé avec toute la douceur requise, si une assiette, un verre ne venaient pas du bon côté, ils y voyaient une sorte de confirmation de leurs idées sur le nègre et s'exclamaient, se réjouissaient bruyamment, vous tapotaient le bras avec indulgence...pas pleurer ma fille, pas pleurer...ce n'est rien, rien que tout ça, et regarde seulement que tu es en train de t'élever, tu vois les belles choses du monde, tu sers à table, tu apprends torchons et serviettes et comment pourrais-tu le savoir hélas, comment pourrais-tu, hein?...Au milieu de tout ça, j'allais et venais, je faisais sauter crêpes, les enrobais de confiture, je tournais sorbets à la crème, au chocolat, sorbets à la pomme-liane[174] et au coco, sorbets rouges, sorbets verts, bleus, jaunes, sorbets amers et sorbets doux, sorbets à devenir soi-même sorbet. Et je servais et desservais, souriais à la ronde, manoeuvrais, esquissais un pas sur la droite, la gauche, ne songeant qu'à me préserver, à demeurer intacte sous ces paroles de blancs, ces gestes, ces mines incompréhensibles. Et tout au long de ces après-midi à Belle-Feuille, ainsi, me faufilant parmi les invités, je battais en mon coeur un tambour d'exception, je dansais, chantais toutes les voix, tous les appels, la possession, la soumission, la domination, le désespoir, le mépris, l'envie d'aller jeter mon corps depuis le haut de la montagne, cependant que Fond-Zombi dormait en moi comme au fond d'un grand lac...

Quand il n'y avait pas réception, et si les humeurs de Mme Desaragne s'y prêtaient, elle me donnait relâche pour tout le dimanche après-midi. Mais les humeurs de Mme Desaragne étaient imprévisibles, elle marchait à l'odeur du temps, et on ne pouvait jamais prévoir quelle odeur elle avait respirée. Parfois, revenant de la messe elle soupirait, parlait d'un gouffre béant sous ses pas, du mal qui ne cessait de croître de par le monde. Télumée, disait-elle, la tête penchée, comme trop lourde pour son cou, Télumée ma fille, il faut que vous restiez aujourd'hui...j'ai besoin de votre voix pour les vêpres réparatrices et nous les dirons en plein air, dans la cour, car deux voix sont plus agréables à Dieu qu'une seule. D'autres fois, la messe la revigorait et elle descendait de voiture le pied léger, l'air lointain, mystérieux, souriant, les sourcils à peine relevés sur un étonnant regard de petite fille. Alors je passais mes cheveux à l'eau de cacao, je graissais mes nattes, j'enfilais ma robe d'indienne et prenais congé de Mme Desaragne. Au dernier instant, elle semblait toujours un peu contrariée, secrètement peinée de me voir partir...franchement, Télumée, qu'allez-vous faire dans ce Fond-Zombi?...y chercher un ventre à crédit?...apprendre à jeter un fruit à pain dans de l'eau salée?...je ne sais comment vous le dire, mais essayez de m'entendre, ma fille: c'est ici et pas ailleurs que l'on fait des béchamels...

Mais déjà l'allée d'hibiscus, puis la route m'emportaient loin de Belle-Feuille, un vent s'emparait des paroles de Mme Desaragne, et les déposait sur la montagne Balata, à la cime des mahoganys où elles tintaient pour les oiseaux, pour les fourmis des arbres, pour Dieu, pour personne.

Tous les dimanches, les habitants de Fond-Zombi sortaient de leur trou, pour se rendre à l'église de La Ramée, balançant leur lot de misère par-dessus le pont branlant de l'Autre Bord. Ils envahissaient le bourg avec une âme toute neuve, une âme du dimanche, sans aucune trace de piquants, de sueur ou de cannes. Ils badinaient, flânaient, recevaient les bruits du monde, unions, décès, noyades en mer, amours célèbres dans le voisinage et ils riaient, riaient et l'on aurait juré qu'ils ne connaissaient rien d'autre de la vie que rires et plaisirs. Après la messe ils submergeaient les sections avoisinantes, à la recherche de parents, d'amis, de compagnons de cannes, à la recherche de tous ceux qui voulaient oublier, le dimanche, leur âme de semaine, car ce jour-là ils aimaient à se croire des hommes respectables.

Quand j'arrivais en vue de Fond-Zombi, au pied du mombin qui dominait la dernière côte, l'heure était accablante et tout paraissait silencieux, endormi. Au moindre souffle d'air, des fruits mûrs s'écrasaient au sol, une odeur âcre m'envahissait, un bonheur tranquille, et je ne me sentais pas la force de quitter cet ombrage. je contemplais le hameau du nord au sud, de l'est à l'ouest. A le voir ainsi, Fond-Zombi ne semblait pas tout à fait le mien, des tôles s'étaient rouillées, on avait rafraîchi quelques haies, ici et là, et le dimanche lui imposait comme un halo de mystère. Au milieu de cette torpeur, une voix perçante s'élevait tout à coup au loin: la voici, elle est là. L'alarme était donnée. Peu après, Elie surgissait dans le bas de la côte, suivi à faible distance par une petite troupe d'enfants, de femmes enceintes, qui ne pouvaient descendre au bourg, et de ces solitaires qui voyaient le monde entier depuis le seuil de leur case, Adriana, le nègre Filao et quelques autres. Elie se précipitait pour devancer la troupe, arrivait en sueur, projetant de loin une sorte de long regard amer, qui se fermait un peu, s'adoucissait lorsqu'il venait à ma rencontre, comme pour me témoigner son infinie patience. Il s'asseyait, me humait en silence, disant pour finir, étonné:

– Malgré les mombins, tu sens la cannelle.

– Toi aussi, murmurais-je, tu sens la cannelle...

Alors il haussait une manche de chemise, mettait son bras contre le mien et constatait avec enjouement.

– Nous avons la même couleur, pas étonnant que nous ayons la même odeur...

Mais la troupe m'enlevait à lui et déjà on me serrait, on me soulevait, on me regardait sous toutes les faces, considérant la personne importante que j'étais devenue...comme tu es, comme tu es, chère, tes nattes ont encore grandi...les as-tu passées à l'eau de cacao?...quel beau bambou au vent tu deviens et quelle bonne flûte tu feras, celui qui jouera de ta musique aura bien de la chance, pas vrai, Elie?...mais auparavant tu nous joueras bien un petit air de Belle-Feuille, avec ton consentement, chère?...car nous t'attendions aussi, à notre manière...

Elie s'écartait de la troupe et me regardait de loin, se contentant, de temps à autre, de me faire un petit signe de tête, un geste à peine esquissé de la main, comme on salue quelqu'un sur l'autre rive de la rivière. Ainsi escortée, j'arrivais à notre case où Reine Sans Nom me recevait dans sa berceuse, toute repliée, ratatinée par une joie qui lui donnait un visage éteint, sans vie aucune. Mais ses yeux émettaient une petit clignotement, et semblaient se détacher de son visage, pour me toucher, me questionner, me dire ce qu'il en était d'elle ces derniers temps. Et chaque fois, les gens se taisaient, devant les yeux de Reine Sans Nom, et quelqu'un disait timidement:

– Ah, la Reine, tu ne mourras jamais. Que peut-il t'arriver maintenant, et quelle plume est-ce pour toi, la mort: plume de colibri ou plume de paon?

Et la Reine étouffait encore le feu de son regard, et se balançant avec nonchalance, elle émettait tranquillement, comme on constate un fait connu de tout le monde, à peine un léger rappel:

– Je n'ai rien demandé, mais je vois bien qu'avec toutes ces joies, je ne mourrai jamais.

Il se faisait alors un certain remue-ménage, et les gens s'installaient, les robes bruissaient de tout leur amidon, une légère fumée montait des pipes: l'après-midi du dimanche venait de commencer.

– Et maintenant, disait grand-mère, maintenant que nous voilà entre nous, raconte-nous quelque chose sur ces blancs de Galba...

Cinq ou six personnes pouvaient tenir dans la case, les unes assises sur le lit, les autres par terre, le dos contre la cloison. Mais un nombre au moins égal se tenait dans la cour, dressant l'oreille, et sitôt que grand-mère avait prononcé ces mots, des têtes se dressaient dans l'embrasure de la porte, des regards anxieux plongeaient sur moi, buvant d'avance mes paroles. Les gens voulaient savoir comment se déroulait la vie à Belle-Feuille, derrière tous ces remparts de verdure, à quoi ressemblait l'intérieur de l'habitation, comment on y mangeait, parlait, buvait, menait le train-train de la vie quotidienne et surtout: qu'est-ce qui compte pour eux dans l'existence, et sont-ils au moins contents de vivre?...Telle était la question fondamentale qui agitait les âmes tracassées de Fond-Zombi. J'hésitais un peu à répondre, car j'avais déjà parlé les dimanches précédents et en vérité, tout Belle-Feuille tenait dans un dé à coudre. Mon trouble apparaissait à tous et quelqu'un se penchait vers moi les yeux incandescents...calme-toi, reprends la légèreté de ton souffle, ma chère...Là-dessus, les regards se tournaient vers moi et, devant pareille insistance, je me mettais à leur parler de Galba, du visible et de l'invisible, et sans le vouloir un autre Belle-Feuille sortait de ma bouche, de sorte qu'ils ne pouvaient s'empêcher d'y voir un océan, avec ses vagues et ses brisants, tandis que je ne voulais montrer qu'un peu d'écume. En désespoir de cause, je finissais toujours sur les mots dont Mme Desaragne m'avait saluée tout à l'heure, l'histoire de la béchamel. Ceux qui la connaissaient riaient, mais s'il se trouvait, dans l'assistance, une personne qui venait pour la première fois, elle disait aussitôt avec intérêt:

– Si c'est tellement bon, explique-nous comment ça se prépare, pour nos propres entrailles...

– Etienne, mon nègre, lui disait doucement grand-mère, je te le dis, ami, il n'y a rien de bon dans la béchamel. J'en ai goûté autrefois et je peux te rassurer: il n'y a rien de bon dans la béchamel. Télumée, poursuivait-elle en se tournant vers moi, Télumée, cher flamboyant, quand ton coeur te le réclame, tu n'as qu'à faire cuire deux tranches de fruit à pain au gros sel, sur du bois, au fond de la cour, et ne va pas t'occuper ce jour-là s'ils ont fait de la béchamel.

Et pour assaisonner son mot, grand-mère émettait du fond de sa gorge un beau rire de négresse libre et je redevenais une personne humaine, pas une faiseuse de béchamel. Et mon âme se relevait et flottait sur tous les visages, et je songeais que les autres rivières pouvaient se contorsionner, changer de lit, de courant, ce que je désirais c'était une petite vie en sourdine et sans bouillons, ici à Fond-Zombi, sous un même toit et un même homme et entourée de visages dont les moindres remous me seraient perceptibles, tels des frissons sur l'eau. Les gens riaient avec la Reine, abandonnant les blancs à leur béchamel, et riant, ils revenaient à eux-mêmes, à leurs âmes de ramiers aux aguets et jonglant avec la tristesse...

Nombre de visages changeaient, d'un dimanche à l'autre, mais il y en avait trois que je rencontrais régulièrement, à chacune de mes plongées à Fond-Zombi, et c'est pourquoi il me faut les nommer: Amboise, Filao et Adriana. Amboise était ce nègre rouge qui avait sauvé Elie de la canne. Là-haut, sur leurs échafaudages, ils s'étaient pris d'amitié l'un pour l'autre et Amboise se tenait tous les dimanches dans la case de grand-mère, debout contre une cloison, en équilibre sur un pied, taciturne, riant à peine, n'ouvrant la bouche que pour répondre à des questions sur la vie des blancs de France, où il avait traîné son corps près de sept ans.[175] Ses opinions sur les blancs de France nous déconcertaient. Il les considérait ni plus ni moins comme des vessies crevées qui s'étaient érigées en lanternes, et voilà tout. Filao était un vieux nègre de canne, une face de noix de muscade usée, striée, avec des yeux qui se mouvaient lentement, un regard oblique, incertain, toujours en train de donner corps à un songe. Il parlait d'une toute petite voix, craignant peut-être qu'à bien l'entendre, on ne brise le fil de sa rêverie, de sorte que tous les regards suivaient ses lèvres lorsqu'il ouvrait la bouche pour dire, comme à son ordinaire...savez-vous quoi, mes amis? j'ai une très grande nouvelle à vous apprendre...eh bien figurez-vous qu'un petit lézard vert comme moi, qui court sans toit de barrière en barrière, figurez-vous qu'hier...

Adriana etait une grosse négresse sur la cinquantaine, aux bras encore gentiment potelés, aux nattes blanches et jaunes, un peu verdâtres par endroits, aux lourdes paupières éternellement rabattues sur des yeux blancs, pour ne pas voir le monde, pour ne pas en être vue...? Elle faisait partie de la cohorte d'épaves, d'errants, de perdus qui traînaient de case en case, en quête d'un vertige. Quand elle ouvrait la bouche, ses paupières se soulevaient à regret et roulant des yeux blancs elle prononçait des paroles étranges, des mots qui semblaient venir d'ailleurs, on ne savait où...mes agneaux égarés, disait-elle, mes petites princes moutonnant des ténèbres, et puis elle redessinait sa vie dans l'air, gentiment, innocemment, sachant que nul n'oserait la contredire, soulever ses plumes pour découvrir sa chair:

– Ah, faisait-elle d'une voix heureuse, ravie, avec une sorte de léger sourire qui lui allait bien, ah, quand vous voyez les cheveux d'une femme qui blanchissent, vous pouvez les laisser blanchir, car on a bien raison de se sacrifier pour les enfants. Ainsi moi, j'ai six filles, mais si je le voulais aujourd'hui même, je pourrais ouvrir boutique avec tout ce qu'elles m'envoient de la Pointe-à-Pitre. Si j'ouvrais mon armoire pour vous montrer ces piles de serviettes neuves, ces robes à plis canons et tout le reste, sans compter la bagatelle, sucre, riz morue, que je ne mentionne même pas, alors vous comprendriez enfin la position qui est la mienne sur terre. Vous me voyez en loques, avec une case au toit ouvert, vous pourriez me croire en mauvaise passe mais détrompez-vous, mes amis, et passez donc un jour chez moi, je vous ouvrirai mon armoire, peut-être...

– ...Vrai, disait aussitôt grand-mère, l'appuyant d'une voix ferme, on voit des gens en robe déchirée, ils dorment et se lèvent dans des cases branlantes mais qui sait ce que ces gens-là possèdent dans leur armoire, qui le sait...?

Et venant à la rescousse de Reine Sans Nom, le vieux Filao émettait d'une voix flûtée:

– Une personne parle, et un ange l'entend au ciel.

– Ah, la parole, entendait-on, quelle bonne chose...

– Oui, et quelle douce après-midi, mais voilà qu'elle est presque passée, déclarait Adriana en se soulevant pesamment de sa chaise,...et si quelqu'un n'y a pas trouvé son compte, qu'il lève le doigt et nous dise ce que son coeur désire encore...Nègres mes frères, si l'on vous écoutait, vos paroles n'auraient jamais de fin...pensez aux amoureux, à quel moment se feront-ils la cour si nous restons là, comme un essaim de guêpes, à leur bourdonner dans les oreilles?...parole c'est parole et l'amour, c'est l'amour...

Et se tournant une dernière fois vers moi, elle ajoutait avec malice:

– Tu es maintenant juste à point, Télumée, comme un fruit à pain à maturité...trop vert ça agace les dents, et trop mûr, le goût est passé; reviens-nous ma fille, n'attends pas qu'un vent te détache de l'arbre, t'éparpille sur le sol...tâche de te détacher toi-même, alors que tu es à point...

Aussitôt la case se vidait, puis la cour, et une petite brise nous parvenait, descendant de la montagne. Reine Sans Nom feignait une occupation et disparaissait, elle aussi. Nous demeurions seuls. Il y avait un grand silence et nous respirions le parfum qui s'élève, le soir, du coeur même des sang-dragons.[176] Au-dehors, les gens étaient revenus de leurs visites et de case en case, les conversations battaient leur plein. Le village vibrait, comme un immense parloir. Dans le clair-obscur, les lanternes des lucioles scintillaient à peine, et puis s'avivaient, prenaient leur éclat, à mesure que montait la nuit. Les lampes s'allumaient, les derniers rires s'éteignaient. C'était la fin du dimanche.

Elie achevait son apprentissage et se faisait payer, moitié en espèces, moitié en jeux de planches pour monter notre future case. Le soir, dans la pénombre des dimanches, il me parlait avec tant de précision de cette case que j'y pénétrais, longeais la véranda, m'asseyais sur l'une des trois chaises disposées autour de la petite table ronde, posais mes coudes sur un napperon brodé. Il voulait que ce fût moi qui monte sur le toit pour y piquer un bouquet rouge. Il viendrait m'en faire savoir la nouvelle, par une sérénade nocturne, chez les Desaragne. Nous étions sur le bord du lit et ses yeux étincelaient dans la pénombre, m'examinaient avec douceur et précaution, un peu de biais, sur le bord des paupières, me semblait-il, comme s'il craignait de trahir son ressentiment. Je le caressais, me serrais contre lui et ses yeux du malheur s'apaisaient, cependant qu'il murmurait d'une voix plaintive:

– Mais est-ce vraiment ta place, là-bas, avec tes seize ans sur tes deux seins, à secouer les paillassons des blancs?...

– N'essaye pas de faire l'habile, monsieur le scieur, à peine notre maison sera finie que je viendrai la remplir, comme une bougie remplit une chapelle.

– Je te laisse gambader, mon petit cabrisseau, ta corde est longue entre mes mains mais je te la raccourcirai un jour, juste au ras de ton cou...

– Corde longue ou bien courte, quand le cabri veut s'échapper, il suffit...

– Non, m'interrompait Elie en riant, j'ai l'oeil sur l'animal et s'il fait un pas, je l'abats.

Une touffe de bambou craquait au vent du soir et là-haut dans les bois, les bêtes commençaient à crier, libérées de la chaleur du jour.

– Me voici un homme tout neuf, disait-il.

A son retour, grand-mère nous préparait le repas en silence, et nous mangions sous la protection de son calme, de sa joie tranquille, dehors, assis sur des roches, au milieu de la paix du soir. Et chaque fois en s'en allant, Elie touchait une des poutres de la case et disait...voilà comme elle est dure, la tête de Télumée. Quand je me réveillais, le lendemain matin, de fines vapeurs soufflaient sur Fond-Zombi et le silence et la rosée étaient sur le village. Je prenais aussitôt le chemin de Belle-Feuille, mes yeux emplis de la vision de ma case future, Plus tard, au petit matin, lorsque je franchissais le portail des Desaragne, la vision me poursuivait encore et je m'asseyais sur la pelouse, les jambes allongées dans l'herbe fraîche, pour goûter une dernière fois les tôles toutes neuves de ma case, qui brillaient sous le gai soleil matinal, le bouquet rouge sur le toit, la table et le napperon brodé...

A ce moment, la voix de Mme Desaragne s'élevait dans mon dos:

– Vous m'avez fait peur, ma fille...est-ce tout ce que vous avez à faire de si bonne heure, vous asseoir sur le gazon?...décidément ce Fond-Zombi ne vous vaut rien.

Et comme je secouais ma tête avec étonnement, encore perdue dans mon songe de gloire, elle ajoutait:

– Allez, secouez-vous ma fille, le soleil est déjà haut.

Chapter 6

Une feuille tombe et la forêt entière frémit. Tout commença pour moi par un rire qui me saisissait n'importe où, à toute heure du jour, sans que je puisse m'en expliquer l'origine. Lorsque mon esprit s'inquiétait, je le trompais par l'idée que je riais pour grand-mère, pour Elie, pour Adriana ou telle autre personne qui pouvait avoir besoin de mon rire, en cet instant. Mais les gens et domestiques attachés à Belle-Feuille connaissaient mieux que moi le sens de ce rire, ils l'avaient entendu sur d'autres bouches et tout d'un coup ce fut l'attaque, la volée de compliments pour me faire voltiger si haut que j'en perdis souffle. L'un me promettait la ville et l'autre la campagne. Si tu mourais maintenant, me disaient-ils, le bon Dieu ne te recevrait pas comme ça, il te renverrait sur la terre pour que ta jeunesse éclate; ah, on n'accepte pas ça, au ciel, une fille qui ne brille pour aucun homme. Cependant la Noël approchait, une grande activité régnait et c'était réception sur visite, à Belle-Feuille, et les dimanches allaient et venaient sans que je puisse prendre le chemin de Fond-Zombi. Mon rire s'élevait en notes plus aiguës, et les invités eux-mêmes s'en apercevaient, disaient à Mme Desaragne, tandis que je servais le punch:[177]

– Vous avez l'art, ma cousine, de vous entourer de beaux objets...comment donc les dénichez-vous?...

– Ne vous fiez pas aux apparences, disait froidement Mme Desaragne, le nègre est le nègre et depuis que la musique du fouet a quitté leurs oreilles, ils se prennent pour des civilisés...

– Ah, je ne cherche pas si loin que vous, chère Aurore, et nous en reparlerons plus tard, une fois la race éclaircie.[178] En attendant, pour servir le punch elle n'a pas sa pareille, et le plaisir est double, du palais et des yeux...

Un jour, comme je me tenais accroupie dans le bassin de la citerne, lavant des torchons de cuisine, je sentis un picotement à ma nuque. Au moment de rincer, la curiosité l'emporta et je me retournai pour voir M. Desaragne, immobile, au milieu de la cour, me contemplant de ses yeux gris, un peu verts, mystérieusement narquois. Bien qu'il eût bonne carrure, il avait une aisance naturelle et tout comme un oiseau, semblait prendre appui sur l'air même pour exister. Cependant, en cet instant, il vacillait légèrement sur ses jambes. Enfin il soupira, se détourna lentement et s'en fut, traînant la jambe, tandis que je pensais en mon coeur...voilà, bougresse, que tu surprends maintenant les manies des blancs...mais bien vite une autre idée recouvrit celle-ci et le soir, en me couchant, j'avais complètement oublié ma fantaisie de la citerne.

L'air était lourd, il n'y avait pas d'étoiles dans le ciel, aucune espérance de pluie. On frappa à ma porte. Le cocher venait parfois me réclamer une infusion de corossol, les soirs où madame avait ses insomnies. Je me levai, ouvris et à ma grande surprise M. Desaragne entra tranquillement, referma la porte derrière lui, s'adossant à la cloison. Il avait à la main une robe de soie qu'il me jeta en souriant, comme si la chose eût été convenue entre nous. Puis venant à moi il posa ses mains sous ma jupe, marmotta d'une voix nasillarde...on dirait que tu es sans culottes, ma fille. La misère est surprenante, c'est une tique qui vous saute dessus et vous suce jusqu'au dernier sang. A mon âge, avertie de bien des choses, je me croyais à l'abri de pareilles attaques mais on a beau vivre, on ne sait pas plus de la vie que de la mort. Je me laissai aller dans les bras de M. Desaragne, et comme il se défaisait d'une main, je murmurai doucement...j'ai un petit couteau ici et si je n'en avais pas, mes ongles y suffiraient...M. Desaragne ne semblait pas m'avoir entendue et comme il poursuivait son entreprise, je continuai sur le même ton calme et froid...M. Desaragne, je le jure sur la tête du bon Dieu, vous ne pourrez plus entrer dans la chambre des petites bonnes, car vous n'aurez plus de quoi...Il rit, je fis un geste de mes ongles et il se rejeta en arrière l'air hagard, comprenant tout à coup le sens de mes paroles. Un petit sourire inquiet flottait sur son visage.

– Tu es la plus grande vicieuse de la terre, chuchota-t-il avec ce même petit sourire inquiet sur ses traits qui se figeaient, devenaient livides à la lueur de la chandelle, une robe ne te suffit donc pas?...veux-tu une chaîne en or, une paire d'anneaux?...écoute, j'ai besoin d'une petite négresse qui chante dans la vie et plus vive qu'un éclair, j'ai besoin d'une petite négresse si noire que bleue, c'est ce que j'aime...

Son regard me fuyait maintenant, se promenait avec nostalgie sur la misère de mon réduit, objet par objet, l'établi qui me servait de couche, le tabouret, le morceau de glace à un clou, le tablier de maison, le ballot de linge au bout d'une corde et c'était comme si j'étais moi-même répandue à travers toute la pièce, moi-même dont il attendait je ne savais quoi, un sourire triste sur les lèvres. Une tempête était venue sur M. Desaragne, soulevant ses plumes blanches et j'avais vu sa chair. J'étais restée en même place, indifférente à ma poitrine découverte, ma jupe relevée à mi-cuisse. Une ivresse froide était dans ma tête et je lui répondis tranquillement sans y penser:

– Les canards et les poules se ressemblent, mais les deux espèces ne vont pas ensemble sur l'eau.

Ses yeux devinrent très clairs et il haussa les épaules, écarta les doigts comme s'il en échappait une poignée de sable, et retournant à son chagrin de roi il s'en fut dans la nuit, à reculons, me regardant toujours, un curieux sourire au fond de ses yeux gris.

En ma qualité de domestique, je dormais dans un petit réduit attenant à l'écurie, avec une ouverture grande comme la main, munie d'un volet minuscule, que je soulevais le soir, pour ne pas mourir de chaleur. Cette ouverture donnait sur les terres de mes maîtres, et, par-dessus les hautes flèches de cannes voletaient au loin les lueurs des cases nègres de l'habitation,[179] blotties les unes contre les autres. Noël était tout proche et couchée sur ma paillasse, j'entendais les cantiques montant depuis les cases jusqu'aux étoiles, comme pour supplier l'amour de descendre, enfin, pour le décrocher du ciel. Par instants, portés par un souffle de vent, les roulements de tambour me parvenaient aussi et je me disais que le coeur même du diable doit lui faire mal, à voir tout ce lot de misère et la malignité du nègre à forger du bonheur, malgré tout. Il y avait trêve, là-bas, dans les petites cases enfouies sous les cannes, il y avait répit pour le nègre et celui-ci en devenait encore plus malin, me disais-je, à faire tous ces tours de magie dans l'air, à danser et battre tambour en même temps, à être vent et voile à la fois. Le combat avec M. Desaragne était loin, et je n'y avais pas vu ma victoire de négresse, ni ma victoire de femme. C'était seulement un des petits courants qui feraient frémir mon eau, avant que je me noie dans l'océan. Mais une tristesse me venait maintenant, le soir, à mesure que passaient les dimanches à Belle-Feuille, et la vision du bouquet rouge que je déposerais sur ma case se dissipait, s'effilochait avec les jours. Je pensai que mon zèbre[180] m'avait oubliée et un songe me harcelait chaque nuit, un rêve étrange et dont je ne parvenais pas à percer le sens, en dépit de tous mes efforts. C'était l'hiver et je servais comme domestique dans une ville française, que je voyais un peu à travers les récits du nègre Amboise. La neige tombait sans arrêt sur la ville et je ne m'en étonnais pas, elle me semblait chose toute naturelle. Les blancs avaient des yeux curieux, c'étaient des sortes de brisures de miroirs dépolis, où rien ne se reflétait, mais ils étaient étonnamment gentils et madame me demandait souvent comment je supportais le climat. Je lui disais que je trouvais ça très bien, et elle riait sans me croire. Ce rire me déchirait en deux et un jour qu'elle s'y était remise, à rire ainsi, je lui dis tranquillement: je vais vous prouver que je n'ai pas froid, et ce disant, je me déshabillais et partais toute nue dans la neige. Elle me regardait, l'air stupéfait, derrière les rideaux de la cuisine. Je sentais se roidir mes muscles jusqu'à ce qu'ils se transforment en glace et je tombais, morte.

Une nuit, comme le cauchemar me tenait éveillée, les yeux grands ouverts, sur ma paillasse, mon inquiétude grandit car il me semblait entendre une chanson et même, je crus reconnaître la voix d'Elie. Depuis quelque temps, les moustiques assaillaient mon réduit, attirés par une porcherie qu'on venait d'installer juste derrière. Voilà que je deviens un cas, me dis-je, et qui croira que les moustiques m'ont rendue folle au point que j'entends des chansons?...

Et puis je me souvins d'une promesse qu'Elie m'avait faite, il y avait des éternités, me semblait-il, une sérénade qu'il devait venir me jouer lorsque la case serait entièrement montée, n'attendant plus que mon bouquet rouge. Les chiens de l'habitation aboyèrent et la voix se tut. Mais un peu plus tard, elle montait à nouveau dans la nuit, à plus grande distance, cette fois, depuis l'autre côté de la route, comme si elle s'était mise hors de portée des chiens de l'habitation. Et cependant, en dépit des efforts d'Elie pour percer l'épaisseur de la nuit, ou peut-être à cause de cela, à cause de ces envolées soudaines dans l'aigu, une grande mélancolie émanait des paroles de ce chant:

Pourquoi vivre Odilo
Pour nager
Et toujours sur le ventre
Sans jamais
Sans jamais
Se mettre sur le dos
Un moment.

Lorsque j'ouvris les yeux, à l'aube, le ciel était très bas et les nuages semblaient des bateaux en détresse qui tanguent au vent. Un grand silence planait, et des taches d'ombre étaient encore sur les objets de mon réduit. Une envie de vol et d'espace m'a saisie. Le soleil s'en va le soir et vous laisse vos peines, et il ne se lève pas plus vite quand vous êtes dans la joie. Je me suis glissée dehors, dans la clarté naissante, jusqu'au bassin de la citerne où j'ai fait couler de l'eau dans ma bouche, sur mes épaules et sur mes bras, sur mes yeux gonflés de larmes et que je sentais gros comme des oeufs de pigeon. Puis j'ai amené la petite bassine d'eau à ma chambre, j'y ai écrasé quelques feuilles de patchouli et je m'y suis assise pour ma toilette matinale. Mes gages étaient cachés sous une planche de l'établi: trois pièces de cinq francs, trois mois ininterrompus, sans un dimanche pour prendre mon envol et laisser reposer mon corps. Je détachai mon balluchon de sa ficelle, y glissai les trois grosses pièces d'argent, et, le balluchon sur la tête, je me suis dirigée vers la grande maison. Mme Desaragne était déjà sur pied de guerre, dans le salon, son petit calepin à la main. Je me suis approchee d'elle et lui ai dit:
– Les moustiques m'ont trop piquée cette nuit, j'ai besoin d'un petit répit.[181]
Elle a sursauté, puis me regardant avec attention, elle a souri peureusement, comme on fait aux gens dont la folie s'empare:
– C'est vrai, a-t-elle dit avec gêne, non sans un léger tremblement dans la voix, les moustiques ont été terribles cette nuit. Rentrez chez vous, ma fille, rentrez le plus vite possible, sans vous attarder en chemin.
Une brise s'empara de moi et je me retrouvai sur la route, loin de la

demeure à colonnades et bougainvillées, libre de mes deux seins. Maintenant le soleil avait quitté la montagne, et se trouvait au bord du ciel, juste derrière la flotte de nuages en péril. J'avais tant pleuré cette nuit qu'une soie rose flottait entre mes yeux et le ciel, la route, les champs de cannes avoisinants, les mornes au loin qui passaient de verts en verts, toujours plus pâles, toujours plus doux, et tout au fond de l'horizon la montagne du Tombeau des Braves, Balata Bel Bois, qui se confondait encore avec les nuages. Mes jambes avaient pris le chemin de Fond-Zombi, mais mes yeux ne quittaient pas la montagne, s'efforçant de reconnaître les hauteurs de Bois Riant, où mon zèbre sciait ses planches. Je riais en moi-même, songeant que si une femme aime un homme, elle voit une savane et t'affirme: voici un mulet. Il y a l'air, l'eau, le ciel et la terre sur laquelle on marche, et l'amour. C'est ce qui nous fait vivre. Et si un homme ne te donne pas un ventre plein de manger, s'il te donne un coeur plein d'amour, cela suffit pour vivre. C'est ce que j'avais toujours entendu autour de moi, et c'est ce que je croyais. Et maintenant, sur le chemin de Fond-Zombi, j'étais une femme libre de mes deux seins[182] et je sentais à chaque pas les yeux d'Elie contre les miens, ses pas à l'intérieur des miens, et les gens que je saluais me croyaient seule alors qu'il était en moi, déjà sur ce chemin. Quand j'atteignis le pont de l'Autre Bord, les nuages en perdition s'étaient engloutis et le soleil lançait des feux aveuglants et rouges dans un ciel entièrement vert. Il y avait d'un côté la route qui mène à Fond-Zombi, argileuse, crevassée, pleine de souches et de cailloux et de l'autre un sentier fuyant directement sur la forêt. Une hésitation me saisit, je me sentais plus vaporeuse que l'écume d'un torrent. Et puis je me dis que la rivière a beau chanter et faire see méandres, il faut qu'elle descende à la mer et se noie. Délaissant alors le chemin de Fond-Zombi, je m'engageai sur la sente qui mène à Bois Riant, comme attirée par la présence de mon nègre en sueur, sur ces échafaudages de petite bête à cinq doigts et deux yeux. Dans la confusion de mon coeur, je pressentais obscurément que la clairière là-haut était piégée, mais elle m'aveuglait, m'attirait malgré moi. Et comme je me précipitais, courais maintenant à travers monticules et fondrières de boue, toutes choses devenaient éblouissantes, parées de la lumière qui descendait de Bois Riant. J'allais comme en un rêve, dans l'odeur des plantes en décomposition. Une rivière coulait au pied du mont où se tenait l'écha-faudage d'Elie et de son ami Amboise. Je descendis la pente glissante et chassant quelques feuilles, je baignai une dernière fois mes yeux qui s'étaient remis à pleurer, je ne savais pourquoi, depuis quelques instants. L'eau stagnait par endroits, autour de roches verdâtres, mais plus loin elle reprenait son cours, ruisselait à nouveau, claire, transparente. Penchée sur mon image, je songeai que Dieu m'avait mise sur terre sans me demander si je voulais être femme, ni quelle couleur je préférais avoir. Ce n'était pas ma faute s'il m'avait donné une peau si noire que bleue, un visage qui ne ruisselait pas de beauté. Et cependant, j'en étais bien contente, et peut-être si l'on me donnait à choisir, maintenant, en cet instant précis, je choisirais cette même peau bleutée, ce même visage sans beauté ruisselante.

Plus haut, entre les troncs des mahoganys, j'aperçus l'échafaudage des scieurs. Elie était sur la plate-forme et le nègre Amboise se tenait au sol, les jambes écartées, cependant que la lame dentelée montait et descendait dans un nuage de sciure. Je m'assis à distance et contemplai les deux hommes en sueur, Amboise, grand arbre sec et noueux qui avait déjà jeté ses fruits, et mon Elie au torse mince, aux attaches encore indécises de l'enfant que j'avais rencontré, quelques années plus tôt, sur le bord de la rivière. Un long moment s'écoula dans cette joie. Les planches chutèrent, et se tournant tranquillement vers moi Elie sourit, une lueur craintive dans ses yeux.

– Ce n'est pas bien, dit-il enfin d'une voix qui se forçait à la gaieté, ce n'est pas bien de regarder les gens dans le dos, mademoiselle Télumée Lougandor. Sais-tu que j'ai immédiatement senti ton odeur, dans la brise?

Sur ces mots, l'homme Amboise tourna vers moi son visage de nègre rouge, aux rides profondes et aux yeux inquiets, perçants, qui s'attardèrent un long moment sur ma silhouette et puis se détournèrent, comme saisis d'une gêne étrange. J'avais eu l'impression, un court instant, que ce regard était descendu jusqu'au fond de mes boyaux. Mais déjà l'homme Amboise feignait l'indifférence.

– Ouaille, dit-il à Elie d'une voix traînante, voilà que certains hument des odeurs dans la brise...

Et saisissant sa chemise au passage, le nègre rouge s'engagea sur le chemin d'où je venais, dévala la pente sans bruit, disparut.

– Je suis là à te boire des yeux, dit Elie, et je ne t'ai même pas saluée...

– C'est à toi de parler, je ne suis pas l'homme...

– Tu veux que je parle, Télumée, mais tu sais bien tout ce qui se passe dans mon coeur...

– Le couteau seul sait ce qui se passe dans le coeur du giraumon.[183]

– Que me parles-tu de giraumon et de couteau?...parle-moi plutôt de cette petite chandelle, qui s'allumait et s'éteignait, hier soir, dans la chambre de Belle-Feuille...

Tout en badinant de la sorte, Elie se rapprochait et comme il venait à ma hauteur, me serrait contre lui, je me souvins d'avoir déjà vu cette lueur craintive dans ses yeux, autrefois, sous le flamboyant de l'école, tandis qu'il me parlait de forêt en friche et de traces qui risquaient de se perdre, un jour...

– Ah, murmura-t-il en un souffle, moi qui te voyais dans un beau drap de dentelle, tout amidonné et repassé, et voilà que nous empruntons leur couche aux mangoustes[184] et aux rats des champs.

– Alors, attendons les draps de dentelle.

Un immense rire qui sortait de toute la forêt s'est emparé de nous, cependant que nos deux cerfs-volants partaient en errance dans le ciel.

Ouvrant les yeux, la première chose que j'entendis fut le bruit du torrent dans la ravine. Ma tête reposait mollement sur un petit lit de feuilles, tout au pied d'un mahogany, dont les racines montantes m'entouraient comme les bords d'un lit. Elie était assis sur une de ces racines et me contemplait sans sourire, les sourcils froncés d'attention. Son visage me parut comme la proue d'un navire, apte à couper le vent, stopper les assauts de la vie, et je le trouvais d'une extrême beauté. Ses bras étaient croisés comme à l'école, et ses pieds nus grattaient doucement la terre. Me voyant éveillée, il dit cérémonieusement:

– Lève-toi, et marche devant mes yeux.

Et moi, après quelques pas sous son regard:

– On prétend que ces choses-là se voient...comment est ma démarche, a-t-elle changé?...

– Ce n'est ni plus ni moins qu'une démarche de femme.

– Alors nous voilà bien avancés...ai-je dit en riant.

– Te voilà une femme, reprit Elie d'un air grave, et tu es une femme fidèle et je te regarde, et je vois que tu es comme un beau fruit à pain mûr, à point, qui se balance au vent. Mais voilà, vas-tu te décrocher de l'arbre et tomber...et rouler...?

– Tout dépend du vent, il y en a qui vous font tomber, et d'autres qui raffermissent vos attaches, vous fortifient...

– Tu en as de belle paroles, pour un petit fruit à pain tout mûr!...

Elie me donna la main et nous redescendîmes vers Fond-Zombi, découvrant d'abord le haut des mornes, puis les frondaisons des arbres, les toits rouillés des petites cases et enfin, la poussière de la route. Le soleil déclinant se posait et repartait, planait juste au niveau de l'océan, c'était comme s'il ne parvenait pas à quitter la terre, à abandonner le village. L'obscurité était proche et un vent tiède soufflait du large, par courtes rafales. Elie n'avait pas quitté son air grave, les deux rides barraient toujours son front, et je me sentais impuissante, désarmée, ne sachant comment lui rendre force et assurance. Cependant, lorsque m'apparut la petite case toute neuve, sur le bord du chemin, non loin de celle de Reine Sans Nom et juste sous le prunier de Chine, comme je l'avais souhaité, une douceur tomba sur moi et je me sentis brûlante comme un four à charbon, capable de réchauffer le fin fond du ciel. Grand-mère était dans sa berceuse dodine, à rêver aux chimères de la vie. Elle ne parut guère surprise de nous voir avancer ainsi dans le soir, nous tenant par la main. Simplement, elle s'arrêta de se bercer et eut un étrange sourire, comme si elle eût voulu rassurer la petite fille qui se tenait devant sa case, vacillante, perdue entre ciel et terre.

– Tu n'as plus de travail et tu ris comme ça? dit-elle enfin.

– Je ne vais sûrement pas rester longtemps à flâner, dis-je d'un air mystérieux.

Là-dessus, Elie fronça les sourcils et se tournant vers moi, il m'arrêta d'un regard sévère, disant, comme pour me rappeler à la gravité de l'instant, me prier d'endosser mon âme d'honneur et mon âme de respect. Puis, lorsqu'il fut satisfait de ma contenance, il se tourna vers Reine Sans Nom et lui dit:

– La Reine, je suis aujourd'hui devant toi en homme.

Grand-mère se leva de sa berceuse, et, sur un ton d'extrême gravité, dont l'ironie lointaine échappa à Elie:

– Considère, mon fils, que j'ai mis des tympans neufs à mes oreilles, pour t'écouter comme on écoute un vieillard de cent ans.

– Eh bien, reprit Elie, comme nous voici maintenant entre adultes, je ne mettrai nul caillou au fond de ma gorge pour assourdir le bruit de mes paroles. Aussi je t'avouerai, la Reine, que je trempe en ce moment dans un bain très inconfortable, tantôt bouillant, tantôt glacé, et ce que tout homme désire, c'est un petit bain tiède. Tu l'as compris, je connais Télumée, je la vois dans les bois, je la vois dans les champs et au fond des rivières, mais ce n'est pas ainsi que je désire la voir. J'ai monté tout exprès un toit, afin de la regarder vaquer là-dessous à nos petites affaires. Mais je ne sais pas si le jour viendra jamais où je lui encerclerai le doigt d'or. Je n'en sais rien, Reine Sans Nom, je n'en sais rien moi-même, mais quand je me marierai, ma case ne sera plus un champ sans igname, gombos, pois boucoussous,[185] tout y poussera, depuis un lit jusqu'à une véranda pour barrer le vent. Je ne suis pas un tubercule de glaïeul, de sorte que je ne peux pas vous promettre si je sortirai rouge ou jaune de la terre. Demain notre eau peut devenir vinaigre ou vin doux, mais si c'est vinaigre, n'allez pas me maudire, laissez tranquillement dormir vos malédictions au creux des fromagers,[186] car dites-le-moi, n'est-ce pas un spectacle courant, ici à Fond-Zombi, que la métamorphose d'un homme en diable?

Etait-ce bien le jour de telles paroles, était-ce la pensée d'Elie, rien que sa pensée ou un signe que lui envoyaient les esprits...j'étais glacée, je voulais le lui demander, savoir, mais c'était à grand-mère de me représenter. Et je voyais le regard de la vieille qui voyageait, atteignait un lieu que je ne connaissais pas, puis en repartait, se rapprochait de nous, allant jusqu'à frôler nos corps, nos cheveux, pour finalement se poser sur mon front, celui d'Elie, l'un après l'autre. Puis souriant à Elie, d'un beau sourire paisible, elle répondit:

– Ne l'effraye pas, mon nègre, ne trouble pas sans raison la paix des colombes. Mais puisque franchise se rend par franchise, voici: nous les Lougandor, nous ne sommes pas des coqs de race, nous sommes des coqs guinmes, des coqs de combat.[187] Nous connaissons les arènes, la foule, la lutte, la mort. Nous connaissons la victoire et les yeux crevés. Tout cela ne nous a jamais empêchés de vivre, ne comptant ni sur le bonheur, ni sur le malheur pour exister, pareils aux feuilles des tamariniers qui se ferment la nuit et s'ouvrent le jour.

– Et si le jour ne s'ouvre jamais, que deviennent les Lougandor? demanda Elie.

– S'ils savent qu'il ne peut plus y avoir de jour, les Lougandor se couchent, et puis ils meurent, dit grand-mère d'une voix sereine. Et se tournant vers moi elle poursuivit, de cette même voix étale: ondule comme un filao, rayonne comme un flamboyant et craque, gémis comme un bambou, mais trouve ta démarche de femme et change de pas en vaillante, ma toute belle; et lorsque tu craqueras comme le bambou, lorsque tu soupireras de lassitude et de dégoût, gémis et désespère pour toi seule et n'oublie jamais qu'il y a une femme contente de vivre, sur la terre, quelque part.

Enfin, prenant un petit air dégagé, elle attira Elie vers elle et l'embrassant doucement, elle murmura sur le ton du secret:

– Si tu fais naufrage, mon nègre, elle sombrera avec toi...

C'était maintenant le silence, grand-mère fermant les yeux, Elie se tenant immobile, tassé sur ses pensées, et seuls me parvenaient les bruits et chuchotements des voisines qui s'attroupaient maintenant autour de la case, tendaient l'oreille à distance, avides du moindre mot. J'ai serré très fort la main d'Elie et l'ai regardé, et toutes appréhensions se sont transformées en un délicat tourbillon de fumée qui s'est dissous dans l'air. Prévenu par la rumeur publique, le père Abel a fait irruption les mains tendues vers nous, ses petits yeux jaunes pétillants de malice. Sous les feux de l'émotion, son visage d'ordinaire si noir avait pris une étonnante nuance lie-de-vin. Et ses joues semblaient s'être creusées, d'un seul coup, les rides leur faisant des entailles ouvertes à vif, comme celles que l'on fait aux poissons. Sans nous accorder un regard, il s'approcha de Reine Sans Nom et lui dit d'une voix enrouée, froufroutante:

– Ah, que de tristesse, que de fers et de tristesse...

Et sur un gloussement joyeux, il poursuivit:

– Seigneur, quelle flopée de malchanceux défilent sur la terre, et ne serait-ce que pour prendre un exemple, prenons Reine Sans Nom et voyons quelle déveine l'accable en ce jour: ma buvette à sa droite, et la case de Télumée à sa gauche. Ah, que de fers et de tristesses...

Et ce disant, il émit un curieux petit rire d'enfant plein d'innocence, cependant que Reine Sans Nom remarquait sur un ton glacial:

– Père Abel, chacun sait que dans l'affaire vous êtes le seul lésé...

Mais ne pouvant y tenir davantage, grand-mère accoucha à son tour d'un petit rire de jeunesse, qui grimpa vigoureusement dans l'air, nous entraînant tous à sa suite, de sorte que tous ces rires vieux et jeunes n'en faisaient plus qu'un, sortaient d'une seule et unique gorge humaine. Là-bas, de l'autre côté de la route, les curieux riaient à l'odeur, sans comprendre. Dans les hauteurs du ciel, une clarté rose s'étalait encore, hésitait, mais l'ombre se pressait déjà autour des arbres et d'un instant à l'autre, le crépuscule allait tomber sur Fond-Zombi. Grand-mère prit un beau panier rond qui contenait un moulin à café, des ustensiles de cuisine, une cuvette, un litre de pétrole et des hardes pour notre couche. Tout était prêt, nous attendait depuis la veille. Elle posa dans les mains d'Elie une lampe à verre bombé et toute l'escorte s'en fut. Reine Sans Nom par-devant, son panier sur la tête, Elie tenant la lampe allumée, moi chargée de mon balluchon et le père Abel tout guilleret en queue de file, jetant à la brise des propos incompréhensibles. La case avait quatre mètres sur cinq et était montée sur des roches, comme celle de Reine Sans Nom. Une échelle était appuyée contre le toit. Le père Abel entra dans la case et en ressortit avec un bouquet rouge[188] qu'il me tendit en ricanant de façon plaisante. Je montai vivement à l'échelle, attachai le bouquet à un chevron et des applaudissements retentirent, venus de la foule qui se tenait à distance, pour ne pas déranger notre intimité. Reine Sans Nom s'accroupit à côté de trois pierres disposées en foyer, non loin du prunier de Chine, à quelques mètres de la case. Elle fit du feu, tira trois épis de maïs de son corsage et les fît rôtir à la flamme. Les épis cuits, elle les égrena entièrement et nous en fit manger, déversant le reste pour moitié dans une poche d'Elie, pour moitié dans mon corsage, entre mes seins, nous souhaitant autant de pièces d'argent que de grains de maïs. Puis toutes choses étant accomplies, elle prononça d'un voix altérée par l'émotion:

– Maintenant qu'il y a eu du feu et de la nourriture cuite, vous pouvez prendre possession de votre case.[189]

Reine Sans Nom partie, nous nous sommes assis sur le seuil de notre maison et nous avons contemplé le crépuscule qui descendait maintenant sur le village, la montagne, la mer au loin, fondant toutes choses visibles en une même buée rose et bleue, sauf les petites lueurs jaunes des cases, au ras de la terre, et le scintillement argenté des étoiles au-dessus de nous. Les gens de Fond-Zombi préparaient activement la Noël et des chansons traînaient dans le lointain, des flots d'accordéon roulaient de case en case, de morne en morne, jusqu'aux confins des bois. Des cantiques s'élevaient par instants et le vent amenait des odeurs de groseilles cuites à gros bouillons dans les casseroles, pour servir la nuit de Noël. Et je me disais qu'avec de telles odeurs dans leurs narines, les femmes se sentent plus femmes, le coeur des hommes se met à danser et les enfants n'ont même plus envie de grandir. Au bout d'un long moment, j'ai disposé le paquet de hardes sur notre plancher et nous nous sommes couchés dessus, l'un contre l'autre, comme deux voleurs, en silence, et nous avons regardé le village s'enfoncer peu à peu, disparaître lentement dans la nuit, à la cadence d'un navire que la brume engloutit.

Chapter 7

Le lendemain, je m'éveillai avec l'impression de suivre ma destinée de négresse, de ne plus être étrangère sur la terre. On n'entendait nul bruit de voix humaine, nul aboiement de chien, des lueurs étaient sur le haut de la montagne, mais un océan d'ombre encerclait le village, perdu au milieu de tout cela, comme une île. Je regardai Fond-Zombi par rapport à ma case, ma case par rapport à Fond-Zombi et je me sentis à ma place exacte dans l'existence. Je me mis alors à faire mon café, à vaquer à mes petites affaires avec des gestes lents et précis, comme s'il y avait un siècle que je m'occupais de la sorte en ce même lieu, à cette même heure.

La brise de mer se leva et une vapeur lumineuse se répandit sur Fond-Zombi. Les portes des cases claquaient au loin et le père Abel apparut devant sa boutique, battant des mains dès qu'il me vit. Elie surgit, prit le café que je lui tendais et se mit à le boire par courtes gorgées, sans me perdre un instant des yeux. Un feutre informe sur le crâne, en arrière, il était en son drill de travail et se taisait, me regardait avec un air de curiosité intense et ses yeux dansant comme des vaguelettes au grand vent. Assis sur une grosse roche, il posa la tasse vide entre ses pieds et il dit à la tasse, les yeux rêveurs, pleins de sollicitude, comme s'il contemplait un être vivant...tu es belle de nuit, tu es belle de jour et voilà que tu es dans ma case, de quoi veut-il que je meure après tout ça, le bon Dieu?...enfin, se grattant la tignasse d'un air embarrassé, il poussa un profond soupir et grommela, content pas content:

– Tout ce qui doit être prêt l'est, de sorte que pour cette fois, mes reproches me serviront de friandise dans les bois.

Il s'empara de la gamelle toute chaude, et je m'apprêtais à le voir partir, à le suivre longuement des yeux, du côté de la rivière. Mais il ne bougeait pas, et soudain jaillit de ses entrailles, de la moelle même de ses os un rire puissant comme trombe d'eau en carême, qui emplit d'un seul coup tout l'espace autour de nos corps. Le rire gagna les herbes environnantes, les feuilles du prunier de Chine, qui bruissaient, elles aussi, tandis que pour la seconde fois en cette matinée, je me sentais à ma place exacte dans l'existence. Les chimères, les terreurs et les doutes de la veille étaient loin, Elie me regarda avec satisfaction, fierté, rabattit son feutre par-dessus ses yeux, comme s'il ne voulait voir rien d'autre que moi, en ce jour, et s'en alla d'un pas tranquille vers les grands bois.

Je commençais ma première journée de femme d'une démarche tâtonnante, inquiète, appréhendant les commentaires, le bruit, les rires que pousseraient les commères à mon passage. Cependant, un peu plus tard, descendant laver au bord de la rivière, je fus surprise de voir que les femmes me regardaient avec beaucoup de naturel, disant très simplement...de temps en temps, il est bon que l'une d'entre nous ait un toit neuf et des caresses, pour qu'on ait confiance dans le soleil.

– Ah, vous venez donc m'espionner pendant la nuit?...leur dis-je en riant.

Et puis la nouveauté se dissipa dans le courant, dans les gestes et les rires des laveuses et ce fut tout comme si elles avaient toujours su, en leur cervelle, que ma destinée était de vivre sur une branche, à Fond-Zombi, sous l'aile d'Elie.

L'après-midi, l'air s'immobilisait soudain, les tôles chauffaient à blanc et je recherchais l'ombre de notre prunier de Chine et il me semblait alors sentir quelque chose de subtil, de nouveau qui se tissait autour de moi, autour de la case encore surmontée de son bouquet rouge. Un jour, je m'ouvris à Reine Sans Nom de l'impression que je ressentais sous l'arbre de notre cour. Grand-mère ne répondit pas tout de suite, elle me scrutait, son regard pénétrant en moi comme une jauge dans l'huile. A la fin de cet examen, elle m'embrassa au front, me massa légèrement le dos et dit:

– C'est très bien, et j'aime entendre des questions comme celles que tu me poses, voici...

Et, saisissant un rameau desséché, elle se mit à tracer une forme à ses pieds, dans la terre meuble. On eût dit le réseau d'une toile d'araignée, dont les fils se croisaient sur de minuscules et dérisoires petites cases. Tout autour, elle traçait maintenant des signes qui rappelaient des arbres et enfin, me désignant son oeuvre d'un geste ample de la main, elle affirma...c'est Fond-Zombi.

Comme je m'étonnai, elle précisa d'une voix tranquille:

– Tu le vois, les cases ne sont rien sans les fils qui les relient les unes aux autres, et ce que tu perçois l'après-midi sous ton arbre n'est rien d'autre qu'un fil, celui que tisse le village et qu'il lance jusqu'à toi, ta case. Et désignant l'un de ces grands arbres, juste en marge de son tracé, elle eut un geste vague et chuchota, la voix soudain fêlée...c'est par là que nous habitions, Jérémie et moi.

Enfin, elle abaissa lentement ses paupières sur ses yeux envahis de mélancolie et, d'un balancement monotone et inlassable de la tête, elle sembla accoster dans un autre temps, un autre monde, une autre lumière. Je la quittai en prenant bien soin de ne pas froisser quelque brindille morte, quelque feuille sèche qui eût pu l'éveiller.

Dès lors, songeant au fil qui flottait à proximité de notre prunier de Chine, je me mis à aller par la rue de Fond-Zombi avec naturel et aplomb, en dépit de ma récente mise en case. Une certaine curiosité planait autour de moi et plusieurs se tracassaient...établie comment, Télumée et dans quel sens?...La coutume n'était pas aux questions brutales, aux aveux directs, les gens de Fond-Zombi se limitaient à de brèves visites au cours desquelles le timbre des voix, la sonorité d'un rire et l'aisance d'une démarche étaient leur seul et unique indice. Quelques commères allèrent jusqu'à contacter Reine Sans Nom, afin de déceler si elle avait maigri sous ses jupes ou au contraire, engraissé. Mais elles furent déçues et le manège s'avéra vain, car Reine Sans Nom leur apparut sans faille, rigoureusement identique à elle-même. Fond-Zombi serait peut-être encore dans l'expectative, si les amis d'Elie n'avaient décidé d'éventer le mystère, afin de savoir une fois pour toute s'il y avait lieu de se réjouir, ou de se lamenter, de se sentir fortifiés ou affaiblis lorsque leurs pensées viendraient à se poser sur nous. Un soir, ils se postèrent devant la boutique du père Abel, et, comme Elie revenait de ses grands bois, le rire sur les yeux et les dents au vent, une voix l'interpella ainsi:

– Quelle denrée rare tu deviens, l'ami, joins-toi à nous ce soir, montre-nous un peu en quelle estime tu nous tiens...

– Nous existons, mon cher Elie, nous existons tout comme n'importe qui, entre avec nous chez le père Abel et trinquons, comme autrefois...

– Ah là là, un doigt de rhum, ça ne se refuse jamais, ajouta un troisième sur un ton sans réplique, c'est comme si un malade refusait un bouillon...

Du fond de la cour de Reine Sans Nom, où je m'étais postée, j'entendis le rire d'Elie, un rire insouciant de joueur comblé, cependant que sa voix murmurait avec gêne:

– Les amis, bien qu'un nègre soit toujours malade, ne me voyez-vous pas en pleine santé et n'ayant que faire de bouillon?

– Passe pour le bouillon, ce n'est pas le plus grave. En vérité, le vilain de l'affaire est qu'appartenant à la race des hommes, tu donnes à Télumée fâcheuse habitude sur fâcheuse habitude, à croire qu'elle détient les commandes de ta volonté. Tu n'es même plus capable de rentrer chez toi à l'heure qui te convient, l'heure de ta fantaisie. Un homme ne fait pas ainsi que diable, comment dresses-tu l'animal?...

Elie était vêtu de son éternelle défroque, usée jusqu'à la corde, mais il semblait protégé par quelque puissance invisible, cuirassé, débordant d'assurance, hors d'atteinte de tout ce que l'on se permettait de lui dire. Il releva son feutre et promena sur l'assistance un sourire hardi, innocent, inattaquable.

– Ne savez-vous pas encore, mes nègres, dit-il, qu'il se trouve toujours dans une race des traîtres pour faire le jeu du camp ennemi?...

Le discours désinvolte, provocant, cet air d'illuminé, tout cela représentait autant de signes irréfutables de nègre bienheureux. Les gens le fixaient maintenant avec des mines incrédules, ruisselantes de tendresse, et il y avait dans l'air un silence très particulier, l'annonce d'un événement. Chacun semblait soupeser la vie, mettre en balance la misère du nègre, sa folie, sa tristesse congénitales et puis le contentement mystérieux qui vous vient quelquefois, à regarder la nature, la mer, les arbres, un homme heureux. Et perdus en ces réflexions, les gens hochaient la tête, raclait longuement leur gorge, kep, kep, soulevaient les épaules d'un air de dire...mais qu'est-ce que je peux savoir de tout ça, moi?...

– C'est que la vie est si surprenante, lâcha rêveusement une voix.

– Ouais, c'est pas de la blague, un nègre est quand même quelque chose, sur la terre.

Depuis le début de la scène, Amboise le compagnon d'Elie, se tenait en retrait du groupe, suivant tout cela d'un oeil rempli d'indulgence. Il hésitait depuis un moment et tout à coup:

– Comme vos paroles me comblent d'aise, dit-il, mais il y a une chose qu'il vous faut savoir, mes bougres: c'est que cet homme-là, que vous voyez avec sa tête baignée de bonheur, avec ses yeux poudrés d'insolence, cet homme a tout ce qu'il faut chez lui comme boisson, liqueur forte et rhum parfumé...voilà pourquoi il nous regarde sans nous voir, et se tait.

Tous les yeux convergèrent vers Elie, dans l'attente d'un mot, d'une parole, d'une approbation, et pendant un court moment mon zèbre fut revêtu de cette honte, de ce malaise qu'ont parfois les bien lotis, et puis il s'ébroua et dit:

– Vous le savez, mes nègres, il n'est pas bon de planter n'importe quelle graine dans n'importe quel terrain, et il n'est pas sage de dire n'importe quoi à n'importe quelles oreilles. En vérité, il est beaucoup de choses dont l'homme ne devrait pas parler. Seulement je vous l'affirme, mes chers amis ici présents: plus parfumé que le rhum de ma case, il n'y a pas.

A peine achevait-il cette phrase, qu'Elie ne prêtait plus attention à ceux qui l'entouraient, le chérissaient, le bénissaient, il voguait déjà dans ses pensées, dans ses rêveries de somnambule, et disparut bientôt dans la pénombre. Devant la boutique, à la lueur d'une lampe-tempête que venait d'accrocher le père Abel, les gens semblaient comme visités et transfigurés par le Saint-Esprit en personne. Les femmes s'étaient tues jusque-là et maintenant elles frissonnaient, leurs yeux brillaient d'étonnement, et l'une d'elles fit soudain:

– Je le savais bien, moi, que rien n'est perdu sur la terre, pour une femme...

– ...Voilà donc pourquoi nous mettons au monde des enfants, reprit une autre, l'air craintif...la vie est vraiment, vraiment surprenante...

Relevant la tête, je vis qu'il y avait un ciel sans lune, où scintillaient quelques rares étoiles, on les sentait très proches, chaleureuses, accueillantes ce soir-là, aussi palpables et réconfortantes que les feux d'un village voisin.

Les jours suivants ma petite case ne désemplit pas. Tranquille et fraîche au milieu de la savane, avec son bouquet de roses fanées, sur le toit, elle semblait attirer les femmes comme une chapelle solitaire. Il fallait qu'elles y entrent, qu'elles la visitent, la réchauffent de leur présence et y laissent ne serait-ce qu'une poignée d'icaques ou de pois doux.[190] Le plus souvent, elles n'éprouvaient même pas le désir de parler, elles touchaient ma robe avec un léger soupir d'aise, et puis me regardaient en souriant, avec une confiance absolue, tout comme si elles se trouvaient dans l'allée latérale de notre église, sous la compréhension de leur saint préféré, celui qui éclairait les ténèbres de leur âme, les renvoyait vivre dans l'espérance. Elles me faisaient quelques vagues compliments à propos de ce que je représentais, ici, à Fond-Zombi, et me quittaient d'un pas aérien de danseuse, comme si tout, la vie, la mort et même avancer dans la rue, n'était désormais pour elles qu'un ballet à exécuter le plus bellement possible. Et la rumeur se répandit alors par tout Fond-Zombi, et jusque sous l'eau claire de ses rivières que la chance était tombée sur mon corps et dans mes os, et que mon visage en était transfiguré. Grand-mère riait, et quand on lui demandait comment faire pour avoir une vieillesse si comblée, elle répondait d'une petite voix enrouée et frémissante...je ne savais pas ce que j'avais semé, ni ce que j'allais récolter...et les gens lui rétorquaient aussitôt, non sans malice...bienheureux, petite mère, bienheureux celui qui navigue dans l'incertitude, qui ne sait ni ce qu'il a semé, ni ce qu'il va récolter...

Le père Abel avait perdu cette face morose de vieillard qui ne sait pas pourquoi il vaque, là, derrière la planche d'un comptoir. Il y avait maintenant en lui une sorte d'assurance, une gaieté qui ne trompait aucun de ses clients. On le plaisantait à propos de ses rides qui semblaient s'être muées en de fines arabesques, purement ornementales, et même certains lui demandaient conseil pour s'en procurer d'aussi seyantes:

– Ah, comment faites-vous, père Abel, qui aurait pu croire que l'on vous contemplerait un jour dans cet état, en cette nouvelle jeunesse que vous entamez sur la terre?

Le vieillard demeurait songeur, suivait d'un doigt d'artiste, sillon après sillon, des rides si pleine de fantaisie et pensait avec étonnement à ce qui lui arrivait. Maintenant, il semblait brusquement avide de tout savoir, était au courant de tout ce qui se passait à Fond-Zombi et on ne lui voyait plus cet air détaché, parfois désobligeant, lorsqu'un coupeur de cannes gesticulait devant son comptoir. Au contraire, il ouvrait des yeux vifs et fureteurs de manicou[191] aux aguets, et quoi qu'on dise, il y portait un intérêt prodigieux, criait, approuvait et désapprouvait, se mêlait au choeur et poussait des *quelles entraves quels fers* pour exalter le narrateur et faire miroiter le récit du jour. On sut que les oreilles du père Abel s'étaient débouchées, que les tracasseries des nègres pouvaient s'y engouffrer, les faire vibrer, et il advint que sa boutique devint indispensable, le lieu même où les gens se rendaient pour orienter, commenter, dissoudre et embellir la vie. Une petite soupente latérale s'ajouta à la boutique et pour la distinguer de l'arrière-salle, on la baptisa 'nouvelle buvette'. Parfois, le père Abel était débordé et ses deux bras fluets et verts ne suffisaient plus à détailler morue et roquille de rhum[192] au comptoir, absinthe et vermouth aux deux buvettes. Alors il me hélait longuement depuis sa place forte...Télumée, Télumée Oooh...et j'accourais et me précipitais au milieu du tapage, plongeais dans un déferlement de voix, de cris, de chants qui vibraient d'une force étrange, submergeaient toutes choses, me happaient, m'ensorcelaient, me stupéfiaient et me cassaient le cerveau, m'ouvrant par leur éclat à des perspectives infinies, des façons de voir qui m'étaient inconnues quelques semaines auparavant, lorsque je n'avais pas encore trouvé ma place exacte sur la terre et c'était ici même, dans le bourbier de Fond-Zombi. Les yeux un peu écarquillés, j'allais et venais vivement dans l'arrière-salle, dont le plancher mal arrimé émettait une vibration, un tremblement sous mes pas de fille bien en chair et le père Abel ne pouvait s'empêcher de me dire, parfois...un de ces jours, ma boutique va basculer par la faute de ta démarche, Télumée, elle va basculer sur ses quatre roches, ouape.[193] Et les hommes riaient à la pensée que mes pas jetteraient au sol la boutique du père Abel. Et moi-même, je riais tellement que j'étais obligée de m'asseoir. Et quand je me relevais, quand je reprenais mon sérieux, quand mes yeux s'ouvraient à nouveau sur le monde, c'était un peu comme si mon rire se poursuivait dans les oreilles de ceux qui l'avaient entendu. Et les hommes encore jeunes me regardaient gravement et ils disaient, le front empreint de solennité, que j'étais une petite négresse à rire et à chanson, à rire et à sillage. Et dans ces instants-là, j'avais la ferme conviction que tout pouvait changer, que rien encore n'avait eu vraiment lieu depuis le commencement du monde. Et je m'en retournais à ma case, pour y mener ma vie de femme bienheureuse en attendant, en attendant. Mais il n'en était pas ainsi tous les jours et certaines fois, me regardant à la glace une peur me venait, une sensation désagréable, l'idée que j'étais toujours la même négresse aux tresses en crise, à la peau charbonneuse et aux yeux errants qui se louait à Belle-Feuille, et qui n'échapperait pas à la vengeance du ciel. Et je ne savais plus où me mettre, sous le prunier, dans les bois, au bord de l'eau, à la pensée de découvrir tant et tant, ici. Mais bientôt le père Abel conjurait mes extravagances...Télumée, Télumée Oooh, et le monde réapparaissait, et déjà les voix m'assaillaient, m'environnaient, m'ouvraient les yeux et les oreilles et je me tançais vertement...alors Télumée, tu n'as pas encore marché, tu n'as pas encore couru et perdu ton souffle, tu ne t'es pas relevée les orteils ornés d'ampoules et tu voudrais déjà gémir?...et c'est ainsi que j'arrivais toute radieuse et versais l'absinthe, lavais les verres, ceinturais mes infernalités. Et les hommes criaient en me voyant...ah, bougresse, ce n'est pas encore la vie quand tu ne nous sers pas...

Et venant à mon secours depuis le comptoir, le père Abel se lançait dans une de ses colères d'apparat:

– Mais laissez donc cette femme vivre, laissez-la, c'est une femme et vous êtes des buffles, soufflez mes nègres, caracolez, mais laissez-la vivre.

Ce fut une des plus belles époques de ma vie, époque où Fond-Zombi s'étira, fleurit et rayonna. Un petit vent de prospérité flottait sur le village, les champs de cannes s'étendaient, des champs nouveaux se défrichaient, les bananiers courbaient sous le poids de leurs fruits et, venus de la Basse-Terre, des expéditeurs achetaient les récoltes sur pied. Le chômage était passé de mode, les femmes fécondaient la vanille à coups d'aiguilles et les bonifieries ronronnaient paisiblement. Il n'y avait jamais assez de planches pour contenter les demandeurs et Fond-Zombi s'agrandissait et s'embellissait de persiennes aux portes, de cuisines en bois de résolu, de vérandas en adégonde[194] où les gens s'asseyaient, prenaient le frais, devisaient à propos de lune et d'étoiles, riaient, dansaient et poussaient le temps. Dans sa forêt, en compagnie de son nègre rouge, Elie sciait inlassablement et le soir des attelages de boeufs épuisés ramenaient des jeux d'acomat,[195] de courbaril et d'acajou rouge, des poteaux d'adégonde qui s'évanouissaient à peine apparus. Elie répartissait tout cela en chantant comme un merle dans un goyavier,[196] une chanson toujours la même:

Une journée de travail monsieur Durancinée
Une journée de travail
Quelle longue journée monsieur Durancinée
Quelle belle journée
Une journée de travail monsieur Durancinée.

Il n'y avait rien de trop beau, rien de trop cher pour notre case et sur notre lit de fer flottait maintenant le couvre-lit de mes rêves, avec des volants et des fleurs de France, si étranges à mes yeux, et les gens disaient que c'étaient des héliotropes, celles même dont on se parfume le dessous de l'oreille. Je soignais Elie comme une mère soigne son enfant, ses vêtements étaient toujours raccommodés et repassés, pliés dans une commode, et lorsque je lui servais sa nourriture, je ne passais pas directement la louche de laiton[197] à son assiette, je lui présentais son manger sur un plat. Toute la journée, pendant que mon zèbre était dans ses bois, je brassais l'air et le vent, veillais à mon jardin, à mes poules, à mon linge et à mes casseroles et, le samedi, de pair avec la Reine Sans Nom, je confectionnais fleurs de fruits à pain confits et pâtés de crabe que nous déposions à la boutique du père Abel. Tous les matins, quand j'avais récuré ma case, je m'éloignais à petite distance sur le chemin, et subitement je me retournais pour le plaisir de la voir, debout sur ses quatre pierres, une petite case juste à nos dimensions, lointaine, immobile, mystérieuse et familière, comme une tortue endormie au soleil. Après le récurage du matin, mon occupation favorite était la lessive. Je détestais laver en terrine autour de ma maison, gaspiller l'eau de mes jarres, et pour le moindre petit linge sale je descendais laver à la rivière. J'aimais rincer mon linge en grande eau, et il me semblait, lorsque j'ouvrais un vêtement dans le courant, voir descendre et partir avec la crasse, la fatigue de mon homme, et avec la sueur de mes robes une bonne partie de mes lubies. Le sous-bois de l'Autre Bord me plaisait particulièrement, à cause de ses palmiers entre lesquels croissaient des bananiers sauvages et des cannes congo. L'endroit me mystifiait un peu, comme si, en un temps révolu et lointain, l'avaient habité des hommes capables de se réjouir des rivières, des arbres et du ciel, et parfois j'avais l'impression que je pourrais peut-être un jour, moi aussi, jeter sur l'un des arbres de ce sous-bois le regard qu'il attendait. Un jour, je battais mon linge au milieu du courant lorsque arriva Laetitia, celle que nous taquinions petite fille à propos d'Elie. Elle longeait la rive de sa démarche traînante et souveraine, glissant sur la terre et les pierres et les feuilles comme une couleuvre en vadrouille. Ce n'était plus la petite Laetitia des grands chemins. En un instant, la lumière du sous-bois se fit vacillante et mon coeur se pinça de la voir si belle par-dessus l'onde, me regardant depuis la roche où elle s'était assise comme sur un trône. Avec sa peau épaisse et transparente, violacée par je ne sais quelle sève colorée, elle me fit penser à un nénuphar sur un étang. Elle m'observa un long moment, sans bouger, et puis lasse de me voir laver elle se leva, cassa une canne congo de la rive, l'épluche à grands coups de coutelas, l'aspira et me dit:

– Voilà ce que tu es pour Elie, ma congresse,[198] une succulente canne congo qu'il aspire, mais auras-tu toujours du suc pour le contenter?...Ce n'est pas que je sois jalouse de ta saveur, mais je te le dis: danser trop tôt n'est pas danser...alors un conseil, ne te réjouis pas encore.

Il est probable qu'elle attendit une réponse, attendit sur sa roche, et ne voyant rien venir s'en alla, car lorsque je relevai enfin la tête, Laetitia avait disparu. Il y avait la rivière, les arbres, le ciel et, n'était[199] cette lueur soufrée et maladive du soleil, j'aurais cru à la manifestation d'une de mes lubies de femme bienheureuse. Mais à partir de ce jour ces paroles me hantèrent comme des prophéties, elles se mirent à souffler dans la brise de mer, dans la brise de terre et lorsque la rivière chantait, c'étaient les paroles de Laetitia qu'elle répétait. De guerre lasse, je vins à Reine Sans Nom et lui demandai à quels signes reconnaît-on que le bonheur s'en va. Elle murmura qu'il n'était jamais arrivé sur terre, du moins à sa connaissance, qu'une seule femme ravisse tout le bonheur du monde dans le creux de son corsage, et qu'il fallait que les humains puissent mourir en regrettant la vie. Elle dit encore:

– Nous, les Lougandor, ne craignons pas davantage le bonheur que le malheur, ce qui signifie que tu as le devoir aujourd'hui de te réjouir sans appréhension ni retenue. Tout Fond-Zombi te regarde, et voit que tu es semblable à un jeune cocotier dans le ciel. Tout Fond-Zombi sait qu'il assiste à ta première floraison, alors fais ce que tu dois, c'est-à-dire: embaume-nous, ma fille...

Cependant, les paroles de Laetitia s'insinuaient à travers la brise de mer, la brise de terre, le chant de l'eau et mon âme ne connaissait plus le repos. Mes os s'étaient emplis de plomb et mon sang de fiel, et j'étais devenue tout soupçon à l'égard d'Elie. J'épiais ses gestes, les moindres changements de sa physionomie afin de détecter la trahison, la lassitude ou le détachement, mais en vain. A la fin ce fut son rire qui me parut la chose la plus suspecte, la plus sournoise. Ma nourriture en devenait rance, l'eau que j'avalais avait un goût d'amertume, et parfois il me semblait déceler une telle bassesse, un tel artifice en son frais rire d'enfant que je me méprisais de dormir auprès de cet homme, me regardais comme rien et moins que rien. Manquant de preuves, je ne pouvais m'ouvrir à personne de ma honte, et lorsque je laissais percer le bout de l'oreille, glissant adroitement un mot, une allusion, Elie en faisait aussitôt ses délices, me taquinant sans vergogne. Un soir, je crus l'heure de la vérité arrivée. Il faisait clair, Elie s'en revenait de la forêt suivi d'un attelage tirant des planches, et j'étais derrière mon prunier, à le guetter, lorsque Laetitia l'aborda en pleine rue. Ils se mirent à marcher côte à côte d'un pas tranquille et mon coeur se contracta à la pensée qu'ils ne recherchaient même plus la complicité de la nuit. Laetitia parlait à voix haute comme si elle désirait que la terre entière l'entende...

– Te voilà prévenu, dit-elle, lorsque tu seras lassé des cannes congo, pense qu'il existe des cannes campêches,[200] et peut-être bien que j'en suis une...

Ils étaient maintenant tout près du prunier, et plongeant des yeux inquiets en direction de notre case, dans l'ombre, Elie répondit en un chuchotement:

– Marchandise proposée se dévalorise, madame la vendeuse, c'est la raison pour laquelle je me perds dans les cannes congo...et poussant là-dessus un petit rire énigmatique, il ajouta: ah, là-haut dans ma forêt, je n'entends pas des choses si rigolotes...

A ce moment Laetitia me découvrit et, comme je sortais de l'ombre, elle me lança d'une voix négligente:

– Télumée, mon amie, où est-il écrit qu'un homme est fait pour une seule femme?

Coiffée à quatre nattes, qui lui retombaient dans le dos, elle se drapait dans sa peau comme en un manteau de soie et je la trouvai splendide...

– Laetitia, Laetitia, tu es très belle, c'est vrai, mais tu as la beauté du nénuphar qui vient dans l'eau croupie.

– ...un nénuphar dans l'eau croupie, peut-être, dit-elle en souriant; mais tu as beau être une fleur de coco juchée en plein ciel, quand la brise viendra, tu tomberas.

– Attendons la brise, mon nénuphar, attendons qu'elle se lève.

– A la volonté, fit-elle en haussant les épaules et sur un éclat de rire elle s'en fut d'une démarche glissante, sinueuse et désinvolte, en faisant traîner à chaque pas ses longs orteils contre la terre. Une lueur s'attardait dans le ciel, tournait lentement, comme si le soleil ne parvenait pas à délaisser Fond-Zombi. Je me suis retrouvée sous le regard d'Elie, l'âme vide et légère, un balisier rouge tout droit et j'ai dit à mon coeur...ah, Télumée, tu voulais gémir, ma congresse, mais ton heure de détresse n'a pas encore sonné. Déjà, sans plus attendre, mon homme tirait les planches de l'attelage et les répartissait autour de notre case, chantant:

Télumée quelle belle enfant
Une enfant une canne congo mesdames
Une canne congo au vent
Elle penche et se relève
Elle se relève et penche
Il faut la voir penchée mesdames
La voir seulement penchée mesdames

Chapter 8

Il y avait, dans la perfection de mon ascension, dans sa rapidité et résonance quelque chose d'inquiétant, et d'avoir obtenu en même temps les trois couronnes dont on ne rêve qu'au terme d'une longue vie me rendait perplexe. L'amour, la confiance d'autrui et cette espèce de gloire qui suit chaque femme dans le bonheur étaient des cadeaux bien trop importants pour demeurer sans danger au regard de Dieu. Aussi, il m'arrivait d'être secouée de terreur à l'ombre de mon prunier de Chine, cherchant à savoir la minute exacte où le Seigneur prendrait ombrage de mes couronnes. Mais chaque fois une petite brise accourait, se jouait de ma jupe et de mes manches, de mes nattes, et je me sentais capable de continuer ainsi jusqu'a la fin des temps et c'était comme si j'étais déjà toute préservée, exposée heureuse sur mon lit de mort.

Depuis le soir où Reine Sans Nom m'avait accompagnée à cette case, avait rôti quelques épis de maïs pour justifier ma présence sous le toit d'Elie, il me semblait avoir plongé dans un monde nouveau et c'était comme si je n'avais jamais vécu, jamais encore su vivre. Lorsque Elie me regardait, alors seulement j'existais et je sentais bien que s'il venait un jour à se détourner de moi, je m'évanouirais à nouveau dans le néant. Je le surveillais comme un marin surveille le vent, par beau calme, sachant que tous les navires n'arrivent pas à bon port. Le sentiment que je lui portais retentissait sur toutes les créatures qui passaient sous mon regard, et je m'émerveillais de la maîtrise et de la souplesse avec lesquelles l'homme accomplit sa destinée, si changeante, imprévisible, démesurée soit-elle. La vie tournait, soleils et lunes sombraient et renaissaient dans le ciel, et la persistance de ma joie m'entraînait en dehors du temps. Cependant il y avait les enfants morts, les vieillards qui leur survivaient, et il y avait l'amitié trahie, les coups de rasoir, les méchants se fortifiant de leur méchanceté et les femmes aux vêtements tissés d'abandon, de misère, et tout le reste. Et parfois une longue épine pénétrait lentement en mon coeur, et j'aurais voulu être pareille à cet arbre qu'on appelle Résolu, et sur lequel, dit-on, le globe entier peut s'appuyer avec toutes ses calamités.

Un soir que je me premenais devant ma case, selon mon habitude, une commère me suivit du regard avec tant d'insistance que je lui demandai...petite mère, ressens-tu un tel amour pour ma personne, que tu perdes ainsi sur moi tes yeux?...et la femme de me répondre aussitôt comme si elle attendait ma question, s'y était préparée...qui n'aime pas les libellules et tu es une libellule, et tu ne le sais même pas; tu as su éclairer ta propre âme et c'est pourquoi tu brilles à tous les yeux...

– Petite mère, si tu me crois une libellule, peut-être bien que j'en deviendrai une...

Sur ces mots, j'ai continué ma promenade, me disant que si c'était à ce point visible, le temps était sans doute proche où chaque seconde me semblerait une année entière. L'ombre gagnait le hameau et le soleil disparaissait à l'horizon, une senteur lourde montait dans l'air et par-dessus la montagne, se juchait une demi-lune triste et sans éclat. Un peu plus tard, je trouvai Reine Sans Nom assise dans sa berceuse. Autour d'elle, dans l'herbe, de place en place, des crapauds semblaient à la recherche d'une rosée qui ne tomberait pas. Comme je m'installais sur une pierre, la Reine dit sans me regarder:

– La brise ne se lèvera pas, elle est aussi fatiguée que moi...se lèvera-t-elle cette nuit? peut-être, mais tout le monde sera couché et nul n'en profitera...

– C'est un carême pour les zombis,[201] pas pour les hommes, dis-je pour l'amuser.

– Qu'as-tu à t'inquiéter des hommes, fit-elle en un léger rire, beaucoup sont des zombis et ce carême leur convient parfaitement; mais ce qui me surprend, c'est que tu discernes si bien l'hivernage du carême[202]...te voilà donc de retour sur la terre?

Ce fut mon tour de rire, et, sur cette politesse, je lui rapportai les propos de la commère, lui fis part de mes craintes. En cet instant je regardais la Reine avec envie, j'aurais voulu avoir déjà vécu et en être sur le tard de mes jours, et soudain je lui demandai:

– Qu'est-ce qui est donc naturel à l'homme, le bonheur ou le malheur?

– C'est selon, me dit-elle.

– Comment faire alors, pour supporter...ai-je continué faiblement.

– Ma fille, tu te sentiras la même pareille qu'un défunt, ta chair sera chair morte et tu ne sentiras plus les coups de couteau, et puis ensuite tu renaîtras, car si la vie n'était pas belle, dans le fond, la terre serait dépeuplée. Il faut croire que quelque chose subsiste après le plus grand des malheurs, puisque les hommes ne veulent pas mourir avant leur temps. Quant à toi, petite fleur de coco, ne te préoccupe pas de tout cela, ton affaire est de briller maintenant, alors brille et le jour où l'infortune te dira: me voilà, tu auras au moins brillé.

Nous avions connu bien des carêmes, mais chaque fois, après une période léthargique, où nulle parole empoisonnée n'était émise, Fond-Zombi et ses habitant conjuraient la sécheresse, le chômage, le decouragement, et les cannes reverdissaient, et nous reprenions notre place dans l'orbite du monde et la terre tournait. Mais cette fois tout semblait autre, c'était le début de la saison et les hommes paraissaient déjà à bout de force, épuisés de ne rien faire. Et c'est à peine si quelques nègres se disaient en riant...qu'y a-t-il à faire d'autre, et qui peut empêcher le rire de celui qui va mourir?...

Cette année-là, la disgrâce de Fond-Zombi commença par un hivernage qui surprit tout le monde. Des trombes d'eau s'étaient abattues sur le village, transformant les chemins en torrents boueux qui charriaient vers la mer toute la graisse de la terre. Les fruits coulaient avant de mûrir et les négrillons avaient une petite toux sèche qui faisait mal. Attendons le calme, disait-on, oubliant que mauvais hivernage vaut mieux que bon carême. Et le carême survint, torride, stupéfiant, étouffant porcs et dévastant poulaillers, cependant que les feuilles des bananiers devenaient hachures du vent, oripeaux défraîchis qui striaient l'espace en signe de débandade. Fond-Zombi avait un aspect désertique, et le mal semblait dans l'air la seule chose palpable, que les gens fixaient hébétés des après-midi durant. Les femmes allaient par la rue avec une célérité déconcertante, et à peine pouvait-on deviner leur maigreur, la tristesse de leurs yeux. Elles glissaient comme des ombres et se croisant, elles s'adressaient un salut évasif qui signifiait, de l'une à l'autre...il faut stopper le mal par notre silence et d'ailleurs, depuis quand la misère est-elle un conte?...

Dès le début, avant que les porcs ne meurent, avant que la pépie[203] ne vienne gonfler la langue des poules, avant même cette conversation avec la commère, qui marqua le sommet de mon ascension, j'avais su que l'heure approchait de mon précipice. Elie semblait trouver que le soleil avait terni, perdu de son éclat, et l'on voyait dans son regard que cet homme ne connaîtrait pas l'émerveillement de si tôt. Il ne se construisait plus une seule case à Fond-Zombi, ce n'étaient que masures, huttes de carton, tôles rafistolées, et toutes les planches à vendre s'entassaient autour de la maison, s'amoncelaient comme des bois échoués sur la grève. Elie continuait à monter dans ses bois, tout seul, par pure obstination, mais il ne chantait plus guère en étalant ses jeux de courbaril et d'acajou rouge. Après une grande lampée de rhum, il errait dans la cour, examinant minutieusement chaque planche, et puis il étendait ses bras inutiles dans l'ombre, tâtait ses muscles avec circonspection, le corps penché de droit, de gauche, comme s'il n'arrivait pas à supporter le poids de sa carcasse. Un soir qu'il semblait encore plus triste que d'ordinaire, je me mis à fredonner une petite biguine pour lui rappeler le bon temps. Mais il me regarda d'un air si scandalisé que je m'arrêtai net, cependant qu'il paraissait vouloir me dire: ne te rends-tu pas compte, ma pauvre femme, que l'heure des chansons est terminée?...Le lendemain matin, comme je lui tendais sa vieille gamelle des bois, il la saisit de mes mains avec violence et la jeta par terre, s'écriant:

—Est-ce que tu vois un seul petit poteau de case qui pointe dans les parages, pour te permettre de m'allonger une gamelle?...

La stupeur me paralysait, je ne pouvais détacher mes yeux de la nourriture éparpillée sur le sol où couraient de petites fourmis, déjà. Lorsque je le regardai à nouveau, Elie, l'air sombre, se grattait le cuir chevelu en roulant des yeux égarés vers le ciel, les piles de planches alentour, les arbres au loin, comme s'il ne savait à qui ou à quoi s'en prendre pour déverser sa rancoeur...

– Ah, ah, grogna-t-il faiblement, ce que j'ai toujours craint est en train d'arriver, nous n'habitons plus la terre ferme, Télumée, nous sommes dans la haute mer et les courants et ce que je me damande, c'est si je vais me noyer comme ça, du premier coup...

– ...Et moi, je me demande quel poisson voudra te manger, avec cette peau coriace que tu as, ai-je dit sur un petit ton détaché, rassurant.

– Tu la vois coriace, cependant ne t'y fie pas trop...

Me tournant le dos, il s'en fut lentement vers le village, à la recherche de ces désenchantés qui se réunissaient, maintenant, pour boire, se chamailler, se battre à l'occasion, jouer aux dés leurs économies, laisser se défaire les heures sous ces mêmes vérandas d'adégonde où il n'y avait guère, l'on parlait d'étoiles et du sens de la vie.

De ce jour, il passa le plus clair de son temps parmi les âmes détraquées et meurtries des nègres en chômage, et quand il en revenait, titubant, il ne voulait prendre aucune nourriture, lançait des jets de salive brunâtre et marmonnait...il y a longtemps...je sciais...mais maintenant j'ai trouvé des amis qui m'aiment, alors aucune importance...Certaines fois, quand il revenait de ces réunions, il en était tout transformé et jetait sur toutes choses un regard mystérieux, pertinent, comme s'il détenait le secret ultime des existences. Je lui enviais ces yeux de rapace qui survole la vie, je convoitais de posséder, moi aussi, le secret qui se divulguait sous les vérandas depuis que Fond-Zombi avait quitté sa place dans l'orbite du monde. Un après-midi, désireuse d'acquérir le même regard que mon Elie, je décidai de me rendre à l'une de ces réunions. Ce jour-là, la troupe des désoeuvrés se tenait de l'autre côté du village, sous la véranda de Mme Brindosier, personne âgée déjà, couronnée de nattes blanches, mais qui aimait à entretenir le mal sur la terre. Assise sur ses talons, elle se tenait un peu à l'écart sous un flamboyant, et les yeux fixés sur la scène, elle admirait le groupe d'infernaux[204] résolus qui juraient, hurlaient et boxaient sous sa belle véranda. De temps en temps, elle se levait, se penchait par-dessus la balustrade...

– D'année en année ça empire, soupirait-elle, les hommes dégringolent davantage et ce n'est pas ça qui les tue...et ses beaux yeux bruns tout pailletés de points d'or s'emplissaient de naïveté.

Me glissant parmi le public, qui se tenait à l'extérieur, contre la balustrade, je cachai mon visage derrière un de ces madriers lisse qu'Elie avait ramenés des bois, quelques années auparavant. Je remarquai d'abord, à l'autre bout de la véranda, ce grand nègre rouge d'Amboise qui survolait la foule d'un regard contemplatif. Puis je fus sensible au tumulte continu qui régnait à l'intérieur, entrecoupé de rauques criées de dés, de provocations incessantes, gratuites. En ce moment, deux hommes s'acharnaient l'un contre l'autre, d'un air résigné et féroce. Elie les encourageait et chantait des airs à boire, la face creuse et les yeux rougis, les veines de ses tempes gonflées de rage et d'impuissance. Soudain il eut un rire dément et le combat cessa, comme devenu impropre à masquer la confusion des esprits et des coeurs.

– Il fait une chaleur d'enfer, dit-il haletant, et moi je crève de froid...

Puis, saisissant une bouteille de rhum, il but à en perdre le souffle, s'arrêta pour prononcer quelques mots, qu'il ponctua d'un long jet de salive brunâtre, comme pour signifier que la parole elle-même n'était pour lui qu'amertume et dégoût.

– Qui de vous peut me répondre, me dire exactement par quoi nous sommes poursuivis, car nous sommes poursuivis, n'est-ce pas?

Amboise sortit de la foule et murmura d'une voix lointaine, ainsi que l'on parle au vent, aux arbres, aux rochers:

– Ami, rien ne poursuit le nègre que son propre coeur...

Une immense déception se répandit sur toutes les physionomies, et Elie s'écria, plein de rage:

– Que me parles-tu de coeur du nègre, lorsqu'il s'agit de mes deux bras et de ma vocation de scieur de long sur la terre...en vérité, Amboise, tu crois avoir emmagasiné toute la sagesse de la terre, et tu n'es qu'un acomat tombé parmi le bois pourri!...

Amboise considéra longuement la face de son ami, son frère des bois:

– Hélas, dit-il enfin, le coeur du nègre est une terre aride que nulle eau n'amendera, un cimetière jamais rassasié de cadavres...

Et venant à moi dans la foule, il m'attira d'une main ferme cependant que les combats reprenaient derrière nous, dans le tumulte de la véranda d'adégonde. Nous traversâmes le village en silence et il me quitta aussitôt ma case en vue...

– Tu as sûrement trouvé ce que tu cherchais, dit-il, et puis il disparut.

Cette nuit-là, Elie rentra encore plus tard qu'à l'ordinaire, et me tirant du lit, il commença à me frapper avec acharnement, sans émettre une seule parole. De cet instant date ma fin et désormais honte et dérision furent mes anges et mes gardiens. Elie revenait au milieu de la nuit et prenant des airs supérieurs...je suis une étoile filante, négresse, je fais ce qui me plaît et voilà pourquoi tu vas te lever, faire chauffer mon repas sans me donner le temps de battre mes deux paupières. Je ne criais pas sous ses coups, soucieuse uniquement de mettre mes bras en croix afin de préserver mes yeux et mes tempes. Mais cette attitude décuplait sa furie et il me tannait de toutes ses forces en répétant...pour toi six pieds de terre et pour moi le bagne, ma congresse. Ma peau se couvrit de bleus et de mauves et bientôt nul carré de ma chair ne fut présentable. Je commençai alors à fuir la lumière du jour, car la misère d'une femme n'est pas une tourmaline qu'elle aime à faire étinceler au soleil. Tous les soirs, à la nuit tombante, je glissais ma peau violacée dans les ténèbres et me traînais jusque chez Reine Sans Nom. Elle me faisait m'étendre, allumait une chandelle des douleurs, chauffait au creux de sa main l'huile de carapate dont elle me massait doucement:

– C'est une abomination, soupirait-elle en me frottant les membres, il devrait te renvoyer plutôt que t'abîmer ainsi; mais ce sont des choses qui ne restent jamais impunies, et je suis sûre qu'il trouvera son dû...

Son oracle me faisait frissonner.

– Ne le maudis pas, bonne-maman, l'homme se noie et si tu le maudis, il n'en réchappera pas.

Mais elle haussait les épaules et secouant tristement la tête:

– Je n'ai pas besoin de le maudire, femme, il s'en charge tout seul.

Un jour, alors qu'on n'y croyait plus, Dieu fit pleuvoir et la terre fut inondée, les racines abreuvées et avec elles, l'espérance des humains. Bientôt les feuilles de bananiers s'étalaient comme des ailes de moulin et les champs de cannes moutonnaient en chantant sous la caresse du vent. Peu à peu toutes les vérandas se vidèrent de leurs 'infernaux'. Les yeux écarquillés, les gens se regardaient en silence, non sans une pointe d'admiration mutuelle, et ils allaient maintenant par les rues aussi légèrement que barques sans lest. Autour de notre case, les planches avaient pâli et servaient de nids aux termites, pourrissaient à la pluie. Elie ne reprit jamais plus le chemin de ses bois. C'était un homme accablé, embarrassé de son corps, de son âme, de son souffle. Les gens le regardaient avec gêne et il demeura seul, sans nul ami, avec ce gouffre dans sa poitrine où tout venait s'anéantir. Il acheta un cheval sur notre dernier argent et se mit à fuir Fond-Zombi, hantant les sections environnantes, y semant le trouble et lançant ses fameux défis. Il arrivait à bride abattue au Carbet, à Valbadiane ou à La Roncière, s'installait à une buvette, lampait une pleine roquille de rhum et tout à coup hurlait à la ronde...y a-t-il un homme parmi vous? en moins de trois reprises, je le retourne dans le ventre de sa mère...Ainsi allant, il acquit le titre de Poursuivi définitif et le père Abel lui-même disait: je revendique la tête d'Elie, son corps, ses membres, et même la flûte de roseau qu'il a entre les jambes, mais je ne revendique pas son coeur...ah, l'abîme des poursuivis est en lui et tel qu'il est lancé, il passera les trente-deux communes de Guadeloupe et leurs hameaux et bientôt la terre entière lui paraîtra trop petite pour serrer son corps!...

Quand il revenait de ces randonnées, Elie me traitait de nuage noir et jurait qu'il me dissiperait. Et puis il avait des violences étranges, des cruautés choisies qu'il appelait ses caprices, ses petites joies. Certains jours il pleurait, hagard, venait à moi la bouche ouverte comme pour me parler de trêve, de choses anciennes qui pouvaient revenir. Mais rien ne sortait de ses lèvres, il ne faisait que regarder le ciel avec résignation, reprenait la route au bout de quelque temps. Un soir qu'elle me frottait d'huile, je demandai à Reine Sans Nom:

– Bonne-maman, est-ce qu'il ne sent pas que je l'aime?

– Au point où il en est, ma fille, ton amour ne lui sert de rien et la terre entière pourrait l'aimer que cela ne lui servirait de rien. Hélas, si seulement les hommes pouvaient aimer non pas avec la moitié de leur coeur, mais avec l'organe tout entier que le Seigneur nous a donné, personne ne mériterait de mourir...mais tu le vois, nul n'est immortel et c'est ainsi que la terre roule...

Ma lassitude devint extrême et je me sentis rassasiée de vivre, soûle et enflée de malheur. Elie me frappait maintenant sans aucune parole, sans aucun regard. Un soir, je sombrai dans le néant. J'entendais et n'entendais pas, je voyais et ne voyais pas et le vent qui passait sur moi rencontrait un autre vent. Quand il était las de m'avoir battue, Elie s'asseyait sur une chaise, la tête entre les mains et s'ingéniait à se constituer des idées, des sortes de barricades, de fossés qui le séparaient irrémédiablement de moi, de lui-même, de la terre entière. Il se tenait ainsi des heures durant dans l'immobilité totale, en l'unique préoccupation d'opposer à chaque meurtrissure de la vie une pensée encore plus trouble et plus perverse, sans que jamais la joute lui soit favorable. Il s'en allait, revenait, repartait et ne me regardait plus. Je restais assise à l'ombre de mon prunier de Chine, inexistante et alanguie, et quelquefois je m'endormais sous l'arbre dans un rêve de bulle qui emplissait ma chair, n'élevant au ciel. Les gens qui passaient me considéraient un peu comme un fantôme en apparition. Ils prenaient avec moi les précautions dont on use avec un esprit incarné, et les conversations à l'approche de ma case se fondaient en un murmure prudent, indistinct. Enfants ou grandes personnes, tous semblaient craindre de m'effrayer et de provoquer mon envol. Seuls aboyaient quelques chiens en errance, et leurs jappements eux-mêmes ne faisaient que confirmer la multitude, accréditer l'idée que je m'étais transformée en zombie que les chiens reconnaissaient.

A présent j'entendais et n'entendais pas, je voyais et ne voyais pas et le vent qui passait sur moi rencontrait un autre vent.

Chapter 9

La femme qui a ri est celle-là même qui va pleurer, et c'est pourquoi on sait déjà, à la façon dont une femme est heureuse quel maintien elle aura devant l'adversité. J'avais aimé ce dicton de Reine Sans Nom, autrefois, mais il m'effrayait aujourd'hui, sous mon prunier de Chine, et surtout il me déchirait l'âme car je voyais clairement que je ne savais pas souffrir. Au temps de mon ascension, j'avais su montrer comment être heureuse et voici qu'à mon premier fardeau je succombais. Pourtant je le savais bien, seule est à plaindre qui n'a pas rempli la jarre de sa vie à la saison des pluies, et n'était-elle pas pleine de toutes ces années avec Elie, ma jarre?...Cependant que je me parlais ainsi, nulle consolation ne me venait et j'ouvrais les yeux tout grands sur moi-même, et le soleil se couchait et la nuit tombait là-dessus, et le même soleil se levait le lendemain et je voyais maintenant qu'aucun fil ne reliait plus ma case aux autres cases. Alors je m'allongeais à même le sol et m'efforçais de dissoudre ma chair, je m'emplissais de bulles et tout à coup je me sentais légère, une jambe m'abandonnait puis un bras, ma tête et mon corps entier se dissipaient dans l'air et je planais, je survolais Fond-Zombi de si haut qu'il ne m'apparaissait plus que comme un grain de pollen dans l'espace. Mais j'atteignais rarement un tel bonheur et c'est à peine si je parvenais à contempler avec sérénité ma vie pillée, à peine si elle évoluait devant mes yeux à la manière d'un rêve anodin et important, mystère douloureux qui m'étonnait, m'échappait...en vérité je gardais l'espoir qu'Elie me reviendrait, que son âme boueuse se décanterait...il arrive aux eaux boueuses de couler avec majesté, et si elles se décantent, rien n'est plus clair et plus profond et c'est ce moment-là que j'attendais, cet homme que je guettais.

Maintenant, Elie disait à qui voulait l'entendre, sur le ton de l'indulgence...Télumée est un grand vent et si elle courtise les nuages, qu'y puis-je? Il appliquait scrupuleusement sa maxime, ne venant plus à la case que pour tailler les herbes de la cour, qui montaient parfois à hauteur d'homme. Si j'étais dans l'herbe à planter, il déplaçait mes jambes de la pointe de son coutelas et hachait l'emplacement en silence, sans un regard pour ma personne. Il se hâtait, mettait le feu à l'herbe verte et repartait comme il était venu, son beau visage écairé d'un sourire imprécis, gêné. J'aurais pu devenir poisson écumant ou chien sans pattes, sans que la moindre lueur d'intérêt apparaisse dans ses yeux, c'était comme si je pourrissais déjà sous terre et je me disais en moi-même...voilà comme on trompe son monde, on me croit vivante et je suis morte. Je ne savais plus où il vivait, dans quelle écuelle il se nourrissait, ni quelles mains lavaient et repassaient ses vêtements. Il avait abandonné le rhum pour l'absinthe qui mettait entre lui et le reste du monde un voile de la même couleur, trouble, mouvant et incertain dans lequel il avançait. Un soir, sautant de son cheval, il s'engouffra dans notre case, s'affala à la table et prenant sa tête dans ses deux mains, ferma les yeux. J'allumai la petite lampe de verre rose que nous avait donnée la Reine et à sa lumière, je vis qu'Elie était verdâtre cependant que des gouttes de sueur s'écoulaient de son visage. Une vague de tendresse me submergea, c'était comme si je le voyais au milieu du Bassin bleu, enfant, pêchant nos écrevisses, et, m'approchant pour l'essuyer, je lui dis...tu as changé de couleur, mon nègre, serais-tu souffrant?

Soulevant la tête, il ouvrit sur moi des yeux que je ne lui connaissais pas, les yeux d'un autre homme ou étaient-ce ceux d'un diable?...nuageux, tristes et froids, à peine éclairés pas une lueur de mépris:

– Tes seins sont lourds, dit-il lentement, du bout des lèvres, tes seins sont lourds et ton ventre est profond, mais tu ne sais pas encore ce que ça signifie d'être une femme sur la terre, tu ne le sais pas encore, je te dis. Et sur ces propos sibyllins, Elie se leva brusquement, rabattit son feutre devant ses yeux et s'évanouit dans la nuit...

Sitôt qu'elle entendait le galop du cheval, grand-mère se précipitait vers ma case pour voir si rien n'était arrivé, et puis elle m'ondoyait les membres, massait, à l'occasion, les endroits où avaient porté les poings ou les pieds d'Elie, massait mon front, pour le coeur et l'espérance, et me versait sur les cheveux un petit bain d'herbes macérées destiné à me faire reprendre odeur et couleur aux yeux de mon homme. Grâce à elle je mangeais, je buvais, elle faisait même les commissions de mon ménage, car je ne pouvais supporter que les gens me regardent dans la rue et chuchotent...le voici bien, l'acomat tombé. Depuis toujours, quand le malheur atteint l'acomat et qu'il tombe, qu'il choit dans la poussière, ceux qui jalousaient sa splendeur s'écrient: c'était un bois pourri...et c'est pourquoi maintenant je ne quittais plus ma case, m'accrochant à elle comme le 'crabe honteuse' à sa carapace. Quand Reine Sans Nom m'avait lavée, donné à manger et à boire, nous restions de longues heures à nous regarder en silence, et je posais un doigt sur sa bouche dès qu'elle prononçait le nom d'Elie, car son coeur débordait d'amertume. Je ne voulais pas, je ne voulais pas l'entendre dire que j'avais enfourché un cheval en folie, un nègre mal greffé dans le ventre de sa mère et qui se démontait pièce à pièce, membre à membre. Alors, quand je voyais ses lèvres frémir, je posais un doigt contre sa bouche et nous restions ainsi à regarder les heures, à porter notre charge en silence. Je gardais l'espoir, je me disais qu'on n'a jamais vu la terre rassasiée d'eau, qu'un jour viendrait où Elie aurait à nouveau soif de moi: il fallait seulement que j'attende, que je me tienne prête à reprendre ma vie à l'instant même où elle s'était arrêtée. Mais ce soir-là, après les paroles mystérieuses prononcées par Elie, mon coeur s'enfla tout à coup de désespoir et je demandai à Reine Sans Nom:

– Mais qu'est-ce qui le poursuit donc, bonne-maman, qu'est-ce?...

Grand-mère posa un regard attentif sur un point de l'espace puis sur un autre, sur toute ma personne, enfin, et me fixant de ses beaux yeux las qui semblaient avoir balayé la surface des choses visibles et invisibles, connu eux-mêmes en leur temps l'effroi, l'horreur et le désespoir, elle murmura d'un ton très doux:

– Il y a le bouillon et l'écume du bouillon et voilà ce qui en est de l'homme, écume et bouillon à la fois...mais ce n'est que l'écume du bouillon qui poursuit Elie, rien que l'écume et elle ne tarira pas demain, non...c'est pourquoi je te le dis, si tu ne fuis pas pendant qu'il en est encore temps, elle te submergera...Télumée, mon petit verre en cristal, comme je démêle en ce moment tes cheveux, je t'en supplie de démêler ta vie de la sienne, car il n'est pas dit qu'une femme doive charrier l'enfer sur la terre, et où est-ce dit, où là ça? écoute, un jour viendra où tu remettras ta robe de vie, et tout le monde verra que ton goût n'a pas changé...déjà, il y a un homme qui vient me parler de toi dans ma case, un brave homme qui est en émerveillement définitif devant toi...Tu le connais, je le connais et je peux te dire qu'il t'aime comme un homme sensé aime une terre fertile, une terre qui le nourrit et le supporte jusqu'après la mort...tu vois, parfois le dos meurt pour l'épaule, et l'épaule n'en sait rien; et aujourd'hui je veux que tu saches le nom de cet homme et je m'en vais te le dire...

Surprise, je suis venue à Reine Sans Nom et lui posant un doigt en travers de la bouche:

– Bonne-maman, ai-je murmuré, je t'en prie, assez prononcer de telles paroles: crois-tu que je sois attachée à la souffrance, et que je resterais aux côtés d'Elie si je pouvais agir différemment?...où donc as-tu vu un mammouth comme moi, petite mère, où?

Reine Sans Nom sourit et ses yeux devinrent très clairs, comme si, pour la première fois, elle voyait tout au fond de mon eau et jusqu'au moindre petit caillou posé sur le lit, et, soulevant ses fins sourcils arqués...

– Ma fille, tu as un homme tumultueux qui dort dans les bras des ténèbres, mais qui sait?...peut-être as-tu raison de le dire: les eaux boueuses coulent parfois avec majesté et quand elles se décantent, il n'est rien de plus clair et de plus profond. Hier, je suis montée voir man Cia dans les bois, elle m'a dit qu'un mauvais esprit avait été envoyé contre ta case, pour y mettre la désolation. Pour commencer, l'esprit est entré dans le corps d'Elie et c'est pourquoi les sangs de cet homme se combattent et le démontent pièce à pièce.

Man Cia te fait dire qu'elle ne dort pas dans ses bois et comme Elie s'est démonté pièce à pièce, ainsi elle le remontera. La première chose, c'est de désenchanter la case où tu te trouves, pour que l'esprit n'ait aucune prise sur toi. Je vais m'y mettre dès demain à fumer des herbes qu'elle m'a données, afin que cet esprit s'en retourne dare-dare chez son maître. Tu le sais Télumée, le mal est très puissant sur terre, ce qui germe du coeur de l'homme suffit aux épaules de l'homme, et il n'est pas utile que les mauvais esprits y ajoutent leur fantaisie...

Le lendemain à la première heure, grand-mère se munit de récipients de coco et les disposant autour de ma case, y fit brûler de l'encens, du benjoin,[205] des racines de vétiver et des feuilles magiques qui produisaient une belle fumée verte, lente à se dissiper dans l'air, et qui entoura bientôt ma case d'un halo protecteur. Tandis qu'elle s'activait ainsi, je me tournai en direction du disque rouge de man Cia et il me sembla voir Elie se remonter pièce à pièce, comme elle l'avait prédit. Ah, me disais-je en souriant en mon coeur, il faudra bien qu'il admette qu'une négresse n'est pas un nuage, et qu'il n'est pas un vent assez violent pour dissiper quoi que ce soit. Et déjà, pour la première fois depuis bien longtemps, je prenais un peigne et coiffais mes cheveux en paillasse, les lavais, les lustrais d'huile, me remettais aux soins de mon corps et de ma case qui le jour même reprit son aspect d'autrefois. Mais sur la fin de l'après-midi, averti par on ne sait qui, Elie arriva écumant de rage et renvoyant du pied les coques fumantes,[206] il hurla qu'il ne voulait voir autour de sa maison aucune sorcière; dès à présent, des pièges seraient tendus par toute la savane et malheur à qui la piétinerait. Après cette mise en garde, il se tourna vers moi et s'écria d'un air railleur:

– Tu te crois toujours petite fille au Bassin bleu, mais si tu ne le sais pas, je t'apprends que tu es une grande femme aux seins lourds sous ta robe...et bientôt je te ferai connaître ce que signifie le mot femme sur la terre et tu te rouleras et tu crieras, comme une femme roule et crie quand on la manie bien...Tu essayes de me fuir, négresse marronne sans bois, tu grimpes dans les airs et tu planes, mais tu n'éviteras pas l'homme que je suis et ce ne sont pas des cheveux blancs qui m'effraieront...

Un groupe s'était constitué sur le bord de la route et Elie lançait ses propos en se rengorgeant, d'une voix assez forte pour être entendu jusqu'à la boutique du père Abel; de temps en temps aussi, il jetait un regard à la dérobée, espérant un signe quelconque de l'entourage, une marque d'admiration ou de mépris. Mais voyant que tel était son désir, les gens lui tournèrent le dos et nous demeurâmes seuls, au milieu de cet espace étrange encore encore parcouru de petites volutes verdâtres. Alors Elie me désigna curieusement du doigt et se mit à rire, disant...un poisson maigre à la renverse dans une assiette, voilà ce que tu es...et tandis que je me tassais d'effroi, il vint à moi le poing levé, décidé à m'éparpiller comme une papaye tombée de l'arbre...

– Où sont passés tes cris et tes larmes, esprit des grands chemins, négresse planante, où sont passés tes cris?...

Désormais, il ne laissa plus passer un jour sans me voir, sans venir me faire connaître ce que signifie une femme sur la terre. Je le voyais arriver de loin, son beau visage empli d'un calme qui se défaisait à mesure qu'il se rapprochait de la case. Et soudain sa bouche se crispait, ses narines frémissaient, une sorte de courroux froid le pénétrait cependant qu'il se jetait sur moi de toutes ses forces, écumant de rage...tu veux me fuir, mon beau corbeau, tu crois que je te laisserai planer dans les airs, mais tu ne courtiseras pas les nuages car je suis là et bien là, et je peux te l'assurer: le ventre de ma mère m'a expulsé, mais il ne se rouvrira plus pour moi. Chaque fois, après son départ, lorsqu'il en avait fini de m'éparpiller corps et âme sur le plancher, j'allais m'allonger dans l'herbe et les yeux fermés, je m'efforçais d'engloutir Fond-Zombi et moi-même au fond de ma mémoire. Mais les voies du ciel m'étaient fermées, je ne pouvais plus prendre les airs pour refuge et j'avais beau baisser les paupières, je demeurais en bas avec mes souvenirs, brassant des cendres éteintes, refroidies, avec le sentiment amer que j'étais loin du compte, la certitude qu'il me restait bien des découvertes à faire avant que je ne sache ce que signifie exactement cela: être une femme sur la terre.

Ainsi allaient les jours pour moi, se grossissant de nouvelles hontes, de peurs inavouables, cependant que mes souvenirs eux-mêmes me quittaient peu à peu, se perdaient dans la brume. Toutes ces belles paroles, toutes ces choses que j'avais cru comprendre étaient arrivées à une autre personne que moi, une chair vivante et non pas cette viande morte indifférente au couteau, une femme qui avait eu le goût de se coiffer, de s'habiller et de regarder vivre les créatures sur terre.

Mais les déboires de l'homme n'ont jamais terni l'éclat du soleil, et les journées rivalisaient de splendeur en cette époque où l'année s'achevait. C'était le temps de l'Avent[207] et des chansons se traînaient, se perdaient, reprenaient de case en case, de morne en morne jusqu'aux confins des bois. Epineuse et en friche, tout au long de l'année, l'âme des nègres s'éclaircissait et lorsqu'ils se croisaient dans la rue, les gens se regardaient malicieusement, certains allant jusqu'à se lancer à la figure...

– La queue du cochon sauvage ne s'empanache-t-elle pas quand on le chasse?

Et la réponse traditionnelle fusait:

– Elle s'empanache tout bonnement, mon nègre, et que sommes-nous d'autre en ce Fond-Zombi, qu'une bande de cochons sauvages à la curée?

Et ils se souriaient avec naïveté, ravis, satisfaits de cette définition. Et ils continuaient pensivement leur route, du pas lent, nonchalant et digne, qu'ils estimaient approprié aux dernières journées de décembre.

A quelques jours de la fête, les gens se mirent à passer et à repasser devant ma case, sans mot dire, afin de me prouver tout simplement qu'il ne pouvait y avoir de coupure dans la trame, et que j'avais beau vouloir voler et devenir grand vent, j'étais pourvue de deux mains et deux pieds, tout comme eux. Et maintenant lorsqu'ils passaient devant ma cour, on eût dit qu'ils prenaient plaisir à rire encore plus fort, certains allant jusqu'à chanter des airs gais, des cantiques de délivrance, avec un enthousiasme tel que je me demandais s'ils chantaient seulement pour eux-mêmes. Ainsi les gens allaient et venaient devant ma case et de temps en temps une femme s'échappait d'un groupe, levait au ciel des bras suppliants et modulait d'une voix aiguë...naissez, naissez pour changer nos destins...et l'entendant j'avais le sentiment étrange qu'elle me lançait un fil dans l'air, un fil très léger en direction de ma case, et il me venait alors un sourire. Cependant les herbes de ma cour poussaient, elles me recouvraient entièrement et je me sentais comme un jardin à l'abandon, livré à ses ronces et ses épines.

Un jour, la veille de Noël, il y eut grand remue-ménage de l'autre côté de la route et j'entendis des cantiques, de légers rires, un bruit d'herbe froissée. Soudain, ces voix humaines, ces rires, ces énergies mystérieuses et apparemment sans but atteignirent ma case, ma savane, le prunier de Chine sous lequel je me tenais assise. Me redressant un peu, je vis Adriana, Ismène et d'autres commères s'installer sur le bas-côté de la route, face à ma cour. Assises en cercle, sur leurs talons, bien droites, tout comme si elles se tenaient dans une case, elles regardaient dans ma direction sans rien dire, comme pour m'habituer à leur présence. Il s'écoula ainsi un long moment, puis elles se mirent à causer entre elles, avec naturel et douceur, s'adressant à l'air même et au vent, et les premières paroles que j'entendis furent...Ismène, nous ne voulons que du rhum coloré,[208] après la messe de minuit...tâche que ton sirop soit comme il faut, petit pou fainéant.

Adriana était assise carrément dans l'herbe, ses bras potelés étendus sur ses genoux. Les femmes autour d'elle s'étaient groupées comme des poussins autour de leur mère. Tout à coup la masse noire de sa tête se tourna vers moi et Adriana prononça d'une voix lente, détachant bien ses mots:

– Savez-vous la nouvelle, mes amies, Reine Sans Nom est malade et bientôt nous entendrons son glas...

Il y eut un silence, et une voix s'éleva sur le ton d'un reproche.

– Reine Sans Nom nous a bien recommandé de ne rien dire...

– Mais non chère, fit une autre voix, ne vois-tu pas que la personne ne peut ni entendre ni comprendre?...et je me demande même si elle reviendra un jour comme autrefois, en chair et en os...

– Oui, tu as raison, quelque chose l'empêche de toucher terre, et elle peut continuer encore longtemps à naviguer dans les airs, sans jamais mettre pied sur aucun continent.

– Vous vous embarquez sur un beau radeau et au bout de quelque temps la peinture s'en va, et le mât et la voile, et le bateau prend l'eau et c'est toujours comme ça, pourquoi, pourquoi ça...?

– Elle avait pourtant un visage bien marqué, les dents de devant séparées, des traits qui appelaient la chance, pour ainsi dire, et je croyais qu'au moins une fois tout se passerait bien, et qu'il y aurait une vie de femme aussi légère et claire que coton blanc, ici, à Fond-Zombi...ah, il finira bien par se lever, le jour où Dieu passera sa corde aux quatre coins de Fond-Zombi, pour le larguer du plus haut des cieux jusqu'au fin fond de l'océan...et c'est le sel qui purifiera et dissoudra tout ça, toute cette abomination entretenue...

A ce moment, Adriana se souleva avec difficulté et je vis son énorme silhouette se profiler entre les herbes, dans la lumière finissante du jour qui donnait à sa masse de chair dressée une allure de granit. Et soulevant comme à regret ses paupières, elle prononça d'une voix rêveuse, empreinte de nostalgie...

– Savons-nous ce que nous charrions dans nos veines, nous les nègres de Guadeloupe?...la malédiction qu'il faut pour être maître, et celle qu'il faut pour être esclave...C'est vrai, tu as raison, Ismène, quelque chose empêche cette petite négresse de toucher terre, et elle peut continuer longtemps à naviguer comme ça, longtemps...Et pourtant moi Adriana je frappe ma poitrine et je vous dis: cette femme abordera.

– Elle abordera, affirma aussitôt Ismène d'une voix candide, elle abordera, elle abordera...[209]

Puis s'adressant directement à moi, depuis l'autre côté de la route, la bonne Adriana lança d'une voix vibrante, pareille à un cri:

– Télumée, cher petit pays, reste bien dans tes herbes, tu n'as pas besoin de nous répondre aujourd'hui; mais une seule chose que je voulais te dire, en ce jour de Noël, tu aborderas.

Ayant dit, Adriana se tourna en direction de la boutique du père Abel et se levant à sa suite, défroissant leurs jupes qui bruissaient, les autres femmes se mirent à caqueter autour d'elle et s'éparpillèrent à travers le village. Je demeurais dans les hautes herbes, sous la petite cage de feuillage constituée autour de mon prunier de Chine. La nuit était proche et, quelque part dans le lointain, des chants s'élevèrent, des voix aigres suppliaient encore...naissez, pour sauver nos destins...et je songeai à cette pile de peine que j'offrais à Reine Sans Nom et au nombre de jupons empesés qu'elle devait revêtir pour que ne transparaisse, ni son amaigrissement, ni son chagrin.

Adriana, me semblait-il, avait dit quelque chose à propos de grand-mère mais quoi?...je ne m'en souvenais plus et seule une vague angoisse montait en moi à cette évocation. De temps en temps, les chants se taisaient et un accordéon prenait la relève, et les sons décousus et mélancoliques m'emplissaient de pitié. Je me demandais alors ce que j'étais venue chercher sur la terre, ce que je faisais sous ce prunier de Chine. Voilà: j'étais allée à la chasse, j'avais perdu le chien et l'agouti,[210] la moitié de mon âme avait 'fondré'[211] et l'autre s'était avilie. La lune avait maintenant paru et sa clarté sereine, scintillante, ternissait et tuait la beauté des étoiles. On voyait toute la campagne comme en plein jour, mais la fraîcheur et le mystère du soir montaient de partout et dans l'herbe luisante, là-bas, sur le bord de la route, les ombres des arbres dansaient au vent. Une large silhouette à deux têtes apparut dans cette lumière de lune. Venue de la boutique du père Abel, la silhouette avançait dans ma direction à la manière d'un esprit, glissant lentement sans toucher terre. Maintenant elle effleurait l'herbe de ma cour et comme elle approchait ainsi, saisie de crainte je fermai les yeux. Soudain, il y eut une rumeur de voix humaines et le visage énigmatique de Laetitia surgit entre les herbes folles, au bout d'un long cou étiré comme le col d'une oie sauvage. Laetitia était penchée sur moi et son bras s'accrochait à la taille d'Elie, cependant qu'elle murmurait d'une voix caressante, alanguie:

– Quel coeur elle a cette petite femme, et comme elle sait bien supporter la misère...

– Que fais-tu donc chez moi, Laetitia?

– Chez toi? fit-elle négligemment.

– Elie, Elie, que fait-elle donc chez moi?

– Tu ne voulais pas comprendre, dit Elie d'un ton ennuyé, les yeux perdus dans un songe, ne t'ai-je pas dit et répété de chercher un trou pour te fourrer, mon pauvre petit crabe sans pinces?...pourquoi es-tu restée dans cette case, comme si tu avais une corde à la cheville, pourquoi?...Je t'éperonnais chaque jour davantage, et tu ne partais pas...

– ...Pourquoi? reprit Laetitia d'une voix aigrelette.

– C'est une petite négresse planeuse, fit alors Elie sur un ton étrange, où se mêlaient la cruauté et la douceur, elle ne voulait pas comprendre, mais peut-être saura-t-elle ce soir ce que signifie être une femme sur la terre.

Et tout à coup saisi par une irritation grandissante:

– Tu es encore là, espèce de crabe sans tête?...tu n'as donc pas de trou sur la terre pour aller te cacher?...il faut pourtant bien que tu disparaisses de cette case, à reculons, boitant ou volant, il faut que tu disparaisses...tantôt...tantôt...

Laetitia écoutait ces paroles les yeux mi-clos, comme on entend une musique céleste; elle vint ensuite plus près de moi et me dit d'un air compatissant:

– Tu vois bien qu'il faut que tu t'en ailles, maintenant...et puis elle ajouta doucement, tout en souriant...mais si tu veux rester quand même, nous te donnerons une couverture et tu t'allongeras au pied du lit, seulement voilà: tâche de remplir tes oreilles de coton, car je crie fort le soir, acheva-t-elle en étirant son beau corps de guitare sous mes yeux.

Elie l'enlaça de fort près, tous deux se mirent à rire et déjà, ils m'avaient oubliée.

Je me suis dirigée en hâte vers ma case, j'ai allumé une bougie et j'ai commencé à rassembler mes affaires dans la nappe de Reine Sans Nom, précipitamment, car je voyais bien qu'il me fallait débarrasser au plus vite ces lieux de mon odeur. Au loin, dans le village, j'entendais le bourdonnement des voix des nègres, et puis s'éleva une musique d'accordéon qui me fit porter les mains à ma poitrine, car elle me perçait le coeur. Il fallait pourtant que je parvienne à regarder tout cela comme arrivant à une autre. Cette pensée m'a consolée et j'ai mis mon balluchon sur ma tête, je suis sortie de la case d'un pas tranquille. Mais au dernier instant, malgré moi, je n'ai pu m'empêcher de dire à Laetitia:

– Alors, vraiment rien ne te plaît sur la terre, excepté ma place et ma case...?

Laetitia parut sincèrement étonnée:

– Petite fleur de coco, dit-elle, navrée, en quel pays les cloches ont-elles sonné pour toi?...ta case, mais quelle case?...tu n'es pas plus ici chez toi qu'ailleurs, et ne le savais-tu pas, déjà, que la seule place d'une négresse sur la terre est au cimetière?...

Elle a souri avec tristesse et je me suis souvenue de la petite fille des grands chemins, l'enfant à tout le monde qui connaissait tous les planchers de Fond-Zombi; mais tout à coup, une terreur panique m'a saisie et je me suis mise à courir, j'ai franchi les hautes herbes et j'ai gagné la route, courant toujours, comme pourchassée par un esprit, dans la clarté de la lune qui maintenant changeait d'aspect, prenait des teintes rougeâtres et se gonflait et se débattait dans le ciel, comme un poulpe assailli. Et puis, parvenue au pont de l'Autre Bord, je me suis sentie lasse et me suis assise sur une motte de terre, tout contre la butée du pont, et j'ai pleuré.

Le soleil n'est jamais fatigué de se lever, mais il arrive que l'homme soit las de se retrouver sous le soleil. Je n'ai pas le souvenir des jours qui suivirent. Je sus plus tard qu'on me vit assise sur une pierre, le lendemain matin, dans l'arrière-cour de Reine Sans Nom, plongée dans une hébétude totale. Je restais là plusieurs semaines, sans bouger, ne distinguant même plus le jour d'avec la nuit. Reine Sans Nom me donnait à manger et me rentrait le soir venu, comme un poussin qu'on préserve des mangoustes. Lorsqu'on me parlait je restais muette, et l'on disait que la parole m'était devenue la chose la plus étrangère du monde. Trois semaines s'écoulèrent ainsi. Pour ne pas faiblir devant moi, Reine Sans Nom partait pour la première fois lancer son chagrin en pleine rue...mon enfant, mon enfant, sa tête est partie, partie...

Un jour, venant à moi sans une parole, elle tira brusquement une aiguille de son corsage et m'en piqua le bras.

– Tu vois bien, dit-elle, que tu n'es pas un esprit, puisque tu saignes...

Et puis levant les bras au ciel, dépliant avec peine ses vieux os, elle regagna sa case. Sur l'instant de la piqûre, penché tout contre moi, le visage de Reine Sans Nom m'était apparu tout aplati, écrasé, sans bouche ni nez ni oreilles, une sorte de moignon informe d'où saillaient seulement ses beaux yeux, qui semblaient exister indépendamment de tout le reste. Un peu plus tard, grand-mère m'entendit qui chantais à tue-tête, debout sur ma roche, chantais si fort que je semblais vouloir couvrir une voix qui chantait en même temps que moi, la voix d'une personne dont je me refusais d'entendre la chanson. Toujours chantant ainsi, je pris en courant le chemin de la rivière et m'y jetai, m'y trempai et m'y retrempai un certain nombre de fois.[212] Enfin, je regagnai toute mouillée la case, mis des vêtements secs et dis à grand-mère...la Reine, la Reine, qui dit qu'il n'y a rien pour moi sur la terre, qui dit pareille bêtise?...en ce moment même j'ai lâché mon chagrin au fond de la rivière et il est en train de descendre le courant, il enveloppera un autre coeur que le mien...parle-moi de la vie, grand-mère, parle-moi de ça...

Chapter 10

Ce qui me remit pour de bon, ce furent toutes ces visites, toutes les attentions et les petits présents dont on m'honora lorsque ma tête revint d'où elle était partie. La folie est une maladie contagieuse, aussi ma guérison était celle de tous et ma victoire, la preuve que le nègre a sept fiels[213] et ne désarme pas comme ça, à la première alerte. Les gens venaient chez Reine Sans Nom, emplissaient la case de leur bavardage, m'apportaient des fruits, des herbes aromatiques, de l'encens pour avoir échappé aux griffes du mal. Et puis ils me regardaient de leurs yeux plissés, comme une qui sort de loin, de très loin...ah, disaient-ils gravement, voici la vaillante bougresse, la négresse aux sept fiels, quatre seins, deux nombrils...bien, bien femme, garde la position et ne va pas acheter une paire de ciseaux pour lui planter dans le coeur, car cet homme-là ne vaut pas une paire de ciseaux. Je riais, j'aquiesçais sans mot dire et toutes ces paroles, ces rires, ces marques d'attention contribuaient à me remettre en selle, à me faire tenir en main les brides de mon cheval.

Parfois d'anciennes pensées montaient en moi, fusaient comme les tourbillons de poussière qui s'élèvent d'une route, après une cavalcade de chevaux sauvages. Alors grand-mère s'essayait à me fabriquer du vent, disait que nous partirions bientôt d'ici, car l'air de Fond-Zombi ne convenait plus à mes poumons. Depuis mon retour, c'était comme si une paire d'ailes lui avaient poussé d'un seul coup, comme si elle allait pouvoir, enfin, s'envoler. Elle était encore un peu lasse de toutes ces émotions et il fallait la mettre sur sa berceuse, car elle n'y arrivait plus toute seule. Mais ses yeux pétillaient, émerveillés d'avance par toutes les belles choses qui nous attendaient...ah, disait-elle, les pommettes avivées d'exaltation, ah les endroits ne manquent pas à la Guadeloupe, et dès que je serai rétablie, nous mettrons notre case sur la charrette d'Amboise et nous la déposerons au morne La Folie, sur les terres de M. Boissanville...je l'ai connu, autrefois, il ne nous refusera pas une parcelle de terrain, et lorsque tes ignames et tes pois donneront, tu seras une femme et demie sur la terre...

Ainsi, au long de ses derniers jours, grand-mère fabriquait-elle du vent pour gonfler mes voiles, me permettre de reprendre mon voyage sur l'eau. Et l'écoutant je devenais la victime de son mirage et voici, j'ajoutais une petite véranda à notre case future, pour le plaisir de voir la Reine se balancer au frais dans sa berceuse, rien qu'à boire le vent. Et les jours passant, j'oubliais que j'étais un acomat tombé, je recommençais à sentir la beauté de mes deux jambes de femme et je marchais. Au début Reine Sans Nom aimait à plaisanter...Télumée, tu marches crochu, mais tu marches quand même...et puis elle cessa de sourire et me fit remarquer que j'avais pris ma démarche de femme...une démarche de femme qui a souffert, finit-elle par dire.

– Et comment la reconnaît-on, lui demandai-je, la démarche d'une femme qui a souffert?...

Et grand-mère de répondre en un souffle:

– ...A un panache tout à fait spécial, incomparable, qui suit la personne qui s'est dit un jour: j'ai assez aidé les hommes à souffrir, il faut maintenant que je les aide à vivre.

Reine Sans Nom avait toujours dit que le jour où elle se coucherait, ce serait pour mourir. Je la suivais en ces projets d'avenir, feignant de la croire invulnérable, et cependant elle déclinait et la chandelle qu'elle avait fait briller pour nous était sur le point de s'éteindre.

Dans un visage qui s'amenuisait, ses yeux avaient soudainement grandi, comme pour capter jusqu'aux moindres nuances des choses et des êtres qui venaient à elle, une poule, l'ombre d'un bambou qui plie au vent, une bruine transparente en plein soleil. Quand elle vous regardait, on avait l'impression de recevoir un petit morceau de sa science, un morceau sans aigreur et sans haine, auréolé d'une certaine gaieté qui vous suivait bien après qu'on l'ait quittée. Un jour, je la trouvai en grande faiblesse dans son lit et toute honteuse de ne pas pouvoir se lever. Des escarres[214] lui étaient venues ces derniers temps, et elle s'en plaignit. Je l'installai sur sa couche et après m'avoir fait tourner et virer devant elle, pour me contempler, ainsi qu'elle l'avait fait ce premier jour où elle me ramena de l'Abandonnée, elle réclama une crème de dictame[215] parfumée à la vanille. Tandis que je remuais les casseroles, soufflais le charbon, écrasais les flocons de dictame, le soir se posa comme une caresse entre les maisons et les arbres, dans la splendeur habituelle des soirées de Fond-Zombi. Etalés sur la blancheur de l'oreiller, humides de sueur, les cheveux de grand-mère entouraient son front ridé, et leurs reflets d'eau pâle, verdâtre, le ceignaient comme un diadème de cristal. Cependant il y avait au fond de ses yeux un air de malice profonde, un soulagement sans bornes, une gaieté qui la rendaient très vivante, plus vivante que jamais, peut-être, telle exactement qu'au temps de sa pleine jeunesse. Après qu'elle eut mangé sa crème, je posai la tête de grand-mère sur mes genoux, et elle me parla de l'équilibre de la nature et des astres, de la permanence du ciel et des étoiles, et de la souffrance qui n'est somme toute qu'une manière d'exister comme une autre. La fenêtre de la chambre était grande ouverte et depuis notre lit, nous pouvions voir le ciel et la pointe extrême de la montagne, encore dans la lumière du soir, qui semblait agrandir toutes choses, nous dévoilant un arbre, une tige de bambou dans son éternité. Se tournant vers moi, grand-mère murmura en un souffle...Télumée, ma petite braise, si tu me vois aussi satisfaite, ne pense pas que je me réjouis tout bonnement de la mort, non...il faut que je te fasse un aveu, voici: il y a trois mois que Jérémie est à mes côtés, il ne me quitte ni de jour ni de nuit...vois-tu, sachant que mon temps allait venir, il n'a pas pu tenir et il est venu auprès de Toussine...

— Où est-il maintenant, est-il dans cette pièce?

— ...Il se tient assis auprès de mon oreiller, et de temps en temps il me caresse les cheveux, il me frotte et lorsque j'ai trop chaud, il me souffle son haleine...

Je sentais la présence de l'insolite, de la mort prochaine mais j'avais beau écarquiller les yeux dans le noir, je ne voyais rien d'inhabituel. Comme nous causions ainsi, dans le bonheur le plus complet, sans penser à rien d'autre qu'à notre joie d'être ensemble, soudain la nuit descendit et enveloppa le désordre de la terre. Alors grand-mère se mit à respirer très calmement, et, après avoir poussé plusieurs soupirs d'aise...

— Tu vois, dit-elle, je vais retrouver mon repos aux côtés de Jérémie, il m'a dit qu'il m'a fait une belle place et je m'en vais la remplir...quant à toi, mon enfant, il ne faut plus que tu restes à Fond-Zombi, il ne faut plus que tes yeux voient cet homme et cette case...ainsi, ton coeur pourra guérir et peut-être ton pied de chance refleurira.

— Il faut donc abandonner mon navire, et le laisser sombrer tout seul, bonne-maman?

— Ah, Télumée Lougandor, ne va pas croire que ton destin est d'entretenir le feu de l'enfer...évite que cela soit inscrit dans le livre de ta vie, car c'est une chose que les humains, le ciel, les arbres ont en horreur...

Je lui promis de laisser la poussière de Fond-Zombi et nous restâmes un long moment sans rien dire, elle en compagnie de Jérémie, et moi cherchant mon coeur de femme, dans l'ombre. Au-dehors, les étoiles semblaient danser autour de la lune, et c'était comme si toute la beauté et la vie même s'étaient réfugiées dans les astres. Le ciel paraissait animé, parcouru d'ondes, d'efflu-ves, et on sentait que c'était un domaine qui excluait les hommes, mais dont la seule existence suffisait à les apaiser. Tout à coup, se mettant sur ses coudes, grand-mère parut pleine d'entrain et se mit à me parler de sa jeunesse, de sa petite mère la négresse Minerve, qui était une sacrée futée, dit-elle...oui, je maintiens que cette femme était taquine, et voici pourquoi...Dans le temps, lorsque Jérémie se mit à me faire la cour, il venait à la maison chaque après-midi, entrait directement à la cuisine et là, les deux complices se racontaient toutes sortes de choses à mon sujet...petite mère ne fut jamais aussi rayonnante qu'à cette époque-là, mon Jérémie entrait dans sa cuisine et ils passaient ensemble des après-midi entiers...Jérémie lui racontait comme il aurait voulu vivre avec moi, il lui disait comment il me trouvait et ce que je représentais à ses yeux...et la pauvre Minerve buvait ses paroles comme du miel, parce que, lui disait-elle, elle voyait bien là que c'était un homme sensé, capable d'apprécier les merveilles du bon Dieu à leur juste valeur... Pourtant, il y avait une chose que je détestais...mon fiancé parti, elle sortait de la cuisine et étalant une jupe large à pois jaunes, cette femme-là me chantait:

J'ai besoin d'un mari pêcheur
Pour me pêcher des daurades

Je ne sais pas si vous le savez
J'ai besoin d'un mari pêcheur

O rame devant il me fait plaisir
O rame derrière il me fait mourir

Reine Sans Nom avait un filet de voix menu, d'une légèreté diaphane, qui faisait presque mal à entendre, mais son visage resplendissait comme au temps jadis où Minerve la chiboulait[216] de cette chanson. Tout à coup, sa voix se brisa et je me mis à pleurer sans savoir pourquoi, par fines larmes qui s'écoulaient silencieuses sur mes joues.

Un soir, je trouvai Reine Sans Nom étendue et tenant son coeur des deux mains, comme on s'éfforce de retenir un cheval emballé. Après un moment, sa respiration se fit plus calme et elle sombra dans une lourde somnolence. Des traînées d'ombre erraient sur le hameau et des nuages menaçaient. Au fond du ciel, une étoile blanche scintillait tel un petit coquillage nacré sur une plage de sable noir, et, subitement, à voir l'étoile, mon chagrin s'allégea. Grand-mère ouvrit des yeux étonnés, et toute ragaillardie par son petit sommeil, elle tenta de s'asseoir. Elle parut sur le point de lancer une de ses petites plaisanteries, mais tout à coup elle retomba en arrière et me fit signe d'approcher, d'approcher encore, un peu plus, au point que je collai mon oreille à sa bouche lorsqu'elle émit...aujourd'hui et demain auront même soleil et même lune, mais je ne serai plus...et, à ce moment précis, elle sourit.

Le coeur me battit de la voir sourire et je lui demandai, sur un ton malgré moi chargé de reproche:

– Alors grand-mère, tu me laisses et tu souris...

Saisissant mon visage, elle posa ses lèvres juste contre le pavillon de mon oreille.

– Ce n'est pas ma mort qui me réjouit tant, dit-elle, mais ce qui la suivra...le temps où nous ne nous quitterons plus, mon petit verre en cristal...peux-tu imaginer notre vie, moi te suivant partout, invisible, sans que les gens se doutent jamais qu'ils ont affaire à deux femmes et non pas à une seule?...peux-tu imaginer cela?...

Parole après parole, le visage de Reine Sans Nom s'amenuisait et je ne savais comment lui dire de se taire, et elle chuchotait à mon oreille, me désignant d'un doigt la bruine qui tombait doucement du ciel...ce ne sont pas des pleurs, mais une légère buée, car une âme humaine doit regretter la vie...et une douceur extrême passa dans sa voix tandis qu'elle murmurait encore...écoute, les gens t'épient, ils comptent toujours sur quelqu'un pour savoir comment vivre...si tu es heureuse, tout le monde peut être heureux et si tu sais souffrir, les autres sauront aussi...chaque jour tu dois te lever et dire à ton coeur: j'ai assez souffert et il faut maintenant que je vive, car la lumière du soleil ne doit pas se gaspiller, se perdre sans aucun oeil pour l'apprécier...et si tu n'agis pas ainsi tu n'auras pas le droit de dire: c'est pas ma faute, lorsque quelqu'un cherchera une falaise pour se jeter à la mer...

J'entendais des rires au-dehors, des voix humaines, il bruinait doucement et je ne pouvais croire que Reine Sans Nom se mourait. Elle ferma les yeux, eut une longue pause et me souffla de mettre de l'eau à tiédir sur le feu, car elle tenait à faire elle-même sa toilette de morte. Sa toilette terminée, je l'habillai de sa chemise de nuit rose, la meilleure, pliée et repassée depuis longtemps, car elle avait toujours voulu arriver en rose dans l'au-delà. Tandis que je lui mettais sa chemise, elle fit un signe de la main pour me dire que le temps passait et j'en fus troublée, car je ne m'étais jamais imaginée que l'on puisse mourir ainsi, avec une telle douceur. Lorsqu'elle fut habillée, coiffée, poudrée, elle sembla vraiment satisfaite d'elle-même et de la terre, ses yeux firent lentement le tour de la chambre et elle dit...Télumée, la peine existe, et chacun doit en prendre un peu sur ses épaules...ah, maintenant que je t'ai vue souffrir, je peux tranquillement fermer mes deux yeux, car je te laisse avec ton panache sur la terre...dès qu'il n'y aura plus de buée sur le miroir, envoie chercher man Cia, elle s'occupera de tout...surtout ne va pas crier, car si tu le fais pour moi, que fera la mère qui reste après son enfant?...et puis ne va pas avoir peur d'un cadavre, ne va pas avoir peur...

Elle remuait encore les lèvres, tentait de parler, mais sa langue s'était faite pesante et elle ne dit plus rien. Sa tête était sur mes genoux et je la caressais. Au bout d'un moment, elle s'assoupit et respira faiblement, de plus en plus faiblement et au fur et à mesure, ses mains, sa poitrine ne bougèrent plus et je sus qu'elle était morte.

Pendant que je balayais, le crépuscule envahissait le ciel et une petite bruine, presque une buée, recouvrait la terre. J'avais toujours entendu dire qu'une bonne âme ne quitte jamais la terre sans regret, et c'est pourquoi cette rosée tombait, une rosée, et non pas une averse, non pas des larmes, une simple rosée. Tout à l'heure, j'étais descendue une torche à la main, pour annoncer la mort de Reine Sans Nom. Tandis que les choses suivaient leur cours, je m'occupai à ranger la maison, à la nettoyer et la parfumer afin que tout soit en bon ordre lorsque les gens commenceraient d'arriver. De temps en temps je regardais grand-mère, mais sans frayeur, me demandant simplement si son âme avait déjà quitté son corps, si elle ne se trouvait pas à mes côtés. Il me venait des pensées calmes, étrangement paisibles, c'était comme si une force entrait en moi et la vie me parut une chose si simple que je n'en revenais pas. Pour la première fois, je me mis à penser à mon existence avec Elie sans chercher à trier, garder le bon et rejeter le reste. Il n'y avait pas deux parts distinctes, elles s'étaient déroulées en une seule et même personne et c'était bien, et cela m'a réjouie d'être une femme sur la terre. Je me suis sentie légère et décidée, j'ai confectionné quelques torches, j'ai allumé les lampes et j'ai accueilli comme il fallait les gens qui commençaient d'affluer pour rendre hommage à Reine Sans Nom. On apportait des tasses, des verres, des marmites, du café grillé, des légumes pour le bouillon de l'aube, et chacun venait se recueillir et contempler le visage de grand-mère. Elle semblait endormie, un vague sourire flottait à ses lèvres et après avoir fait le signe de croix, jeté de l'eau bénite aux quatre coins de la pièce, on se demandait...

– Qu'est-ce qu'elle a bien pu apercevoir, la Reine, pour qu'elle ait ce visage-là, mais qu'est-ce?

Après un court échange de réflexions, certaines femmes tendirent des draps brodés du Vieux-Fort[217] aux cloisons. Les prieuses,[218] l'air affairé, s'installaient de chaque côté du lit mortuaire, commençaient à emplir la pièce de litanies et De profundis. De temps en temps l'une d'elles quittait sa chaise pour disposer une fleur à la cloison et la prière recommençait. Dehors, dans la cour, des hommes dressaient une bâche, installaient tables, tabourets, petits bancs personnels, et quelques commères hachaient menu les légumes de la soupe, tout en bavardant à bâtons rompus:

– Il doit s'en passer des choses dans l'air, aujourd'hui,...c'est Jérémie qui doit être aux huiles ce soir, malgré ça bon Dieu, après tant d'absence...

Sous la bâche, un homme était assis négligemment sur son tambour et d'autres discutaient, riaient fort, buvaient selon leur envie, organisaient des jeux. Il y avait dés, il y avait dominos et il y avait une roche qu'un groupe se faisait passer en martelant un chant âpre et monotone:

Maudit maudit
Même si ta mère est maudite
Dis une prière pour elle

Et la roche passait de main en main, de plus en plus vite, chacun la faisant sonner au sol avant de la donner au voisin.[219] Le rythme se précipitait, le bruit de roche grandissait, la mélodie ne s'entendait plus guère quand un homme se leva et dit:

La reine est morte, messieurs, a-t-elle vécu?
Nous ne savons pas
Et si demain c'est mon tour, est-ce que j'aurais vécu?
Je ne sais pas
Allez buvons un peu

Une brise de mer s'était levée et des nuages clairs envahissaient les hauteurs de la nuit. je m'étais assise sur un banc, en plein milieu de ce branle-bas, et je frappais assidûment une roche contre le bois, pour moi-même, à petits coups appliqués, en m'efforçant de cacher à tous les regards combien je me sentais perdue et déchirée sans le petit fanal[220] de grand-mère.

Adriana surgit et man Cia apparut aussitôt derrière elle, sans torche, en habituée de l'obscurité, portant précautionneusement sous le bras un paquet enveloppé d'un journal. Elle jeta les yeux de tous côtés, les plissa d'un vague contentement et puis:

– C'est comme si la Reine était vivante et surveillait tout de ses beaux yeux blancs de négresse, dit-elle.

Traversant les rangées de bancs, elle salua la société à la ronde et se dirigea vers la chambre de son amie. Elle lui caressa les cheveux, la regarda longuement, étonnée...ah, te voilà et pourtant où es-tu, à présent?...une énigme cette femme-là, fit-elle d'un air souriant.

Il faisait maintenant nuit noire, sans lune et sans étoiles, aucune lumière nulle part, notre case semblait seule au monde, environnée de ténèbres. La flamme des torches vacillait de droite et de gauche, au vent du soir, et les visages prenaient des aspects incertains. Les préparatifs étaient terminés, une sorte de torpeur pesait sur les esprits, nous étions assis en rond, dans le plus grand silence, et nous mettions en balance le poids des morts et celui des vivants et l'incertitude était grande. J'étais entre man Cia et une femme aux yeux recouverts d'une taie bleuâtre, Ismène. Elle était toute menue avec un visage rond, creusé de fossettes, et sa peau très noire s'était délavée avec l'âge, de sorte que par moments elle semblait ne plus avoir de couleur. C'était une négresse contemplative qui prenait ses aises à regarder les gens et, cependant, fermait toujours les yeux en vous adressant la parole, comme si elle ne pouvait tout à la fois parler et apprécier un visage humain. Elle n'aimait guère ouvrir la bouche, aussi fûmes-nous tous étonnés lorsqu'elle dit d'une voix hésitante, interrogative...voir tant de misères, recevoir tant de crachats, devenir impotent et mourir...la vie sur terre convient-elle donc vraiment à l'homme?

Man Cia alluma sa vieille pipe, abaissa ses paupières sur ses beaux yeux de velours fané et dit tranquillement:

– Je frappe ma poitrine devant Reine Sans Nom et je dis: il y en a dont la vie ne réjouit personne et il y en a dont la mort même apaise les humains...voici une belle pierre dans ton jardin, n'est-ce pas la Reine?[221] acheva-t-elle en souriant à bonne-maman.

– Comme sa mort est belle, reprit la petite Ismène, les yeux clos, de son éternelle voix entre rire et larmes...et comme je regrette de ne pas l'avoir connue au temps de sa jeunesse...je vous en parlerais, moi...si je l'avais connue...

Un frisson parcourut l'assemblée et tous les regards se tournèrent vers man Cia qui semblait scruter le passé, éblouie, une main en visière devant ses yeux:

– ...C'est vrai, dit-elle enfin, pour bien connaître la Reine, il faut l'avoir vue à l'Abandonnée, du temps de Jérémie...Elle avait un corps catalogue, deux jambes deux flûtes, un cou plus flexible que la tige d'un réveille-matin...et sa peau, comment vous dire?...Et avec ça toujours à battre ses yeux comme en plein soleil, et c'est pourquoi on se disait à l'Abandonée: Toussine?...en vérité, elle deviendra un arc-en-ciel et marquera l'azur...

– Bien ça, bien ça, la Reine, fit un homme en se tournant vers le lit de grand-mère.

Mme Brindosier était assise près de la porte, en retrait, ses mains sagement posées sur l'ampleur de son ventre cependant que ses grands yeux naïfs se coulaient sur les uns, les autres, passaient de visage en visage, guettant la faille. Estimant son heure venue, elle se carra su sa chaise et émit d'une voix douce, insinuante:

– Le malheur, voyez-vous, c'est que les arcs-en-ciel succèdent aux arcs-en-ciel, et ils ne durent pas plus que les étoiles filantes...si l'on savait qu'on ne ressortirait pas de la calebasse, y serait-on entré?...Je dis que le blâme de Dieu est sur toute créature et en fin de compte pour lui, bonté ou méchanceté c'est tout comme...il te tue.

– Que sont ces histoires de blâme? dit man Cia d'une voix mécontente...si Dieu blâme et s'il tue, qu'il tue...mais ce qu'il ne peut empêcher, c'est qu'un nègre lui montre de quel poids pèse sur la terre, à ses yeux, l'âme d'un autre nègre...En vérité Ismène, l'homme n'appartient pas plus à la terre qu'au ciel...non, l'homme n'est pas de la terre...et c'est pourquoi il regarde, il cherche un autre pays et il y en a qui volent la nuit, pendant que les autres dorment...

Ismène rayonnait et dans son émoi, elle se mit à parler les yeux grands ouverts sur toute l'assemblée, de sa curieuse voix hésitante, interrogative et qui n'était sûre de rien sauf de sa propre insignifiance:

– Ah, man Cia, as-tu déjà aperçu un autre pays au cours de tes vols nocturnes...?

– Hélas, petite chimère, je ne peux rien te dire de tel, mais bien que nous ne soyons presque rien sur terre, je peux t'affirmer une chose: si beaux que soient les sons, seuls les nègres sont musiciens...

Alors nous avons senti l'âme de Reine Sans Nom et nous avons chanté, jusqu'au matin, et nous avons dit ce que fut la Reine, évoqué les moindres événements de sa vie, et l'on sut exactement de quel poids elle avait pesé sur la terre, ici, à Fond-Zombi. Et le lendemain, à son enterrement, juste après la dernière pelletée, nous avons tous pensé qu'elle allait nous mouiller de ses regrets, car des nuages volaient très bas sur le cimetière. Mais ce n'était qu'une feinte, une dernière petite feinte qu'elle nous faisait, et c'est en scintillant dans un ciel rose que le soleil s'est fondu dans la mer, au bout de l'horizon, ce jour-là.

Chapter 11

L'homme n'est pas un nuage au vent que la mort dissipe et efface d'un seul coup. Et si nous autres, nègres des Fonds perdus,[222] vénérons nos morts neuf jours durant, c'est pour que l'âme de la personne défunte ne subisse aucune brusquerie, qu'elle se détache progressivement de son coin de terre, de sa chaise, de son arbre préféré, du visage de ses amis avant d'aller contempler la face cachée du soleil. Ainsi avons-nous causé, chanté et somnolé neuf jours et neuf nuits, jusqu'à ce que l'âme de Reine Sans Nom s'allège du poids de la terre et prenne son envol.[223] Le dixième jour, les gens ont remporté leurs beaux draps du Vieux-Fort, leurs tasses, leurs assiettes et leurs bancs, la dernière fête de grand-mère était finie, toutes les voix se sont tues et je suis restée seule au milieu de la lumière indécise de l'aube, qui jaunissait dans les hauteurs, atteignait par ratés[224] la cime des arbres. Je me suis sentie nue et j'ai trouvé une voix et c'était celle de man Cia...Télumée, ma bougresse, il faut que tu saches que je ne mourrai pas comme Reine Sans Nom, les yeux ensorcelés par la lumière du soleil, car en vérité je suis une aveugle qui ne vois rien des splendeurs de la terre; cependant je te le dis, celui qui t'aime a des yeux pour toi quand bien même son regard est éteint...Montons dans mes bois, femme, ils te réchaufferont et calmeront les regrets de celles qui demeurent...

Ainsi ai-je laissé Fond-Zombi pour suivre man Cia dans ses bois, habiter la case où elle vivait avec l'esprit de son mari défunt, l'homme Wa. Elle jardinait un peu, recevait les malades qu'elle frottait, les Poursuivis[225] dont elle levait l'envoûtement, renvoyait le mauvais sort. Vivant à ses côtés je me sentais moi-même devenir esprit. Chaque matin, je m'éveillais trempée de sueur, résolue à quitter ces bois pour exister dans mon corps et mes seins de femme. Au bout de quatre semaines, je redescendis à Fond-Zombi. Passant devant le prunier de Chine, je vis la case d'Elie déserte, la cour envahie de hautes herbes, à l'abandon. Le père Abel ne fit aucune allusion au départ de son fils et proposa de m'accompagner à la Pointe-à-Pitre, pour demander un carré de terre à M. Boissanville, ainsi que Reine Sans Nom me l'avait suggéré. Il devait lui-même se rendre à la ville pour effectuer des achats et, devant mon peu d'entrain, il consentit à me représenter auprès du propriétaire. Je revins à la case de Reine Sans Nom, en ouvris portes et fenêtres à la volée et commençai de brosser le plancher avec une fougue et un acharnement qui me firent sourire. Le lendemain, l'homme Amboise se présentait devant le seuil de ma case, une très belle igname caplao[226] blanche à la main. J'attendais sa visite, et le voyant debout dans l'embrasure de la porte, très digne d'apparence, avec, au fond de ses yeux, une curieuse petite lueur de ramier pourchassé, je me souvins de ce que m'avait dit Reine Sans Nom sur son lit de mort...ce n'est pas d'aujourd'hui qu'il t'aime, Télumée, et souviens-toi seulement qu'Amboise est une roche qui ne bouge pas, qui t'attendra toute la vie. Cet homme avait été pour moi comme l'ombre d'Elie, au temps où tous deux sciaient des planches dans la forêt. Et tandis qu'il se tenait devant la porte, grand nègre rouge aux yeux inquiets, aux rides profondes, au nez deux tuyaux d'orgue, je souriais en moi-même et me disais qu'au lieu d'inventer l'amour, ces grandes carcasses d'hommes auraient mieux fait d'inventer la vie. Cependant, le nègre Amboise fit un pas en avant, posa doucement l'igname dans mes bras et dit:

– Bonjour, Télumée, que fais-tu de la vie?

– Je n'en fais rien, je la regarde s'enfuir...

– La bécasse blessée ne reste pas au bord du chemin, dit-il.

– Où s'en va-t-elle donc? lui demandai-je.

– Mais oui, où s'en va-t-elle? fit-il en riant.

Puis il ajouta d'un air grave, qui tout à coup m'émut:

– Je voulais seulement te dire...même en enfer, le diable a ses amis.

Il eut un petit rire gêné, tourna les talons, disparut: je ne devais le revoir qu'une semaine plus tard, le jour du transport de ma case au morne La Folie.

L'équipe s'en vint à l'aube, un attelage de quatre boeufs tirant deux longues tringles roulantes sur lesquelles on jucha la case de Reine Sans Nom, après l'avoir vidée de tout ce qui ne supporterait pas le voyage. Sur un coup de fouet l'attelage s'ébranla, la case de Reine Sans Nom se mit en route et traversa le village, suivie de tous ses autres biens terrestres, sa table, sa berceuse, ses deux paniers ronds emplis d'assiettes et de casseroles, le tout porté en équilibre sur la tête des voisins qui m'accompagnaient. Après le pont de l'Autre Bord, le convoi prit une fondrière[227] qui montait droit vers la montagne. En fin de jour, criant, jurant, calant les roues à chaque pause, les hommes amenèrent la case sur un petit plateau d'herbes coupantes avec des bois devant, des bois derrière, et quelques fumées dans le voisinage. La case déposée sur quatre roches, on but, on plaisanta, on décréta que j'étais une chanceuse et sur tout ce tapage destiné à cacher leur tristesse, les nègres de Fond-Zombi déboulèrent la côte du morne, m'abandonnant à la solitude et à la nuit. Tout à coup, une silhouette rebroussa chemin et je reconnus Amboise et une émotion me vint devant sa haute taille, son visage déjà raviné dont les yeux vous regardaient sans amertume. Une gêne profonde passa sur lui et il eut un geste comme pour effacer les rides de son visage, ses cheveux grisonnants qui le séparaient de moi. Puis il sourit et dit tranquillement, sans qu'une parole sorte plus haute que l'autre:

– Télumée, tu as endossé ta robe de courage et j'aurais mauvaise grâce à ne pas te sourire. Mais que vas-tu devenir ici, en ce coin de terre échappé de la main de Dieu?

– Amboise, je ne sais pas ce que je deviendrai, si flamboyant, si mancenillier empoisonné,[228] mais il n'y a pas de milieu et ce morne parlera pour me le dire.

– Ce morne parlera, dit Amboise.

Je le regardai partir et retrouvai sans frayeur les ombres inconnues du morne, car l'incertitude était mon alliée, ce soir.

Le lendemain, après me première nuit de femme libre, je poussai les deux battants de ma porte et je vis que le soleil avait même couleur qu'à Fond-Zombi, et je le laissai rouler dans le ciel, à brûler mon pied de chance ou à le faire étinceler, selon ce qu'il déciderait. Le lieu ou j'avais planté ma case était particulièrement désert et lorsque je regardai à l'orient, par-delà la verte ondulation des champs de cannes, d'énormes troncs de balatas et de mahoganys m'apparurent, formant comme une barrière infranchissable qui arrêtait le monde, l'empêchait d'arriver jusqu'à moi. Deux ou trois cases en bois, une dizaine de huttes de torchis[229] étaient disséminées sur les pentes, dans le voisinage immédiat, au milieu de bosquets d'acacias sauvages et de cahimites, de cocotiers des hauts dont les palmes brassaient continûment l'air.

Le morne La Folie était habité par des nègres errants, disparates, rejetés des trente-deux communes de l'île et qui menaient là une existence exempte de toutes règles, sans souvenirs, étonnements, ni craintes. La plus proche boutique se trouvait à trois kilomètres et ne connaissant nul visage, nul sourire, l'endroit me semblait irréel, hanté: une sorte de pays d'esprits. Les gens du morne La Folie se dénommaient eux-mêmes la confrérie des Déplacés.[230] Le souffle de la misère les avait lâchés là, sur cette terre ingrate, mais ils s'efforçaient de vivre comme tout le monde, de se faufiler tant bien que mal, entre éclair et orage, dans l'éternelle incertitude. Mais plus haut sur la montagne, enfoncées dans des bois profonds, vivaient quelques âmes franchement perdues auxquelles on avait donné ce nom: Egarés. Ces derniers ne plantaient pas, ils ne coupaient pas la canne, ils n'achetaient ni ne vendaient, leurs seules ressources étant quelques écrevisses, des pièces de gibier, des fruits sauvages qu'ils échangeaient à la boutique contre du rhum et du tabac, des allumettes. Ils n'aimaient pas l'argent, et si on leur glissait une pièce dans la main, ils la laissaient tomber à terre, l'air ennuyé. Ils avaient des visages impassibles, des yeux imprenables, puissants, immortels. Et une force étrange déferlait en moi à les voir, une douceur alanguissait mes os et sans savoir pourquoi, je me sentais pareille à eux, rejetée, irréductible.[231]

Le plus mystérieux d'entre eux était un certain Tac-Tac ainsi nommé à cause de son voum-tac, l'énorme flûte de bambou qu'il portait toujours à l'épaule, suspendue pour l'éternité.. C'était un vieux nègre couleur de terre brûlée, avec une figure un peu plate où venaient s'ouvrir deux yeux perdus, qui roulaient sur vous avec surprise et précaution, toujours émerveillés, dans l'étonnement de retrouver bêtes et gens. Il habitait plus loin que les autres, à la tête même de la montagne, une petite cahute[232] logée dans un arbre et à laquelle il accédait par une échelle de corde. Sa petite cahute, sa flûte de bambou, son jardin au creux d'une clairière...il descendait tous les deux mois pour acheter son rhum et il ne fallait pas lui rendre visite, dans l'intervalle, le bougre n'aimait pas ça, ne desserait les dents pour aucune âme qui vive autour de lui, n'avait pas le temps, disait-il. Mais tous les matins, à peine le soleil surgissait-il dans le haut des arbres, qu'arrivaient sur nous des hululements de flûte et c'était Tac-Tac qui s'envolait devant son immense bambou, les yeux fermés, les veines du cou tendues, c'était Tac-Tac qui commençait à parler, selon son dire, toutes les langues de la terre. Et il soufflait de tout son corps par saccades, longue, brève, brève, longue, brève, longue, longue, longue, longue, longue qui traversaient la voûte de la forêt tout droit pour venir s'engouffrer dans nos poitrines, en frissons, en sanglots, en amour et ça vous soulevait comme ça de terre tout droit, quand vous ouvriez les yeux. Et c'est debout qu'il était, debout devant sa longue flûte de bambou et il n'y avait pas moyen de ne pas l'écouter, car ça ne faisait que rentrer: voum-tac, et ça vous retournait dans le même temps que vous ouvriez les yeux, et c'était ainsi, vous ne pouviez rien y faire, Tac-Tac s'envolait devant son bambou après avoir déversé tout ce qui l'avait rempli, tout ce qu'il avait senti, ce matin-là...

Tout au long de la semaine, je tournai et retournai mon lopin de terre, arrachant et brûlant les mauvaises herbes, incendiant les grands arbres sur pied, plantant aussitôt sur le territoire enlevé à la forêt, ensevelissant racines, pois boucoussous, gombos. Et le dimanche, je me mettais en route vers le disque rouge de man Cia,[233] qui me hélait depuis l'aube, là-bas, sur l'autre versant de la vallée...

Au lieu de prendre la route du morne, qui m'obligerait ensuite à remonter par Fond-Zombi, je coupais droit sur les bois de man Cia par un sentier de traverse qui s'insinuait au fil des pentes sauvages, longeait les champs de cannes de l'usine Galba, la raffinerie et ses cuves à vesou,[234] ses quatre gargouilles,[235] sa cheminée blanche dominant un paysage de champs de cannes appartenant à l'usine, de cases appartenant à l'usine et de nègres à l'intérieur de ces cases, apppartenant à l'Usine, eux aussi. Je me dépêchais, à cause de l'odeur de bagasse,[236] de sueur, je franchissais le gué de la rivière et une fois sur l'autre bord, c'était l'ombre bleue des bois de man Cia. Je ne la trouvais jamais dans la clairière, mais une grande terrine de terre cuite m'attendait devant sa case, au soleil, emplie d'une eau violacée par toutes sortes de feuillages magiques, paoca, beaume commandeur, rose à la mariée et puissance de satan.[237] Aussitôt j'entrais dans le bain, j'y lâchais toutes mes fatigues de la semaine, prenant bien soin de réunir mes mains en creux, comme un bol, pour en déverser neuf fois le contenu au milieu de ma tête. Je sortais de la terrine, j'enfilais une culotte et me mettais au soleil non sans jeter, de temps à autre, un bref coup d'oeil à la ronde, dans le cas où les halliers[238] se mettraient à avoir des yeux. Puis je m'habillais, je me coiffais à une glace fixée au tronc du manguier, et soudain j'entendais une petite toux sèche derrière mon dos et sans détourner la tête, je disais...c'est toi man Cia, tu es là?...et elle faisait hem hem du fond de sa gorge, et c'était bien ça, elle était là.

Aussitôt, dans le plus grand silence, nous épluchions des grains de café, déterrions les racines du jour, lâchions quelques bananes bouillies aux poules. Midi arrivait vite, car je me plaisais à travailler auprès d'elle, sous la lumière de ses yeux. Nous nous installions sous le manguier, pour un menu toujours le même, du riz aux haricots rouges qui mijotait depuis l'aube, avec une sempiternelle queue de cochon.[239] Comme elle semblait ailleurs, mastiquait dans un songe, je lui disais:

– Alors man Cia, à te voir, on croirait que tu es à l'agonie?...

Et elle, tranquillement:

– Ce n'est pas que je suis à l'agonie, mais je réfléchis.

Puis elle prenait un verre de rhum, faisait cul sec[240] et claquant la langue de satisfaction, riait à petits coups légers du fond de sa gorge:

– Une vieille comme moi, comme tu me brusques...tu n'as donc pas de respect pour mes cheveux blancs?...

Elle secouait la tête, projetait sur moi le jet douloureux et éblouissant de son regard d'ancienne,[241] et nous nous levions, nous nous promenions dans la forêt où man Cia m'initiait aux secrets des plantes. Elle m'apprenait également le corps humain, ses noeuds et ses faiblesses, comment le frotter, chasser malaises et crispations, démissures.[242] Je sus délivrer bêtes et gens, lever les envoûtements, renvoyer tous leurs maléfices à ceux-là mêmes qui les avaient largués. Cependant, chaque fois qu'elle était sur le point de me dévoiler le secret des métamorphoses, quelque chose me retenait, m'empêchait de troquer ma forme de femme à deux seins contre celle de bête ou de soucougnant[243] volant, et nous en restions là. En fin d'après-midi, nos conversations en venaient à prendre un certain ton, toujours le même, à la fois décevant et mystérieux. La clarté du jour nous pénétrait, la lumière arrivait par ondes à travers le feuillage que le vent secouait, et nous nous regardions, étonnées de certaines paroles, de certaines pensées que nous avions eues ensemble, et soudain man Cia se penchait et me demandait âprement, à brûle-pourpoint...sont-ils arrivés à nous casser, à nous broyer, à nous désarticuler à jamais?...Ah, nous avons été des marchandises à l'encan[244] et aujourd'hui, nous nous retrouvons le coeur fêlé...Tu vois, ajoutait-elle avec un petit rire léger, dissipant, ce qui m'a toujours tracassée, dans la vie, c'est l'esclavage, le temps où les boucauts[245] de viande avariée avaient plus de valeur que nous autres, j'ai beau y réfléchir, je ne comprends pas...[246]

Elle secouait la tête avec fièvre, et ses yeux étincelaient, des petits jets de salive lui venaient à la bouche, comme aux enfants dont la parole se précipite, soudain, avant les larmes. Une tristesse voilait alors la lumière de ses yeux et elle prononçait toutes sortes de phrases mystérieuses, avec cette voix colère et plaintive d'enfant qui était la sienne, parfois, depuis la mort de Reine Sans Nom. Un soir, au moment de mon départ, elle me retint d'un signe de la main...Télumée, dit-elle, ne te frappe pas, ne va pas tomber en saisissement si au lieu de me trouver en chrétien, tu me trouves en chien...

– Pourquoi faire cela, man Cia, est-ce que tu en as déjà tant vu comme femme?

– J'en ai vu et revu comme femme, mais ce n'est pas cela qui irait me faire quitter la forme humaine, c'est seulement que je suis lasse, vois-tu, lasse avec mes deux pieds et mes deux mains...alors j'aime encore mieux aller en chien, carrément...

Je l'embrassai le coeur serré, et je me dis que la solitude ne valait plus rien à man Cia, depuis que son visage prenait ces étranges expressions d'enfant...

Le lendemain, étant chez moi à creuser un sillon de madères,[247] voici qu'un grand chien noir apparaît, avec une queue étonnamment petite pour sa taille. Mon idée n'était pas sur les chiens et les hommes-chiens, et j'ai continué à fouiller ma terre, paisiblement. Le sillon terminé, je dépose ma houe et retrouve le chien juste en face de moi, qui me fixe avec la même curiosité. Je me suis mise en arrêt pour le regarder, lui aussi, et ses yeux m'ont frappé...marron, d'une transparence spéciale, qui me fixaient avec droiture, sans sourciller, comme faisaient ceux de man Cia. Une sueur froide coulait à mon cou et je lui ai demandé avec douceur...chien, ô chien, est-ce que tu passes simplement ta route, ou est-ce à moi que tu en veux?...Et comme l'animal demeurait immobile, j'ai crié...marche, marche...et, cassant une branche au néflier[248] voisin, je lui en ai donné un coup à l'échine. L'animal a poussé un cri, a disparu dans les herbes.

Je suis rentrée dans la petite case, me suis couchée sur le lit de Reine Sans Nom, transpirant et tremblant, pleurant. Le dimanche venu, une force m'a poussée vers les bois enchantés et j'ai trouvé la case vide, les portes et fenêtres ouvertes au vent, et le chien noir couché au pied du manguier qui portait mon petit miroir. Man Cia m'attendait, ses pattes de devant posées l'une sur l'autre, et m'approchant je reconnus ses curieux ongles mauves, striés dans la longueur. Elle me regardait à sa manière habituelle, sans baisser aucunement ses yeux clairs, transparents, avec des petites lueurs ironiques tout au fond. M'asseyant dans l'herbe je caressai ma vieille amie en pleurant...que me veux-tu man Cia, dis-moi que me veux-tu?...et pourquoi t'être mise en chien, puisque vous autres n'avez plus la parole?...pourquoi laisser nos petits causements?...[249] Vois, vois comme tu me fais peur, à te tenir là comme si tu n'étais pas une personne humaine, bien issue d'un ventre de femme...

Tandis que je parlais, ma douleur s'apaisait, s'en allait et je me sentais seulement un peu triste, et c'était comme si je ne me trouvais pas sur terre, à la fraîcheur de notre manguier, mais en un lieu solennel où le temps s'était arrêté, où la mort était inconnue. Man Cia se mit à tourner autour de moi, à me lécher les pieds, les mains, avec délectation, et déjà je m'habituais à sa nouvelle forme et lui disais, souriante...tu es déjà comme ça, man Cia, alors reste comme tu es...dimanche prochain, je reviendrai et je n'oublierai pas de te porter ton boudin...

L'envie me prit d'une de nos promenades habituelles et man Cia me suivit, gambadante, poussant de petits jappements heureux. Un peu plus tard, sur le coup de onze heures, je revins à sa case et fis mijoter un riz aux haricots que nous mangeâmes comme autrefois, à l'ombre fraîche du manguier. Il en fut ainsi les dimanches suivants. J'arrivai à la première heure, avec une petite longe de boudin au manioc, et lui tendant son plat préféré dans une assiette propre, je lui disais toujours...alors tu vois, man Cia, je ne t'ai pas oubliée tandis que toi, où sont mes haricots rouges et mon riz?...et elle de gambader, de me lécher longuement les mains, de m'accompagner partout où j'allais avec, dans ses beaux yeux marron, une sorte d'appel sourd et profond qui me mettait le coeur en débandade. Je lui parlais, je lui racontais les événements de la semaine, je lui disais tout ce que je n'avais pas osé lui dire, autrefois, lorsque je me sentais une petite fille venue sur la terre par erreur. Un dimanche, montant la voir comme à l'ordinaire, avec une petite longe de boudin, je ne la trouvai pas à sa place habituelle sous le manguier. J'allai à sa maison, fouillai les broussailles à l'entour, m'enfonçai dans les bois et l'appelai jusque très tard au milieu de la nuit. Elle s'en était allée, et je ne la revis jamais plus. Peu à peu, les petites bêtes se mirent dans sa case, qui s'abattit un beau jour, dévorée par les poux de bois, les termites, quoi...

Chapter 12

Depuis mon arrivée au morne La Folie, j'étais soutenue par la présence de Reine Sans Nom qui appuyait de moitié sur ma houe, étreignait de moitié mon coutelas, supportait de moitié chacune de mes peines de sorte que j'étais véritablement, grâce à elle, une négresse tambour à deux coeurs. C'était du moins ce que je croyais, jusqu'à ce que man Cia se transforme en chien et disparaisse. Je sus alors que la protection des morts ne remplace pas la voix des vivants. Le marécage était sous mes pieds, c'était l'heure de me faire légère, adroite, ailée, si je ne voulais pas que la vie échoue par la faute d'une seule...

Toutes mes denrées avaient poussé, elles seraient mûres pour la prochaine récolte et je me voyais déjà avec un panier rond sur la tête, descendant au marché de La Ramée. En attendant, les racines du jardin de man Cia me faisaient défaut, son huile, son sel, son pétrole, la boîte d'allumettes qu'elle recevait en échange de ses services de sorcière et partageait avec moi, tous les dimanches. Si je ne voulais pas mourir de faim, avant la récolte, il me fallait rentrer dans les champs de cannes de l'Usine. Mais je craignais la canne plus que le diable, me nourrissais de fruits sauvages qui me jaunissaient le teint et me donnaient des lubies étranges, des hallucinations. Un beau matin, comme j'ouvrais les portes de ma case, je vis une calebasse de riz à mes pieds. Les jours suivants ce furent des malangas,[250] un petit flacon d'huile, et même, deux ou trois graines de tamarin confit. Une nuit, comme je m'étais postée derrière ma case, je vis une silhouette qui traversait furtivement la route, avec des précautions de voleur. Quelques instants plus tard, la forme réapparut sur un rayon de lune, et je reconnus le petit panama à bords courts de la femme Olympe...

Elle habitait en contrebas de ma case, de l'autre côté de la route, et quand elle ne se tenait pas derrière sa porte, je l'entrevoyais vaguement au travers de sa haie bariolée d'arbustes kawala. Ce jour-là, lorsqu'elle revint de la canne, une douceur fut dans mes membres et lâchant ma houe, je descendis la pente qui conduisait à la femme Olympe. Elle se tenait sur un petit banc à l'abri de sa tonnelle, le visage sévère et un peu grimaçant, hautain, comme pour me mettre d'emblée en garde, me prévenir qu'elle n'était pas de mon âge, de ma catégorie, et qu'il ne fallait en aucun cas me croire un objet sur la même étagère. Elle demeurait figée, me détaillait du haut en bas, semblait étudier chacun de mes pas au fur et à mesure que je m'approchais de son banc. Mais ce manège, si déroutant qu'il fût, était à Fond-Zombi la tactique de plus d'une commère, et sans me laisser intimider je me présentai à

Olympe, lui déclinai convenablement mon identité, celle de la femme qui m'avait élevée, enfin lui dis que j'étais venue me renseigner auprès d'elle sur la canne, car je devais commencer le lendemain...

Elle me regarda attentivement:

– Je connais toutes choses, toutes, fit-elle sur un ton singulier, et puis se ravisant presque aussitôt...non, je ne connais pas toutes choses.

Elle semblait m'avoir oubliée, regardait en direction du morne, puis de la montagne, enfin de la mer dont une bande argentée devenait visible aux heures de fin d'après-midi. Soudain elle se leva, pénétra dans sa case et en revint au bout d'un instant, un deuxième petit banc à la main. M'invitant à m'asseoir, elle me dit gravement se nommer Olympe et m'offrit de venir chercher des braises au lever du jour, pour allumer mon feu...elle en donnait à tous, c'était pour elle une sorte de devoir...oui, devoir...insista-t-elle. Et comme je la remerciais, disant que désormais je ferais comme les autres, viendrais chercher ses braises, moi aussi, la glace commença doucement à se rompre entre nous. Projetant sur moi des yeux grandis de curiosité, elle fit d'abord remarquer que j'en étais à mon premier dépaysement, et n'était-ce pas le premier? tandis qu'elle en avait laissé des endroits, avant d'échouer ici sur ce morne, au mitan de la confrérie des Déplacés...ah, ce n'était pas le calme de l'endroit qui l'avait séduite, non plus que la frénésie des nègres, car tous deux voisinaient ici comme partout ailleurs; ce qui lui avait plu, au morne La Folie, c'était la qualité du spectacle...et ça panache, et ça lance des flammes, et c'est tout prêt à affronter les yeux de Jésus-Christ, acheva-t-elle d'une voix admirative, riant doucement à la pensée du beau spectacle que lui donnaient les nègres du morne. Et se penchant vers moi, elle me parla des uns et des autres, de Tasie, celle qui n'envoyait jamais dire,[251] de Vitaline et Léonore, qui habitaient la même case et aimait le même homme, de tous ceux qui lui venaient à l'esprit, les faisant briller à mes yeux avec l'empressement même et la délicatesse, la minutie d'une brodeuse qui déroule son plus bel ouvrage. Enfin, tout à fait rayonnante, elle désigna le rideau de balatas et de mahoganys qui recouvrait la tête de la montagne...mais tout cela n'est rien, chuchota-t-elle, c'est là-haut que se trouve le plus perdu de nos déplacés, l'homme au voum-tac...ah, celui-là peut vraiment dire qu'il connaît toutes les langues de la terre, les langues comme elles doivent se parler, les langues...au moins, quand il prend sa flûte de bambou ce ne sont pas des mots de chien menteur qu'il jette dans l'air, c'est des vérités mêmes qui montent au ciel, je te dis...Et fixant toujours le rideau d'arbres au-delà des champs de cannes, elle murmura comme pour elle-même...et toi, petite fille, que penses-tu des mots?...

Les yeux d'Olympe allaient du ciel à mon visage, des montagnes à mon visage, et finalement elle dit, comme en conclusion à cet examen, que j'avais raison de ne pas considérer la parole. Elle paraissait satisfaite de moi et précisa même que j'étais bien jeune, pour me trouver de plain-pied dans la confrérie. Je la regardais avec surprise, attendant un signe, quelque éclaircissement à ces propos mystérieux, mais rien ne vint. Il allait être nuit et je ne distinguais plus très bien ses traits. Elle n'était plus qu'une silhouette quelconque, dans une attitude un peu figée, sur un banc, et peut-être est-ce la pénombre qui me donna le courage, à nouveau, de lui demander ce qui en était de la canne...

Alors Olympe se leva, emplit un verre de rhum à ras bord et me dit sur un ton d'excuse...ah, la canne...et puis elle but son verre, alluma une pipe et se tut.[252]

Le lendemain, à la nuit encore noire, je descendis chez Olympe qui me donna un peu de braise pour amorcer mon feu, comme elle le ferait durant de longues années, jusqu'à mon départ du morne La Folie. Puis, chacune ayant fait cuire sa gamelle, nous prîmes en silence la route qui descendait vers la vallée, vers les champs de cannes de l'usine à sucre. Nous avancions à la clarté déclinante des étoiles, suivies et précédées de travailleurs qui prenaient le même chemin, en un cortège de fantômes indécis, hagards, où luisait par instants l'éclair d'un coutelas, d'une bouche rieuse dans l'ombre, d'un anneau étincelant à l'oreille d'une femme devant nous, qui avançait d'un pas de somnambule, la tête surmontée d'un panier où dormait encore son enfant. Plusieurs avaient aussi de la marmaille qui suivait en geignant, parfois deux ou trois enfants accrochés à une même jupe et se laissant haler comme des poissons dans l'aube, les yeux fermés, les bouches gonflées de sommeil. Olympe avançait tranquillement, son coutelas tenu à plat sur l'épaule, comme un fusil, une bouteille de rhum sur la tête et les jambes entièrement recouvertes de chiffons[253] assurés par des lianes. J'allais à ses côtés, mais légèrement en retrait, comme pour marquer sa prééminence, et voyant les enfants des cannes je me demandais où étaient les miens, pendant ce temps-là?...dans mon ventre ils étaient, agrippés à mes boyaux et c'est là qu'ils devaient rester, tout au fond de mes intestins, jusqu'à nouvel ordre, me disais-je.

En bas, au fond de la vallée, les champs de cannes ondulaint sous la brise et les coupeurs se mettaient en ligne, pour attaquer la vague d'un seul mouvement de cent coutelas, suivis des amarreuses qui séparaient les flêches, les pailles de fourrage, les tronçons pleins de jus qu'elles ligaturaient hâtivement, réunissaient en piles derrière leurs coupeurs attitrés. Déjà, en bordure du champ, un petit train sucrier filait à pleine charge vers les hautes cheminées de l'Usine qui rougeoyaient dans le lointain. Un contremaître me désigna ma tâche et je me trouvai d'un seul coup plongée au coeur de la malédiction. Les sabres coupaient au ras du sol et les tiges s'affaissaient, les piquants voltigeaient, s'insinuaient partout, dans mes reins, mon dos, mon nez, mes jambes, pareils à des éclats de verre. Sur le conseil d'Olympe, j'avais entouré mes mains de bandages serrés très fort, mais ces diables de piquants s'enfonçaient dans le linge, mes doigts comprimés ne m'obéissaient plus et bientôt je rejetai toutes ces bandes, entrai carrément dans le feu des cannes. Olympe y allait de son coutelas comme un homme et j'amassais derrière elle, courant penchée, ficelant penchée, triant et empilant le plus vite possible, pour ne pas être en reste avec les femmes qui s'exécutaient sans une plainte, autour de moi, anxieuses d'arriver aux vingt piles qui constituent une journée, vingt piles de vingt-cinq paquets, dix mille coups de coutelas, quelques pièces de zinc[254] aux initiales de l'Usine, morue sèche, huile, sel, farine France et rhum de l'Usine, mélasse de l'Usine, sucre brut de l'Usine au prix obligatoire de l'Usine, passe-passe,[255] deux sous pour un. Peu à peu, je me faisais maudite et quelques jours plus tard, je n'attachais plus les cannes mais j'y entrais avec mon vieux coutelas, dans la voltige de piquants et des essaims d'abeilles, de frelons qui se levaient avec le soleil, attirés par les vapeurs lourdes et enivrantes du jus de canne frais. J'allais déjà au même rythme qu'Olympe, je prenais le roulement des hommes et bientôt je sus que les poignets de petite mère Victoire, ceux qu'elle avait mis au bout de mes bras, étaient de fer. Nous arrivions à pied d'oeuvre sur les quatre heures du matin, mais c'est sur les neuf heures que le soleil était assez haut dans le ciel pour tomber sur nous, véritablement, transpercer les chapeaux de paille et les robes, les peaux humaines. Là, dans le feu du ciel et des piquants, je tranpirais toute l'eau que ma mère avait déposée dans mon corps. Et je compris enfin ce qu'est le nègre: vent et voile à la fois, tambourier et danseur en même temps, feinteur de première, s'efforçant de récolter par pleins paniers cette douceur qui tombe du ciel, par endroits, et la douceur qui ne tombe pas sur lui, il la forge, et c'est au moins ce qu'il possède, s'il n'a rien.[256] Et voyant cela j'ai commencé à boire par petites lampées de rhum, et puis par grandes rasades pour aider la sueur à couler, à sortir de mes pores. Et j'ai plié une feuille de tabac et j'en ai bourré ma pipe, et j'ai commencé à fumer comme si j'étais née avec ça dans mon bec. Et je me disais, c'est là, au milieu des piquants de la canne, c'est là qu'un nègre doit se trouver. Mais le soir, quand je rentrais au morne La Folie, la toile à sac autour du ventre, les mains et le visage fendus, je me sentais envahie d'une tristesse légère, souriante, et je songeais alors qu'à rouler ainsi dans les cannes je me changerais en bête et la mère des hommes elle-même ne me reconnaîtrait plus. Je poussais la porte de ma case, je mangeais un peu de chaud, j'allumais un bout de bougie pour la Reine et là-dessus un notre père,[257] j'étais sur ma paillasse à fermer les yeux sur tout cela. Et parfois je ne me déshabillais même pas, tombais comme une pierre. Et le jour se levait, et je reprenais ma route avec la sueur de la veille, les piquants de la veille, et j'arrivais sur la terre de l'usine et je brandissais mon coutelas, et je hachais ma peine comme tout le monde, et quelqu'un se mettait à chanter et notre peine à tous tombait dans la chanson, et c'était ça, la vie dans les cannes. Et de temps en temps je m'arrêtais, histoire de remettre les choses en place, un peu, dans mon esprit, et je me disais souriante déjà, rassérénée...il y a un Dieu pour chaque chose, un Dieu pour le boeuf, un Dieu pour le charretier...et puis je répétais à mon corps, tranquillement: voilà où un nègre doit se trouver, voilà.

Maintenant, le dimanche matin, je descendais au Bourg avec tout le morne La Folie, riant et paradant jusqu'au soir. J'étais déjà dans la misère, je portais mon joug, je tirais et je hennissais et voulait-on que je prenne de la peine pour la misère?...alors c'étaient des rires, sur le parvis de l'église de La Ramée, c'étaient des petites stations réconfortantes dans les buvettes alentour, cependant que le gens de Fond-Zombi rencontrés par hasard me regardaient avec étonnement, suante et décoiffée, scandaleuse, au milieu de ma confrérie des Déplacés, Olympe, Vitaline et Léonore et toutes les autres, que je ne lâchais pas d'un fil. Quand les cloches sonnaient la fin de la messe, Olympe nous attirait du côté de l'église pour effaroucher les bonnes âmes, et gesticulant comme une diablesse, insultant à l'honneur et au respect, elle s'écriait...l'esclavage est fini: aimez-moi, pourrez pas m'acheter...haïssez-moi, pourrez pas me vendre!...et les critiques de fuser, et chacun de dire son mot sur Olympe qui vous démontait une messe comme une vague de fond démonte l'océan. Parfois une voisine, une connaissance de Fond-Zombi faisait mine d'approcher, et puis détournant la tête, au dernier instant, avec un air de douleur sur ses traits. A deux ou trois reprises aussi, je surpris le regard du nègre Amboise posé sur moi, un regard indéfinissable où se mêlaient la raillerie, la crainte et peut-être le souvenir de ce que je fus, autrefois. Il allait pieds nus, comme moi, vêtu d'une chemise et d'un pantalon défraîchis, et rien ne le distinguait du vieux nègre rouge que j'avais connu dans mon jeune temps. Mais je lui trouvais maintenant l'allure d'un prince, la démarche, le port de tête, le nez deux tuyaux d'orgue, le regard sombre et lointain d'un prince même. Et lorsque ses yeux se posaient sur moi, par hasard, je me détournais avec un sentiment de gêne, toute honteuse à la pensée qu'un si beau nègre m'ait aimée. Un dimanche, comme je me tenais assise dans une buvette du Bourg, au milieu de la confrérie des Déplacés, j'entendis la voix d'Amboise qui murmurait dans mon dos:

– Télumée, Télumée, que fais-tu de la vie?

Une douleur très vive monta en moi et je répondis négligemment, pardessus mon épaule, sans tourner la tête vers lui, afin qu'il ne vît pas mon nouveau visage:

– Rien même, Amboise, c'est s'enfuir que je la vois s'enfuir, c'est tout.

– Ecoute, chuchota-t-il, je suis venu pour un causement sérieux...es-tu toujours seule,...pareillement?

– Seule dans ma solitude même, Amboise.

Après un moment de silence, la voix ancienne reprit derrière moi, en un souffle:

– Souviens-toi de ce que je t'ai dit...même en enfer, le diable a ses amis...Et c'est tout bonnement façon de parler, car de nous deux s'il y a un diable, c'est moi...

– Grand merci, Amboise, grand merci pour la parole que tu viens de dire...mais ce qu'il y a, c'est qu'aujourd'hui je suis une femme sans espérance, et je ne sais pas quand elle reviendra...J'avais prononcé ces mots à voix très basse, craignant que les buveurs autour de nous ne remarquent le manège. J'attendis un long moment et n'entendant aucune réponse, je me retournai enfin sur Amboise et vis une chaise vide, une blague à tabac abandonnée sur la table, à côté d'un verre de rhum intact. Je me demandais alors ce qui dans mes paroles avait pu faire fuir l'homme Amboise, et la profondeur de ma déchéance m'accabla tout au long de cet après-midi, tandis que j'enfilais rhum sur rhum et faisais ma scandaleuse, riant et paradant comme jamais. De retour au morne La Folie, je prétextai un malaise et quittai l'assemblée en goguette, rentrai dans ma case, rabattis lentement le bâton qui calait ma porte. Et puis couchée sur ma paillasse, je m'éclipsai du monde pour rejoindre grand-mère, pleine de regret à la pensée de cette lignée de hautes négresses qui s'était éteinte avec son souffle. Mon voilier s'était enlisé dans les sables, et d'où surgirait-il, le vent, pour le remettre à flot?...

Le lendemain, alors que je me tenais bien sagement à **ma** place, sur la terre, au milieu des piquants, j'entendis monter dans le ciel la voix d'Amboise et voici, une amertume me saisit et mon corps me pesa. Et puis l'amertume s'en alla et il ne demeura plus que la surprise d'entendre cette voix monter du milieu des cannes, car Amboise avait toujours dit que ce n'était pas sa sueur qui engraisserait la terre des blancs. Et je désirai le voir, mais je n'osais pas me tourner en direction de sa voix. Là-haut, par-dessus la montagne, le soleil était à blanc et il y avait un bon moment que la coupe avait commencé. Le temps était venu de combattre la sueur, la fatigue, la débandade des âmes et brusquement, Amboise lança un caladja[258] entraînant au-dessus du troupeau:

En ce temps-là vivait une femme
Une femme qui avait une maison
Derrière sa maison un Bassin bleu
Les prétendants y sont nombreux, nombreux
Mais doivent se baigner dans le Bassin
Se baigner pour la femme
Qui la posséda?

Et le choeur de toutes parts, coupeurs et amarreuses, chantait au refrain:

Ces jeunes hommes-là qui s'y baignèrent
Sont à l'estuaire de la rivière, noyés.[259]

Je n'avais pas ouvert la bouche, à cause de l'amertume revenue depuis un instant, et que je craignais de répandre à l'entour, sans le vouloir, de déverser sur les épaules courbées dans les cannes. Mais soudain, je ne sus comment, ma voix me quitta et s'éleva très au-dessus des autres, comme dans les temps anciens, perçante, vive et gaie, et Amboise se tourna vers moi avec étonnement, et mon visage était baigné de larmes. Et l'homme se détourna aussitôt et l'on entendit le chant jusqu'à midi. Et ce fut la pause, et ceux qui habitaient les cases de l'Usine s'en furent, et restèrent ceux qui avaient emporté une gamelle. Je choisis l'ombre d'un fromager, en bordure du champ, et l'homme Amboise me suivit sans rien dire. Une fois sous le fromager, je ramenai les pans de ma robe entre mes cuisses et m'assis sur une roche plate, les jambes repliées de côté. Je posai un coude sur mon genou, je posai la gamelle sur le plat de ma main et de l'autre, je commençai à piocher dans la purée de malanga, du bout recourbé de mes doigts, comme il sied à une femme. Je faisais semblant d'ignorer Amboise et de temps en temps, je secouais doucement la tête, comme pour éloigner quelque chose, une pensée qui revenait mais je ne savais laquelle. Et je me fuyais ainsi moi-même, et mes yeux allaient chercher le ciel, examiner la route. Et Amboise vit mon tourment et il craignait qu'il n'en soit ainsi jusqu'à ma mort. Et c'était le silence entre nous quand il parla de la sorte:

– Télumée Lougandor, les nègres suent tellement que les femmes des blancs en sont fatiguées, rien qu'à voir la sueur...

Aussitôt, l'idée me vint que l'homme avait espoir de me faire rire par ces paroles, bien qu'elles fussent prononcées d'une voix grave et marquée de tristesse. Et cela m'amusa et me déchira en même temps, comme m'avait amusée et déchirée tout à l'heure, dans les cannes, la voix de ce grand nègre rouge qui visiblement ne connaissait pas sa place sur la terre. Et surprise, amusée, déchirée je me demandai s'il voulait me faire rire moi-même, Télumée, Télumée du morne La Folie, ou s'il voulait faire rire une jeune femme sans espérance. Et je me retins de rire, car je n'avais pas trouvé de réponse qui me satisfasse. Et la pause se termina, et nous rentrâmes dans le feu des cannes, pensifs.

Les jours suivants, nous nous assîmes à l'ombre du même fromager, moi sur la roche plate et l'homme à quelque distance, le dos appuyé au tronc lisse de l'arbre. Et nous mangeâmes dans le même silence. Et en ces journées lumineuses, nul ne me dérespecta, comme il arrive, dans les cannes, car le sabre d'Amboise était mon ombrelle. Et puis un beau matin, l'homme déposa discrètement un paquet de ses cannes dans mon lot de coupeuse, et je ne pus retenir mes larmes. Et son chant monta si haut ce matin-là que les comman-deurs à cheval, dans le lointain, s'assurèrent de la présence d'une arme, sous les fontes de leurs selles. Mais j'étais loin de tout cela, loin du soleil, loin des piquants et des contremaîtres, et je me demandai seulement si l'homme avait déposé ce paquet de cannes dans le lot de Télumée, ou s'il l'avait déposé dans le lot d'une femme en détresse, ou pire encore, à mes yeux, si c'était là une manière d'hommage qu'il avait déposé sur le souvenir de Reine Sans Nom. Et c'est pourquoi, plus tard, assise sous le fromager, je coupai le silence avec ces paroles:

– Amboise, je te connais, tu as une nature plus forte que celle de beaucoup d'hommes, mais tu es aussi lâche que tous les hommes.

Amboise ne semblait pas avoir entendu mes paroles, il se taisait, remuait une pensée, examinait ses mains comme pour les prendre à témoin de ce qu'il allait dire...

– Télumée, fit-il soudain, l'air inquiet, Télumée, bel bonheur, tu es plus verte et plus luisante qu'une feuille de siguine[260] sous la pluie et je veux être avec toi, qu'est-ce que tu dis, réponds...

Je regardai longuement Amboise, songeant que si les hommes ont inventé l'amour, ils finiront bien un jour par inventer la vie; et voici que j'allais prendre ma place, que j'allais aider ce nègre à la haler des hauts fonds, la vie, pour la faire remonter sur terre. Cependant, je lui répondis avec une froideur extrême, la voix lente et retenue:

– Amboise, je suis un simple bout de bois qui a déjà souffert du vent. J'ai vu les cocos secs rester accrochés à l'arbre, pendant que tous les cocos verts tombaient. La vie est un quartier de mouton suspendu à une branche, et tout le monde compte avoir un morceau de viande ou de foie: mais la plupart ne trouvent que des os.

Et j'ajoutai avec une difficulté extrême, craignant de perdre entièrement contenance, de voir s'enfuir mon reste de dignité:

– C'est en sachant tout cela, Amboise, mon nègre, que j'accepte ta proposition.

Chapter 13

Nous avons convenu qu'Amboise viendrait à moi dans trois jours, date à laquelle le ciel renaissait et avec lui la lune montante, toujours favorable aux nouvelles unions. Amboise voulait que je vienne à lui, mais je préférais l'attendre sur mon plancher, sous mon propre toit. Je préparai d'abord la case, sapai tous les abords, dégageai le sentier d'accès, lavai et récurai l'intérieur comme on fait d'une personne, une personne propre, mais qui a fait son temps, une femme, non plus une jeune fille. Cependant, j'entraînai mon coeur à se transformer en pierre, car je ne le sentais pas assez dur pour recevoir un homme sur mon plancher. J'attendais de vivre, mais au milieu d'une tristesse très douce qui était peut-être celle de la fin, quand le goût de vivre n'y est plus. Parfois je me voyais au centre de l'arène d'un pitt, en plein milieu du combat, sanglante, tantôt un coq et tantôt l'autre, les éperons, les coups de bec, tantôt l'un, tantôt l'autre, et ces impressions me venaient toujours à l'improviste, dans les moments les plus inattendus, lorsque je me mettais à rire soudain, et trouvais plaisir à entendre mon rire, ou bien lorsque je me penchais sur une verbeine qui poussait au bord de ma case, et trouvais plaisir, subitement, à posséder un odorat...

Le troisième jour, les dernières heures passèrent très lentement. Je m'étais baignée, trempée dans une composition de man Cia, jusqu'à ce que le dernier piquant disparaisse de la surface de ma peau, s'en aille de sous mes ongles. Et puis j'avais lavé, passé mes tresses à l'eau de cacao, j'avais enfilé ma robe des dimanches, mis sur le feu une soupe à congo dont les floc-floc résonnaient à mes oreilles tandis que j'attendais, assise sur une pierre, au seuil de ma case, observais attentivement le fin croissant de lune apparu au-dessus de la montagne. Un silence était sur tout le morne. Devant leurs cases, avertis par l'esprit du lieu, les gens se taisaient, guettaient en direction de la vallée, une main devant les yeux, attendaient eux aussi mon heure. Soudain, un faible son de tam-tam s'éleva et des lueurs de torches apparurent sur les pentes, formant comme une traînée lumineuse qui serpentait le long de la route, atteignait maintenant le morne La Folie. Voisins, voisines allaient au-devant des visiteurs et je demeurais assise sur ma pierre, immobile, à écouter mon sang qui allait à un rythme doux, huilé, chantant. La troupe fut devant la case, Amboise en tête, battant à coups légers un tambour de poitrine. Derrière lui venaient un violon de campagne, un sillac ronronnant et plusieurs chachas[261] agités par les mains d'Ariana, Ismène, Filao et quelques autres de Fond-Zombi. Venant à moi tous m'adressaient un bref salut, juste un signe de la tête, sans plus, comme pour dire qu'ils m'avaient quittée la veille et que ma vie s'était écoulée dans une même eau claire, sans surprises et sans remous, depuis le premier jour où ils m'avaient vue, enfant, dans la case de Reine Sans Nom. Amboise s'approcha en dernier, et je ne pouvais pas le regarder, je demeurais assise sur ma pierre, soudain exténuée, sans forces. Il se pencha, saisit mes mains gonflées et les caressant légèrement il murmura, par feinte:

– Décidément, la femme est une eau fraîche qui tue...

Et puis il ajouta lentement, avec, dans le fil de sa voix, juste ce rien de raillerie qui permet de dire les choses sans en avoir l'air...

– Ah, une femme comme ça, c'est haut comme un pays et si tu sens que tu ne donnes pas la hauteur, mords ta langue et tais-toi...

Les gens se mirent à rire, des verres, des bouteilles s'échangeaient et les diseurs de haute volée coulaient des regards attentifs à la ronde, calculant, soupesant l'assistance afin de ne pas se tromper dans le choix de leurs blagues. Tout était à sa place, la fête pouvait commencer. Amboise se mit à cheval sur un tambour et renversant la tête, il leva son bras droit avec effort, comme si tout ce qu'il avait vu, entendu, tout ce qu'il savait d'aujourd'hui et d'hier se tenait au bout de ses doigts tendus. A cet instant, nous disparûmes aux yeux de l'homme et ce fut pour lui un moment de solitude parfaite. Puis sa main se rabattit avec force, cependant que sa gorge s'ouvrait sur l'appel traditionnel aux esprits, aux vivants et aux morts, aux absents, les invitant à descendre parmi nous, à entrer dans le cercle creusé par la voix du tambour:

Je vous annonce: nous arrivons
Nous arrivons Les Rhoses
Je vous annonce: nous arrivons.

Olympe entra la première dans le cercle, soulevant généreusement sa robe, de chaque côté, comme pour signifier qu'elle ouvrait son ventre, sa poitrine devant l'assemblée. Toute ronde, emplie, elle faisait penser à un fruit à pain frisé et dès qu'elle se mit à danser, elle fut le fruit à pain qu'une gaule a jeté de l'arbre et qui se mit à rouler du haut du morne, dévalant traces et sentiers, descendant et remontant sous un puissant élan, au point de nous faire oublier que la terre sous ses pieds était plate. Sa peau resplendissait, une lumière venait à ses joues pleines et lisses et ses yeux se levaient vers le ciel, en contemplation de la chose qu'ils attendaient depuis toujours. Amboise la suivait à la trace, et lorsqu'elle semblait redescendre sur terre, il imprimait à son tambour une détente qui l'arrachait de nouveau à elle-même, la débarrassait de ses membres, de son corps, de sa tête et de sa voix, de tous les hommes qui avaient piétiné, lacéré, déchiré sa charité. Elle tournait, se baissait, se relevait, d'un geste subtilisait nos tourments, portait nos existences aux nues pour nous les rendre, dépouillées de toute fange, limpides.[262] Et puis l'élan faiblit, elle s'immobilisa au milieu du cercle, haletante, et déjà une autre danseuse la reconduisait avec un petit geste d'amitié, avant de prendre sa place et dire ce qu'il en était d'elle-même et de ses rêves,...la vie qu'elle aurait voulu avoir et celle qu'elle avait eue...

Les appels[263] d'Amboise se succédèrent toute la nuit, les gens entraient dans le cercle et en ressortaient cependant que je demeurais assise sur ma pierre, n'osant résister au tambour de l'homme et n'osant y céder. Au petit matin, Olympe me poussa silencieusement vers le centre du cercle. L'assemblée se tut. Je demeurai immobile devant le tambour. Les doigts d'Amboise bougeaient doucement sur la peau de cabri,[264] semblant y chercher comme un signe, l'appel de mon pouls. Saisissant les deux pans de ma robe, je me mis à tourner comme une toupie détraquée, le dos courbé, les coudes relevés au-dessus des épaules, essayant vainement de parer des coups invisibles. Tout à coup, je sentis l'eau du tambour couler sur mon coeur et lui redonner vie, à petites notes humides, d'abord, puis à larges retombées qui m'ondoyaient et m'aspergeaient tandis que je tournoyais au milieu du cercle, et la rivière coulait sur moi et je rebondissais, et c'était moi Adriana et baissée et relevée moi Ismène, aux grands yeux contemplatifs, moi Olympe et les autres, man Cia en chien, Filao, Tac-Tac s'envolant devant son bambou et Laetitia avec son petit visage étroit, et cet homme qu'autrefois j'avais couronné, aimé, moi le tambour et les mains secourables d'Amboise, moi ses petits yeux de ramier aux aguets, pourchassé, et voici que mes mains s'ouvraient à la ronde, prenant les vies et les refaisant à ma guise, donnant le monde et n'étant rien, une simple spirale de fumée, accrochée dans l'air de la nuit, rien que les battements du tambour qui sortaient sous les mains d'Amboise, et cependant existant de toutes mes forces, de la racine des cheveux au petit orteil de mes pieds.[265]

Ce fut ma première danse et la dernière de la nuit, et sur elle s'acheva ce tambour d'exception. Comme nous regardions partir les gens, debout sur seuil de la case, l'un d'eux poussa un cri léger et désigna un pan de ciel rose qui venait d'apparaître, sur l'éminence la plus élevée de la montagne, au-dessus du volcan. Très vite, la clarté rose occupa une moitié du ciel, tandis que le reste demeurait enveloppé de ténèbres, et voyant cela la personne qui avait crié murmura comme en rêve...et maintenant, que les âmes laides défaillent...

Il y eut des rires, des soupirs étouffés, et sur un dernier salut à la ronde, nous avons refermé sur nous les portes de notre case.

En cette belle saison de ma vie, mon pied de chance était apparu et les jours ressemblaient aux nuits, les nuits ressemblaient aux jours. Nos denrées sortaient bien de la terre, de ce morceau de colline à peine défriché, encombré de roches, de souches qui renaissaient tous le ans, envoyant des surgeons d'un vert lumineux au-dessus des masses calcinées. A la fin de chaque récolte, un envoyé de M. Boissanville happait la moitié de nos produits et nous vivions sur le reste, qui nous donnait l'huile et le pétrole, une robe, un pantalon à l'occasion. Je ne vois en ces années que contentement, bonnes paroles et prévenances. Lorsqu'Amboise me parlait de citrons, je lui répondais en citrons et si je disais coupe, il ajoutait hache. Nous aimions repiquer les repousses, relever les sillons, loger des semences au ventre de la terre. Notre parcelle descendait en pente douce jusqu'au creux du vallon, où coulait un ruisseau baptisé pompeusement du nom de ravine. Au bas de la pente venait une terre noire et huileuse à point, de celles destinées à mettre au jour de longues ignames, sèches et fondantes. La ravine proche nous donnait son eau, l'ombre de ses arbres. Amboise bêchait, cassait les mottes de terre que j'effritai en fine pluie entre mes doigts. D'année en année, ce lieu perdu nous retenait, nous sollicitait davantage. A mesure que notre sueur pénétrait cette terre, elle devenait nôtre, se mettait à l'odeur de nos corps, de notre fumée et de notre manger, des éternels boucans d'acomats vert, âcres et piquants. Un carré d'ignames paccala[266] avait surgi le long de la berge, et tout autout, des centaines de vrilles enroulaient leurs lianes tendres et épineuses, à la manière tourmentée de l'âme qui fournit à l'âme les liens qui la ligotent. Une double bordure de gombos encadrait ces racines et, sur une autre bande de terre, tout à côté, croissaient drument et pêle-mêle malangas, maïs croquants et quelques bananes poteaux et cornes.[267] Le jardin embellissait d'année en année, et nous y passions le plus clair de notre temps. Une hutte en palmes de coco nous accueillait aux heures chaudes, et sur les feuilles des arbres alentour, nos paroles semblaient s'être déposées. Les arbres en paraissaient plus lourds, se mouvaient précautionneusement au vent. Là, sous la hutte, nous parlions de toutes choses passées et présentes, de tout ce que nos yeux avaient vu sur la terre, de toutes les personnes que nous avions connues, aimées, haïes, démultipliant ainsi nos frêles vies, et l'un par l'autre nous faisant exister plusieurs fois. Les années passant, nous savions tout l'un de l'autre, de nos actes et de nos pensées, de nos vides. Nous parlions souvent de la chute du nègre, de ce qui avait eu lieu dans les temps anciens et se poursuivait, sans que nous sachions pourquoi ni comment. Amboise était alors un homme dans la cinquantaine, avec des cheveux blancs parsemés de mèches rousses, et il se dégageait de lui, sous le calme apparent de ses traits, une sorte d'application à retenir un jaillissement interne, un flot tumultueux qu'il contenait de toutes ses forces. Prise de passion, inquiète, je lui demandais si cela comptait tellement, à ses yeux, d'être des nègres dans le bourbier...et se tournant vers moi il murmurait d'une voix qui se voulait paisible, rassurante, dénuée de toute angoisse...Télumée, cher pays, celui qui n'a pas quitté le plat chemin pour tomber dans le caniveau, il ne saura jamais combien il est vénérable...

Déjà la pause s'achevait, nous délaissions la hutte pour retrouver notre travail, sous un soleil qui se déplaçait avec nous-mêmes, nous pistant, s'arrêtant à nos haltes puis reprenant sa course, descendant plus bas, toujours plus bas pour lancer sur nous des sortes de brandons rougeâtres. La sueur ruisselait de nos ventres mais nous ne cédions pas, et puis le soleil finissait par s'épuiser, faiblir. C'était le début d'un après-midi. Rien ne bougeait, les oiseaux se taisaient, assoupis dans les arbres immobiles, d'où ne s'échappait nulle senteur. Par endroits, sur la terre, des croûtes rouges s'ouvraient en craquelures par où sortaient d'inlassables fourmis. Alors nous nous asseyions près de la hutte, à son ombre, et venait ensuite une des heures que je préférais. Je me penchais sur le foyer de pierres, je retirais les racines chaudes de la marmite, taillais sur elles les longs méandres d'un concombre qui mourait à la vapeur. Puis je cueillais des piments mi-verts, en garnissais le bord de chaque assiette, et, assis à même la terre, les genoux détendus et les orteils ouverts à la fraîche, nous commencions notre repas. Des dents de sa fourchette, Amboise entamait une lamelle de racines, la trempait de tous côtés dans la sauce diable, puis la regardait un instant et la portait à son palais, la mâchant bien plus longuement que nécessaire, comme s'il éprouvait quelque gêne, un scrupule à ne plus la sentir, comme si chaque bouchée avait sa propre saveur qu'il était tenu de suivre jusqu'au bout. Ainsi, c'était une grande fête mystérieuse, une incitation muette à la continuation de la vie, sous toutes ses formes, et surtout celles que personne ne peut acheter, tel un ventre content et visité par tous les produits de la terre...En fin d'après-midi, les bêtes rentrées, il se dépouillait de ses vêtements en loques, rudes et épais, couleur de notre terre, les pliait et les déposait sur le dôme d'un jeune oranger, et, nu dans le jour finissant, il m'attendait. Et c'était là une autre heure que j'aimais, car ses muscles au repos m'espéraient et je venais à lui, je l'arrosais d'une eau parfumée à la citronnelle que j'avais eu soin de mettre à tiédir au soleil, depuis le matin. L'eau coulait en murmurant contre son corps et l'odeur de l'eau pénétrait l'air, qui s'imbibait comme de verdeur, tandis qu'Amboise s'ébrouait et faisait de longues giclées qui me transperçaient, me mouillaient, m'emportaient. Chaque jour, j'endossais ma robe de cannes, ma seconde peau, deux sacs de farine assouplis par les lessives et tout imprégnés de ma transpiration. C'était une chose informe, sans vie, retenue à ma taille par un madras de la Reine, celui aux grands carreaux jaune pâle de soleil au déclin. Je pliais ce madras en biais, juste au niveau de mes reins, afin qu'il les soutienne quand je me baisserais, au long du jour, semant et sarclant. Je n'avais aucun talent pour me coiffer au goût du jour, à la montée ou bien à l'embusquée, et chaque matin ma tête s'emplissait de nattes que je m'efforçais de séparer le plus bellement possible, avant de les arranger en couronne. Ainsi parée, assise à l'ombre de la case, je craignais le regard d'Amboise et que ne s'y glisse quelque regret, une déception. Mais il me devinait toujours, il renversait la tête pour recevoir une brise de terre qui se levait, avec le soir, et puis me gratifiant de son regard savant, passionné, innocent, il me disait combien il me trouvait belle dans cette robe à ma forme, sans fard ni mode...car ce sont les cadavres, ajoutait-il souriant, ceux qui ont quelque chose à cacher, que l'on apprête et grime...

Il était né à la Pointe-à-Pitre, dans une petite case qui abritait trois générations de nègres, jusqu'à l'ancienne qui avait connu l'esclavage et montrait un sein marqué aux fers de son maître. Dans sa jeunesse, il avait travaillé à l'usine de son maître. Dans sa jeunesse, il avait travaillé à l'usine du Carénage, déchargeant des trains de cannes venus de la Grande-Terre, et, un jour de grève, sans trop savoir pourquoi, il s'était élancé à la gorge d'un gendarme à cheval qui galopait dans la foule. Il n'aimait guère évoquer son séjour en prison. Au début, semble-t-il, les bastonnades l'avaient cabré et puis il s'était assoupli, en était venu à considérer d'un autre oeil sa position de nègre sur la terre. Son compagnon de cellule lui avait expliqué le monde, disant gravement...mon cher, un blanc est blanc et rose, le bon Dieu est blanc et rose et où se trouve un blanc, c'est là que se tient la lumière. Déjà, dans la bouche de sa grand-mère, Amboise avait appris que le nègre est une réserve de péchés dans le monde, la créature même du diable. Mais en prison, la tête fêlée par les bastonnades, les sermons du dimanche, les propos de son compagnon de cellule, il avait fini par avoir le souffle coupé devant 'la noirceur' de son âme et s'était demandé ce qu'il pourrait bien faire pour la laver, afin que Dieu le regarde, un jour, sans dégoût.[268] Et c'est ainsi, me dit-il amusé, qu'il eut l'idée de venir en France où il vécut sept ans.

Il n'aimait pas non plus parler de la France, craignait que certains mots, certaines descriptions n'aspirent l'âme des gens, ne l'empoisonnent. En ce temps-là, les nègres étaient rares à Paris et se concentraient dans les deux ou trois hôtels qui ne faisaient pas d'histoires. Son hôtel comprenait surtout des musiciens d'orchestre, des serveurs de café, des danseuses, et même il y en avait un qui gagnait sa vie à faire carrément le nègre, dans une cage, s'agitant comme un dératé et poussant des cris et c'était ce que ces blancs-là aimaient voir, selon Amboise. Quant à lui, n'ayant pas de talent particulier, il mettait des petits bouts de fer dans des sortes de trous, du matin au soir. Au commencement, il était entré en admiration devant la force d'âme des blancs qui avaient tous un air de solitude, se suffisant tous à eux-mêmes, comme des dieux. Les premiers mois, le plus pénible était qu'il ne se sentait nullement obligé de vivre, qu'il pouvait disparaître à tout instant sans qu'on s'en aperçoive, puisqu'il ne maintenait rien, n'équilibrait rien ni en bien ni en mal. Mais au bout de deux ou trois ans, il eut l'impression de se trouver à l'intérieur d'un cauchemar, un de ces cauchemars qu'il faisait dans son enfance après certains récits du soir. Dès qu'il sortait de cet hôtel, il lui semblait traverser des lieux peuplés d'esprits malins, étrangers à sa chair et à son sang et qui le regardaient passer avec la plus parfaite indifférence, comme s'il n'existait pas à leurs yeux. Maintenant, il en était tout le temps à parer des coups invisibles, que ces gens-là, à ce qu'il paraît, vous donnent sans y penser. Il avait eu beau aplatir ses cheveux, les séparer d'une raie sur le côté, acheter un complet et un chapeau, ouvrir les yeux tout grands pour recevoir la lumière, il marchait sous une avalanche de coups invisibles, dans la rue, à son travail, au restaurant, les gens ne voyaient pas tous ses efforts et qu'il lui fallait tout changer, tout remplacer, car quelle pièce est bonne dans un nègre?...voilà ce que se demanda Amboise, durant les sept années de son séjour en France. Il ne sut jamais dire ce qui se passa en lui et comment il en vint, sur la fin de son séjour, à considérer les blancs comme des bouches qui se gavent de malheur, des vessies crevées qui se sont érigées en lanternes pour éclairer le monde. Quand il revint à la Guadeloupe, il aspirait seulement à aller pieds nus au soleil, à prononcer les paroles d'autrefois, dans les rues de la Pointe-à-Pitre...comment tu te débrouilles, le frère?...ne va pas lâcher prise, maintiens-toi avec fermeté, car le combat est raide mon vieux, raide tout bonnement, le frère...c'était cela son rêve, et puis de se plonger dans l'eau profonde des femmes d'ici, de caresser nos courtes chevelures en crise et qui ne grandissent pas. Il avait lavé sa tête de toutes idées blanches, mais il n'en gardait nulle amertume. Ces gens-là étaient d'un bord et lui de l'autre, ils ne regardaient pas du même côté de la vie, pas plus que ça, le frère...

Au bout de quelques semaines, il avait repris sa vie d'antan, ses habitudes, son petit job au Carénage et il faisait le silence le plus complet autour de la France et des blancs, évitait même de regarder ceux qu'il rencontrait dans les rues de la Pointe-à-Pitre, avec cet air qu'ils ont de flotter au-dessus de leur corps, de n'y être qu'à regret. Un jour, comme il voyait l'un d'eux s'avancer le long du trottoir, il ressentit tout à coup l'envie mystérieuse de lui ouvrir la gorge avec son petit couteau. L'homme n'avait rien de particulier, ce n'était qu'une chair blanche parmi d'autres, avec des pensées blanches qui couraient tout au long de la peau blanche et veinée de son front. Cependant, Amboise avait saisi son petit couteau dans le fond de sa poche et s'apprêtait à le saigner comme un porc, au beau milieu de la rue Frébault. Au dernier instant, la pensée de ce qu'il allait faire l'arrêta. Les jours suivants, l'esprit qui s'était emparé de lui revint à la charge, c'était maintenant une souffrance intolérable, un déchirement constant entre l'envie de fendre une peau blanche, et l'horreur d'un tel geste. Sa volonté ne lui appartenant plus, il alla la déposer entre les mains d'un sorcier qui lui dit, effrayé...Amboise mon fils, je ne peux rien pour toi car tu es habité par l'esprit même de Satan et tu es à son commandement. Le lendemain, il dit adieu à ses amis et s'enfonça jusqu'au plus profond des mornes de Guadeloupe, atteignit les contreforts de la montagne, loin des rues de la Pointe-à-Pitre, loin même des champs de cannes, loin de tout visage blanc. C'est ainsi qu'il devint scieur de long dans nos bois, à Fond-Zombi.

Ici, quand il parlait de la France, les gens le regardaient comme une brebis égarée, qui en a tant vu que devenue folle. Alors Amboise se taisait, restait de longs jours sans ouvrir la bouche, en manière de protestation muette. Il se tenait debout sur la terre du pays, comme il aimait, bien droit sur ses deux jambes ou appuyé contre un arbre, une chaise, la cloison de notre case, cependant que tout son corps s'appesantissait sur une seule jambe, l'autre occupée à tracer des cercles, des arabesques sur le sol tandis qu'il calculait, soupesait les abîmes. A ces moments, son cou se disloquait, sa tête n'était plus dans le prolongement de son corps, elle s'étirait par côté, en direction du soleil, de sorte qu'il était forcé de baisser les paupières pour voir ce qui se passait en bas, chez les hommes. Et dans ses yeux il y avait alors une sorte de disponibilité perpétuelle, comme si à tout instant il risquait d'entendre la parole qui l'apaiserait pour toujours, et comme si cette parole pouvait jaillir de n'importe quelle bouche, à n'importe quel moment. Mais elle ne venait pas, il ne l'entendait jamais, cette parole, car nul ici ne pouvait la prononcer et ma bouche elle-même se taisait, désolée. Alors il se penchait sur moi et murmurait doucement, d'une voix qui venait du fin fond de la solitude et du froid...Télumée, nous avons été battus pour cent ans, mais nous avons du courage pour mille ans, je te dis, je te dis...

Nous passions ces jours-là comme deux pieuvres attaquées au fond de la mer, à lancer de l'encre pour ne rien voir. Et puis il finissait toujours par regagner la berge, par revenir sur cette terre perdue de Guadeloupe, qui avait tant besoin d'être aimée. Mais il feignait l'indifférence, les premiers temps de son retour, disait sur un ton un peu sec que l'homme n'est qu'un poisson qui mange de l'homme, et qu'il n'en était plus à blâmer les requins. Voilà, le ciel était le toit du monde, vaste et diverse était la demeure, mais les portes ne communiquaient pas entre elles, car toutes étaient fermées. Et prenant sa vieille pipe, il la bourrait avec un air plein de nostalgie et tourné vers le ciel, il lui envoyait quelques volutes de sa fumée...

Avec les années, ces absences au monde s'étaient faites rares, puis elles avaient disparu, laissant place à un étonnement calme et paisible devant la fantaisie du nègre, sa beauté de chose inachevée, un perpétuel jaillissement. Seul pouvait nous regarder ainsi un homme qui avait enjambé la mer, connu la tentation de se tenir à distance du pays, de le considérer avec des yeux étrangers, de le renier. Il disait que des mains ennemies s'étaient emparées de notre âme et l'avaient modelée afin qu'elle se dresse contre elle-même. Et maintenant les gens tendaient l'oreille, à cause de la façon dont il prononçait ces paroles, et certains même ouvraient de grands yeux, attentifs à saisir leurs vies en flottaison, vaguement éblouis. Et si quelqu'un disait que le nègre mérite son sort, parce qu'incapable de trouver l'élan qui le sauvera, Amboise lui posait toujours la même question, sur un ton toujours le même...dis-moi le frère, quel élan sauvera du couteau le cabri attaché au milieu de la savane?...et les gens souriaient, et nous nous sentions pareils au cabri attaché dans la savane, et nous savions que la vérité de notre sort n'était pas en nous-mêmes, mais dans l'existence de la lame.

Quand il était venu à moi, l'homme Amboise entrait dans la cinquantaine et depuis lors il n'avait cessé de vieillir, cependant que la carcasse restait pleine de jeunesse et de vigueur. Et c'est pourquoi les gens disaient en riant, parlant de lui...vous savez bien?...l'Homme a la tête de père sur le corps d'un fils. Toutes ces années avaient couru, des branches nouvelles étaient venues aux rivières et je n'avais pas senti passer le temps à cause de cet homme, qui me gratifiait d'un souffle d'éternité. Nos eaux s'étaient mêlées, confondues, et de petits courants chauds les parcouraient tout au long du jour. En cette belle époque de ma vie, il me semblait que les méchants eux-mêmes vivaient en paix, pratiquant une sorte d'activité indispensable à leur rayonnement, et je les regardais faire d'un oeil indulgent, l'oeil que j'avais pour le dard des abeilles, la queue translucide du scorpion, l'aigrette de ces merveilleuses fleurs safran qui vous empoisonnent, à les toucher d'un doigt. Pour nos labours, nous avions acheté un boeuf qui s'était fait à la voix d'Amboise, et ralentissait sa marche, pour mieux écouter, lorsque celui-ci disait quelque chose d'intéressant. J'aimais le boeuf, et chaque jour je me félicitais d'être de ce monde.

Sur la fin, les dernières semaines de sa vie, des bruits étranges avaient couru la campagne, étaient parvenus jusqu'à notre petite case du morne La Folie. On disait que les coupeurs de la Grande-Terre s'étaient mis en grève, conduits par des nègres valeureux qui avaient su parler à l'Usine, parler ce qui s'appelle causer et obtenu deux sous de plus pour l'homme, un sou pour l'amarreuse. Amboise n'avait fait aucun commentaire, mais ses yeux s'étaient allumés d'une lueur étrange qui bientôt apparut dans tous les yeux des hommes du voisinage, à La Folie, à Valbaiane, à La Roncière et Fond-Zombi, et jusque dans les cases des nègres vivant à l'ombre de l'Usine, au fond de la vallée. Les denrées avaient beaucoup augmenté ces dernières années, et les jetons aux initiales de l'Usine n'avaient pas fait de petits. Depuis longtemps, les boutiques fermaient leurs cahiers de crédit et ceux de la canne s'épuisaient, leurs enfants étaient l'oiseau sur la branche, livré à la compassion du ciel. Les langues allaient, les cous se redressaient et plusieurs demandaient où se trouvaient les lois de la terre, si les boutiques elles-mêmes ne faisaient plus crédit. Pressentant un malaise, les contremaîtres lançaient des menaces du haut de leurs chevaux, galopaient le long des rangées des coupeurs, l'oeil inquiet. Mais les paroles allaient leur chemin, poussaient d'autres paroles sous les hautes flèches de canne. Une grève fut décidée et malheur à celui qui prendrait la route des cannes, il trouverait peut-être la mort, au lieu du pain. Un soir, venus de Fond-Zombi, de Valbadiane et de La Roncière, trois hommes entrèrent dans notre case pour demander à Amboise de représenter les trois communes, le lendemain matin, par-devant les autorités de l'Usine. Les gens de la Grande-Terre, expliquèrent-ils, avaient trouvé des nègres savants pour présenter leurs doléances aux usiniers, et c'est pourquoi ils avaient obtenu les deux sous. Or, dans les communes abandonnées de par ici, Amboise était le seul homme qui avait voyagé, le seul qui puisse trouver en français de France, les mots qui charmeraient tout en mettant en évidence la résolution du nègre: qu'avait-il à répondre?...

Je vis mon homme partir dans une longue rêverie, et comme il mordait le tuyau de sa pipe, soufflait une volute de fumée au ciel, l'un des trois envoyés lui dit sèchement:

– Amboise, quel élan sauvera le cabri du couteau?

Amboise retira le tuyau de sa pipe, sourit à l'évocation de ses propres paroles et murmura d'une voix tranquille:

– Frère, tu l'as dit.

Dès l'aube, les mornes résonnèrent des appels des conques[269] de lambis qui soufflaient de par toute la campagne, hélant indécis, peureux et désenchantés. De toutes parts, des cortèges désordonnés de nègres en guenilles prenaient le chemin de l'Usine, avançant dans un grand silence étonné, lourd de plusieurs siècles de peur et d'amertume. Aux approches de l'Usine, les gens se formèrent en une colonne dont Amboise prit la tête, suivi par les trois hommes qui l'avaient élu, choisi. Sitôt que la colonne fut dans la cour, un blanc apparut sur le perron de l'escalier qui conduit au bureau. Amboise fit un pas en avant et déclara d'une voix haute et claire, qui tremblait un peu:

– Des coupeurs sont venus l'autre jour, ils vous ont parlé et n'ont reçu que menaces. Qu'est-ce que vous comprenez, un homme qui travaille est-il un oiseau? et ses enfants sont-ils les petits de l'oiseau? Je frappe ma poitrine et je vous demande: qui peine ici, qui plante ces champs de cannes et qui les coupe et les brûle? Seulement voilà, tout le monde sait qu'un sac vide ne tient pas debout, il s'affale, il s'affale tout bonnement. Alors nous sommes venus vous demander si vous êtes décidés à faire que le sac tienne debout: qu'est-ce que vous répondez?

– Ma réponse est toujours la même.

Sur ces mots, l'homme de l'Usine fit une sorte de pirouette et disparut. Et les gens se mirent à hurler, à se pousser, à vouloir entrer tous ensemble dans l'Usine pour la saccager, la mettre en pièces. A ce moment, quelqu'un de l'intérieur fit actionner les chaudières, dont les tuyaux débouchaient sur la cour de l'Usine. Des jets brûlants de vapeur se déversèrent sur les gens qui se bousculaient devant le bâtiment. Trois furent brûlés entièrement, dont l'homme Amboise, d'autres blessés, un seul rendu aveugle. Sur pied depuis l'aube, les gendarmes arrivés durant la nuit à La Ramée lançaient leurs chevaux contre la foule, qui avait entrepris de mettre à mal les hommes de l'Usine et les bâtiments. On ne sut jamais qui avait actionné les jets de vapeur bouillante. Amboise fut enveloppé dans un sac et porté à quatre épaules d'hommes jusqu'à notre case du morne La Folie. Après une veillée sans parole, sans chant ni danse, on le porta précipitamment au cimetière de La Ramée, car les brûlures avaient hâté la décomposition des chairs.

Dès l'aube, je venais m'asseoir à l'ombre de notre hutte de palmes et je regardais Amboise manger, mastiquer longuement, à la faveur de son plaisir, et puis l'eau à la citronnelle giclait contre sa peau tandis que l'odeur envahissait l'air, l'intérieur de la case, les draps même de notre couche.[270] Quand arrivait le soir, je mettais la barre de bois à la porte et la nuit s'écoulait comme autrefois, dans la même gloire, le même enchantement du corps qui donne et prend, et se désintègre. Au bout de quelques mois je devins cireuse, cadavérique. Les gens me suppliaient de ne pas vivre avec un mort, car il m'épuiserait, m'assécherait et d'ici peu la terre m'ouvrirait ses bras. Il fallait me ressaisir avant qu'il ne soit trop tard, descendre sur la tombe de l'homme avec des branches piquantes d'acacia[271] et la fouetter tant que je pourrais, tant que je pourrais. Mais je ne pouvais lutter contre Amboise, je l'attendais tous les soirs et ainsi la vie s'en allait de mon corps, à flot continu. Une nuit il m'apparut en rêve et me demanda de l'aider à rejoindre les morts, dont il n'était pas tout à fait, à cause de moi, cependant que par lui je n'étais plus tout à fait vivante. Il pleurait, me suppliait, disant que j'avais à tenir ma position de négresse jusqu'au bout. Le lendemain, je coupai trois baguettes d'acacia et descendis au cimetière de La Ramée, et je fouettai la tombe de l'homme Amboise, la fouettai...

Chapter 14

Les vieux s'en souviennent encore, de cette grève-là, qu'ils ont appelée Grève à la Mort. Elle se poursuivit quelques jours, et puis s'éteignit d'elle-même, comme une vague qui vient et puis s'en va, abandonnant un peu d'écume sur le sable. Comme les nègres avaient compris, spontanément repris le travail, l'Usine annonça que les deux sous étaient accordés. Quelque temps encore, les conques de lambis maintinrent la terre fraîche, humide et luisante, autour des trois nouvelles tombes du cimetière. Puis le soleil, le bec aimable des oiseaux, les pieds distraits des petits enfants ramenèrent les tombes à la destinée commune. Tout s'était fait trop vite, la mort des uns, le retour des autres à la canne, à la vie, et venue du ciel une disgrâce enveloppa Fond-Zombi, La Roncière, Valbadiane et le morne La Folie. Ce n'étaient plus que trombes d'eau suivies d'un soleil rougeâtre, qui détachait la peau par plaques. Et l'on ne voyait plus nulle part, le matin, de ces sortes d'empreintes longues comme un corps d'homme, légères comme un pas d'enfant et qui marquent ici-bas le passage de Dieu. Toutes les nuits on entendait le bruit des rouleaux de chaînes que traînaient les morts, des esclaves assassinés en ces mêmes lieux, Fond-Zombi, La Roncière, La Folie, comme avait péri malement l'homme Amboise. Et quand la maladie se mit à la bouche des animaux domestiques, les gens hochèrent la tête et se turent, éclairés...

Mes yeux étaient deux miroirs dépolis et qui ne reflétaient plus rien. Mais lorsqu'on m'amena des vaches écumantes, le garrot gonflé de croûtes noires, je fis les gestes que m'avait enseignés man Cia et l'une d'abord, puis l'autre, les bêtes reprirent goût à la vie. Le bruit courut que je savais faire et défaire, que je détenais les secrets et sur un énorme gaspillage de salive, on me hissa malgré moi au rang de dormeuse, de sorcière de première. Les gens montaient à ma case, déposant entre mes mains le malheur, la confusion, l'absurdité de leurs existences, les corps meurtris et les âmes, la folie qui hurle et celle qui se tait, les misères vécues en songe, toute la brume qui enveloppe le coeur des humains. Je les regardais venir avec ennui, lassitude, encore prisonnière de mon propre chagrin, et puis leurs yeux m'intriguaient, leurs voix m'éveillaient de mon sommeil, leurs souffrances me tiraient à eux comme un cerf-volant qu'on décroche des hautes branches. Je savais frotter, je pouvais renvoyer certaines flèches d'où elles venaient, mais quant à être une devineuse hélas, je n'étais pas plus devineuse que la Vierge Marie. Cependant les gens me pressaient, me sollicitaient, m'obligeaient à prendre leurs chagrins sur mes épaules, toutes les misères du corps et de l'esprit...la honte, le scandale des vies dilapidées...Alors j'allumais une bougie de dormeuse et je faisais des gestes, certains appris chez man Cia, d'autres encore dont j'avais entendu parler, d'autres qui venaient de nulle part, surgis de l'écume et des cris...

Un jour s'en vint à ma case, venue depuis la commune de Vieux-Habitants, là-bas, à l'autre bout de l'île, une femme d'un certain âge et qui tenait entre ses bras une fillette de quatre à cinq ans, le corps envahi de plaies purulentes. Le temps ce jour-là était incertain, il y avait un ciel de plomb, sans nuages, qui effleurait la masse sombre des frondaisons et la présence de cette accablée et si loin de chez elle me troubla...Elle avait, me dit-elle, avec onze enfants, assez développé la misère de la terre, et la dernière que voilà aurait pu germer ailleurs que dans son ventre...Cette graine-là n'avait pas voulu mourir, bien qu'elle fût véritablement la crasse de ses boyaux, et elle l'avait appelée Sonore pour être sûre de bien l'entendre, de ne pas négliger son souffle de vie...Elle s'était attachée à cette petite têtue-là, et voilà que maintenant alors elle me l'avait amenée, elle me la confiait...

Je me mis à songer, considérant mes entrailles qui n'avaient pas fructifié, le ciel couleur de plomb, l'affolement de cette femme, et, lui prenant son enfant des mains, je sentis remuer en moi quelque chose d'inaudible et d'oublié depuis bien longtemps et c'était la vie. La femme soupira de satisfaction, et puis elle s'en alla. Je commençai à soigner l'enfant au séné, au semen-contra, au jus d'herbes. Je lui donnai des bains de cassia-lata,[272] je l'humectai d'aïl aux jointures, la frottai des pieds à la tête. Elle expulsait les vers qui la dévoraient, ses miaulements faisaient place à des cris, et peu à peu, les abcès devenaient des croûtes, puis de simples taches roses que je lavais de l'eau passée au soleil. L'enfant tenait à peine sur ses jambes, et déjà voulait me suivre partout, un sourire timide et indéfinissable ornant son visage. Une année passa ainsi. La mère vint la voir et s'en retourna seule, rassérénée. Sonore était restée à mes côtés, mon surgeon; elle poussait de toutes ses feuilles, elle s'étalait dans la lumière et puis le soir venu, elle s'asseyait à mes genoux, toute recueillie à la lueur du fanal, tandis que je lui racontais des contes anciens, Zemba, l'oiseau et son chant, l'homme vivait à l'odeur, cent autres, et puis toutes ces histoires d'esclavage, de batailles sans espoir, et les victoires perdues de notre mulâtresse Solitude, que m'avait dits grand-mère, autrefois assise à cette même berceuse où je me trouvais. Je m'étais mise à reverdir et plusieurs tentèrent leur chance, laissant devant ma case des grappes d'écrevisses et pois doux. Mais j'en riais, mettais des rubans aux nattes de l'enfant qui descendait maintenant à l'école et disait, l'air grave, à tous ceux qui l'interrogeaient sur moi..., elle est l'herbe de fer, ma mère, car elle ne plie devant aucun homme...

Sonore avait une chair potelée, fondante, la touchant j'avais un goût de mangue à la bouche et je m'en étonnai, car je n'avais jamais entendu dire une chose pareille, d'aucun enfant, dans la bouche d'aucune femme. Celui qui la regardait pour la première fois ne voyait qu'un tendre animal charmé de soleil. Elle semblait là pour vivre, simplement vivre tout comme les oiseaux chantent, les poissons nagent, et ses deux narines elles-mêmes vous inspiraient de telles pensées, des narines bien ouvertes sur le monde, toutes palpitantes, juste modelées pour respirer l'air et la faire vivre. Mais il était resté quelque chose de frêle en elle, dans sa nuque, par exemple, dans le bout transparent de ses doigts, dans sa démarche qui hésitait encore, faisait penser à des pieds ronds alors qu'il n'en était rien, et ce n'était qu'une hésitation de son âme, un léger tremblement intérieur devant la vie. Sa fragilité, sa dépendance, sa richesse infinie me confondaient. Elle était très fière de mes talents de sorcière, et lorsque je lui exposais mon ignorance, mon incapacité à déchiffrer les messages des esprits, elle demeurait sourde et muette, croyant à une ruse. J'essayais vainement de lever ma réputation, me limitant de plus en plus à frotter, à préparer des potions, à aider de mes mains les négrillons à voir le soleil. Je refusais tout salaire et les gens s'éloignaient, déçus, pensant que j'avais perdu la plus grande partie de ma force, comme il arrive. Je pus alors revenir à mon jardin et constatai bientôt que les plantes appréciaient mon influence, à l'exception du maïs et des pois d'Angole, qui n'aimaient pas ma main, et de certains arbres mâles qui demandent à être soignés par l'homme.[273] J'eus à vendre en toute saison et déjà j'entrevoyais une pièce supplémentaire à la case de Reine Sans Nom, première amorce de la boutique qui délivrerait un jour Sonore de la canne. Elle avait quitté l'école, avait pris la relève, lavait, cuisait, repassait, allait partout, désherbait, savait tout, ignorait le mal de la terre. Maintenant, des cheveux blancs m'étaient venus, des fanons[274] pendaient à mon cou et j'avais des manies, des radotages de vieille, remuant tout au long du jour une seule idée, qui était l'espérance contenue dans un enfant. Cependant, certaines courbes étaient venues à Sonore et je la taquinais sur ses 'splendeurs', comme j'appelais ses petits seins et son derrière. Je lui disais qu'elle tenait exactment de moi, telle que tous avaient pu me voir, sur mes treize ans: en forme comme une guitare. Cette idée amusait beaucoup Sonore et elle ne manquait pas de me demander quel son je donnais, lorsqu'on joua de moi pour la première fois. Et comme elle dirigeait sur moi le jet droit et clair de son regard d'enfant, avec une pointe invisible de malice, peut-être, tout au fond de son oeil noir, brillant, candide, je perdais contenance et murmurais dans un rêve évasif...ah, ah, rusé poulpe...il y a longtemps que la musique a été jouée...

Chose curieuse, depuis que j'avais abjuré la sorcellerie, certaines femmes du morne m'accusaient de conjurer les volontés, d'enlever les produits du ventre de leurs vaches, bref, j'avais inventé et créé la souffrance des hommes, j'étais l'effrayante. Mais Sonore demeurait dan mon sillage, et le soir, au coucher, elle me rassurait toujours d'une bonne parole...aïe, man Tétèle,[275] tout ce que l'on dit de toi est du vent, les gens ne te connaissent pas, ils ne savent rien de ta respiration...

Puis elle venait tout contre moi, et m'entourant d'un geste protecteur:

– Man Tétèle, est-ce nous qui pleurons de solitude, le soir, lorsque nous fermons sur nous les portes?...

Elle murmurait ces mots d'une voix étrange, rassurante, la voix d'adulte envers l'enfant et cependant que nous nous mettions à rire, dans le noir, par pur plaisir, comme deux voleuses, je me disais en moi-même qu'elle relevait tout le village, comme le balisier rouge relève toute la forêt...

Vers cette même époque, venu de la Côte-sous-le-vent, un errant construisit une cabane de bambous de l'autre côté de la ravine qui délimitait le morceau de terre que m'avait attribué M. Boissanville. C'était un vieux nègre à la peau charbonneuse et sans éclat, aux yeux troublés, striés de filaments rougeâtres, qui s'allumaient d'innocence à la moindre apparition d'un humain. Pris isolément, ses traits n'offraient rien de remarquable, mais ils s'agençaient mal entre eux et l'on ne voyait pas ce que faisaient ensemble ce nez court et épaté, ces fins sourcils féminins, cette bouche sans lèvres, étirée, pincée vers l'intérieur, cette face parfaitement ronde et lisse, à peine hérissée de quelques cheveux blancs, tout en vrille, qui se maintenaient par endroits sur la boule de son crâne. Avec ses petits bras fluets qui s'agitaient continuellement, il donnait une vague impression de chauve-souris et l'on s'attendait, d'un moment à l'autre, à ce que surgisse de ses narines quelque piaillement aigu, bouleversant. Il dit s'appeler Médard, mais ceux du morne La Folie, par une sorte de dérision spontanée, le baptisèrent aussitôt de ce nom qui lui resta, l'ange Médard. Il plantait quelques légumes, posait des collets pour les racoons, se nourrissait d'herbe et de vent, sans doute, et lorsqu'une mince colonne de fumée s'élevait le soir, sur l'autre versant de la ravine, Sonore me disait d'une voix malheureuse...je me demande bien si cet homme-là n'est pas en train de faire cuire un lot de cailloux, juste pour nous faire croire qu'il mange, lui aussi...

Quelques jours après son arrivée, d'étranges rumeurs coururent à son sujet. Le seul surnom digne de l'homme serait celui-là même que lui avaient donné les gens de son village, l'Homme à la cervelle qui danse. C'était un jeu de langue humaine, mais qui révélait le secret d'un être créé pour le mal. Dieu avait fait l'ange Médard pour corrompre le monde et c'est pourquoi le monde l'avait marqué, avait posé sur lui un coup de griffe définitif. C'était arrivé à la Boucan, son village natal. Un jour, à la suite de sordides chicanes, son frère lui avait porté un grand coup de coutelas, ouvrant et démantelant tout un côté de son crâne, juste là où de vagues tressautements étaient perceptibles, encore, sous le cuir chevelu. On disait que si sa tête avait été entière, et si la tige de ses cuisses[276] avait pu se dresser, lancer quelque traînée brillante dans un ventre de femme, la propagation du mal n'aurait pas eu de fin. Dieu lui-même avait mis des limite à l'élan qu'il lui avait donné. Aussitôt connue, cette rumeur fit le vide autour de lui et, passant le long du chemin, les enfants lançaient des pierres en direction de sa cabane de bambous. Le voyant glisser dans ses ténèbres, la tête penchée du côté ouvert, comme un oiseau blessé, Sonore faisait d'une toute petite voix...man Tétèle, il ne peut tout de même pas disparaître de la terre, et je frappe ma poitrine et je dis: il faudrait que cet homme disparaisse de la terre pour les satisfaire. Je ne savais trop que penser, me disant que la méchanceté du nègre est comme un fusil chargé à blanc, tandis que la méchanceté de la vie est un fusil à balles, qui vous transperce et vous tue. Peu après, comme j'entrais dans la nouvelle boutique du morne, l'ange Médard se tenait devant le comptoir, demandant à acheter une bouteille de rhum. Une lumière poudreuse, argentée, tombait du ciel, et quelque part, près de la rivière peut-être, une femme chantait d'une voix très douce une romance d'abandon. Deux ou trois nègres bavardaient sous la véranda, un verre d'anisette à la main. La serveuse leur fit un clin d'oeil, puis, toute rieuse, elle déposa sur le comptoir une bouteille pleine de pétrole. Bois donc un coup, dit-elle à l'ange Médard, cependant qu'elle lui tendait un verre. L'homme perdit contenance, il virait au gris et voyant cela, les gens s'esclaffaient de plus belle. J'avais commandé moi-même un litre de rhum et, comme Rose-Aimée me le portait, je le poussai sur la planche du comptoir, près de l'ange Médard, cependant qu'un filet de voix grêle et désagréable sortait de ma bouche...vous m'avez bien mal regardée, savez-vous?...et avez-vous jamais remarqué que moi aussi, j'ai la cervelle qui danse?...

Médard me fixait de ses yeux ternes, où se levait une petite flamme d'incrédulité. Le lendemain il se jucha dans notre cour, déclina son identité, s'assit, se tut et s'en alla. Peu à peu il se dégelait, nous coupait du bois, portait à Sonore des nèfles[277] sauvages. Il parla et de sa gorge ne s'échappait nul hululement bestial. Il rôdait maintenant dans nos parages, à la manière d'un animal familier, qui tourne dans vos pieds sans vous embrasser. Tous les matins, il venait auprès de nous boire son café, fouillait quelques racines, relevait un sillon, consolidait une tôle qui se détachait au vent. De fil en aiguille, je fis sa lessive, son repassage, lui laissai une place à notre petite table. Par la suite, quand vinrent les pluies, le voyant trempé comme un chien dans sa cabane de bambous, tout dégoulinant d'eau chaque matin, les yeux rendus féroces d'insomnie, j'étendis un rideau qui coupait notre case en deux et posai une paillasse dans un angle, du côté de la porte, pour l'ange Médard. Lorsqu'il fut sur mon plancher, les gens du morne pensèrent que le monde tournait à l'envers, et que c'était là un signe des temps. Ils m'abordaient maintenant avec un frisson imperceptible, et une sueur légère naissait à leur lèvre tandis qu'ils me parlaient de l'ange Médard, disant que ce nègre était une réserve de crimes dans le monde...et pourquoi fallait-il que j'aille pêcher en eau trouble, alors qu'il y avait tant de fonds clairs et transparents, pourquoi?...Les gens du morne étaient mieux avertis que moi, ils connais- saient l'existence du mal de toutes les façons possibles, voyaient telle plante et disaient: arrosez-la...et devant telle autre: brûlez-la. Le mal était sur terre bien avant l'homme, et il demeurerait après l'anéantissement de la race humaine. Ainsi, telle qu'elle se présentait, l'affaire dépassait infiniment le cadre du morne La Folie, elle leur avait glissé des mains et ils assistèrent à la suite avec circonspection, pour ne pas froisser la volonté de Dieu. Qui j'étais ils ne le savaient plus, et si les ânes ne crevaient de quoi se nourriraient les vautours?...

L'ange Médard commença par entourer Sonore d'un réseau de petites attentions délicates, cocos verts, poussins à élever, pêches d'écrevisses, grappes de pommes-malacca, sandales qu'elle trouvait au pied du lit, à son réveil, tressées de la main de l'homme. Il lui donnait des prénoms de rêve, avait l'art de transfigurer toutes choses, disait par temps de pluie que le ciel était bleu et le répétait jusqu'à ce que l'enfant batte des mains, trouve la journée merveilleusement belle. Les pieds, les doigts, les yeux de Sonore étaient ceux d'une fée, il n'y avait de robes et de rubans trop chers, ne cessait-il de lui dire, allant courir la montagne de journées entières pour en ramener un agouti, un couple de ramiers, des coeurs de palmistes qu'il échangeait à la boutique contre un colifichet.[278] Il avait inventé un langage d'oiseau, et parfois elle lui tendait une poignée de grains de sésame, qu'il becquetait curieusement, dans sa main, avec des mines et de petits cris qui la faisaient rire aux éclats. Alors Sonore lui grattait la joue en souriant et se tournant vers moi, l'ange Médard me disait d'un ton plaintif qu'il avait subi les imprévisibles assauts de la vie, ce monstre ni sellé ni bridé, mais rien ne s'était accroché à sa chair, rien n'avait glissé dans son sang, tout lui était toujours nouveau et chaque vilenie comportait tout entière son effet de surprise, car il avait gardé un coeur d'enfant. Il en vint insensiblement à des caprices, des malaises imaginaires, des gourmandises, à toutes sortes d'exi- gences puériles que je n'osais lui refuser, considérant le regard attendri et indulgent que lui portait Sonore. Si la colère me venait, il me suppliait de passer mes nerfs sur lui, afin qu'un soulagement me vienne. J'étais une personne à chance, disait-il, et toute sa joie était de me contempler, lui, le mort sans bonheur. Cependant la nourriture était mal cuite, la paillasse le grattait tout au long de la nuit, et ses chemises elles-mêmes n'étaient plus repassées comme avant. Si je balayais, je dirigeais tout exprès la poussière dans ses yeux, si je lui servais un plat brûlant, c'était dans l'espoir de faire décoller son palais, et, enfin, lorsque je coiffais Sonore, il prétendait que je tirais de toutes mes forces ses nattes, jalouse que j'étais de ses beaux cheveux. Je ne savais plus que faire, n'osant le garder sur mon plancher, et n'osant le chasser en raison de Sonore. On avait chaque fois fait le vide autour de lui, de sorte qu'il n'avait pas eu réellement l'occasion de se manifester, était demeuré un violoniste sans violon: et voici que par moi il possédait un instrument. Levé de grand matin, il appliquait son reste de cervelle à faire germer des pensées subtiles, des manigances destinées à me faire regretter la vie. c'était là son seul but, en l'occurrence, car il ne lui importait nullement d'exister pour lui-même. Il ne coupait plus de bois, n'arrachait plus la moindre touffe d'herbe, conservait sa précieuse sueur intacte tout au fond de sa moelle. Et si, en l'absence de Sonore, je dressais un coutelas au-dessus de sa tête, il refrénait un sourire et prenant le ciel à témoin, disait d'une voix larmoyante que l'homme ne peut rien empêcher, ni sa venue au monde, ni sa mort. Ainsi, les jours allant, mon cerveau s'émiettait peu à peu, sans que je pusse jamais prendre l'ange Médard en défaut, la main dans le sac de sa vilenie. Plus tard, je sus qu'il avait entrepris Sonore en secret, lui parlant de sa maman doucine, Télumée, cette femme qui se levait et se couchait avec les esprits...j'étais une charmeuse d'enfant, je désirais seulement me servir d'elle, l'innocente, livrée corps et âme entre mes mains de sorcière, avec ses cheveux et sa sueur à ma disposition...et qui disait que sa mère l'avait laissée ici, au morne La Folie, me l'avait confiée de sa propre volonté?...

Il avait attelé le chariot de la peur aux épaules de l'enfant, il ne lui restait plus qu'à faire claquer son fouet. Un soir, en rentrant de mon jardin, je vis la maison déserte. Tandis que je trimais au fond de la ravine, cet homme avait rassemblé en hâte les vêtements de mon enfant et l'avait menée à la route coloniale, où tous deux prirent un char automobile pour la commune de Vieux-Habitants. Je ne devais jamais plus revoir Sonore. On dit qu'elle vit tranquille dans son village natal, toujours aussi lumineuse et souriante, en dépit de ses bras chargés d'enfants. Il y a le temps de porter un enfant, il y a le temps de l'accouchement, il y a le temps où on le voit grandir, devenir pareil à un bambou au vent et comment s'appelle le temps qui vient ensuite?...c'est le temps de la consolation. Ce soir-là, assise toute seule dans ma case, je ne caressais pas encore de telles pensées. Je ne pleurais pas, ne touchais pas à ma bouteille de rhum, songeant seulement que l'enclos du malheur, sa porte n'est jamais fermée.

Le lendemain, descendant à la boutique de Rose-Aimée, j'y achetai la paire de ciseaux la plus grande qui se puisse trouver, des ciseaux de tailleur avec une large boucle pour bien tenir la prise. Olympe était justement dans la boutique, échevelée, les paupières rougies de rhum, son éternel panama à bords courts tanguant sur sa tête. Voyant ce qu'j'achetais, elle vint à moi d'un air inquiet et bredouilla, honteuse comme les autres, gênée de n'avoir rien dit pendant qu'il en était temps:

– Télumée, chère femme, ne va pas salir tes mains pour une bulle d'air... Médard, moins que rien Médard, c'est moi la femme Olympe qui te le dit...

Je ne répondais rien, parlant tout au fond de mes boyaux, devenue fourmi rouge...

L'ange Médard réapparut en fin de semaine, au début de l'après-midi, et se mit à rôder autour de ma case en traçant des cercles de plus en plus rapprochés, comme pour mieux repaître ses yeux de ma tristesse, de mon état d'abandon. Cependant, ma case était plus nette que jamais, la poussière de ma cour brillait comme un sou neuf et j'étais en vêtements du dimanche, coiffée, sanglée, caparaçonnée de la tête aux pieds, allant et venant à mes affaires avec un air de dire qu'elle peut bien se dresser sur ses ergots, la vie, elle ne me déplumera pas. Désespéré, l'ange Médard s'en fut vers la boutique et commença de boire sans interruption jusqu'au soir, au fond de la buvette désertée par tous les habitués. La nuit venue, une belle nuit de lune blanche et bleue, poudreuse, étoilée, je rentrai chez moi, repoussai la porte sans y mettre la barre, et me couchai en prenant soin d'ouvrir les ciseaux sur mon ventre, par-dessous les draps. Bientôt j'entendis monter des invectives, dehors, du côté de la route, puis la porte s'ouvrit d'un seul coup, dévoilant une ombre vacillante qui se profilait dans la clarté de la lune, sur un fond de ciel tendre, de bambous ployés par le vent, et de montagnes qui se pressaient au loin, tels des troupeaux de bêtes étranges, assoupies. L'ange Médard trébuchait, branlait de droite et de gauche sa tête folle, levait les bras, maugréait, et soudain faisant un pas en avant il se saisit de tout ce qui lui tombait sous la main, verres, assiettes, paniers de provisions, chaises et bancs qu'il lançait à toute volée par la porte grande ouverte. Je demeurais immobile dans mon lit, séparée de lui par la table qui se dressait encore entre nous, entre le coin d'ombre où je me trouvais, et ce vent de folie. De temps en temps il me regardait, et mon inertie accroissant sa fureur, il gesticulait, hurlait qu'il était mon maître et me jouerait aux dés, oui, quand il le voudrait, et j'allais basculer là, moi, ma case et mon lit, basculer tout en bas de ce morne et pour l'éternité. Soudain prenant son élan, il se précipita vers moi, un long couteau de cuisine apparut dans sa main. Et, comme son pied butait contre une chaise renversée à terre, il tournoya dans l'air, un instant, avant de s'en aller choir sur un coin de la table qui s'enfonça droit dans sa tempe, juste à l'endroit dansant de sa cervelle. Il poussa un han terrifiant et demeura à genoux contre la table, la tête penchée, retenue par le coin de bois qui s'y était enfoncée, puis ce fut le silence.

Craignant une traîtrise, je gardais les ciseaux ouverts sous les draps, contre ma poitrine. Mais au bout d'un moment, l'ange Médard commença à gémir doucement, à la façon d'un tout petit enfant, et les ciseaux toujours en main je me levai, allumai une bougie, m'approchai de la silhouette accroupie contre la table, dans la lumière de la lune qui venait jusqu'au milieu de la pièce. Les yeux de l'ange Médard roulaient dans l'ombre et sa main se crispait sur le bois de la table, comme un qui se retient de crier. M'approchant, je lui demandai s'il voulait que je le dégage, que je le libère du coin enfoncé dans son crâne. Mais il me fit signe de ne pas bouger, que tout était bien. Son visage ne reflétait pas la moindre crainte, et ses yeux étaient fixés sur moi avec l'étonnement de celui qui regarde, non pas au-dehors, mais en lui-même, ce qu'il n'avait jamais soupçonné jusque-là. Par moments, l'abjection reprenait possession de son visage, de sa bouche molle et pincée, de ses yeux qui s'emplissaient d'une eau noirâtre, boueuse. C'étaient comme de petites branches courtes, tordues, hérissées d'épines, qui poussaient d'elles-mêmes à travers sa tête et qu'il émondait presque aussitôt, ses yeux redevenant alors pareils à une eau claire, calme et paisible, qui coule tranquillement vers la mer. Je savais maintenant ce qu'il voulait, ce qu'il avait toujours voulu au fond de lui-même, par-dessous la poche de fiel posée sur son coeur, et, m'agenouillant, essuyant la sueur qui inondait ses joues, je lui dis d'une voix claire et distincte, que je m'efforçais de rendre aussi paisible que son nouveau visage...nous voyons les corbeaux et nous disons: ils parlent une langue étrangère...mais non, les corbeaux ne parlent pas une langue étrangère, les corbeaux parlent leur propre langue et nous ne la comprenons pas...

L'ange Médard sourit et je lui tins la main jusqu'à l'aube, agenouillée près de lui, cependant que les gens s'amassaient en silence, devant ma case, contemplant la scène qui se déroulait sous leurs yeux et s'efforçant d'en tirer une histoire, déjà, une histoire qui ait un sens, avec un commencement et une fin, comme il est nécessaire, ici-bas, si l'on veut s'y retrouver dans le décousu des destinées. Le matin venu, ils m'ont aidé à laver l'ange Médard, à l'habiller et à l'exposer dignement sur mon lit. Déjà quelqu'un mesurait le cadavre, et les gens de la vallée allaient et venaient, aspergeaient la case d'eau bénite, contemplaient la cervelle énorme de l'ange Médard, sous le bandeau que j'avais noué autour de sa tête, juste au-dessus de ses yeux clos. Assise sur un petit banc, toute droite, je pensais que l'ange Médard avait pris apparence d'homme sur la terre et qu'il n'en était rien, car il n'avait pas reçu d'âme. C'était un mancenillier empoisonné qui se dresse sur le rivage, espérant qu'on le touche et meure. Je l'avais touché et voici, son propre poison l'avait foudroyé. Ici-bas, chacun recevait deux poumons assoiffés de vie, mais l'air n'y pénétrait pas souvent. Le premier venu comprimait vos poumons de ses deux mains, vous empêchant de respirer, et si l'on se faisait poisson, descendant respirer l'eau, les bulles d'air qu'envoyaient vos branchies au soleil, certains les trouvaient encore trop brillantes. Voilà ce qui en avait été de nous deux, l'ange Médard et moi...

Au-dehors, les gens commençaient à préparer la veillée, dans un brouhaha d'appels, de cris qui finissaient à l'entrée de la case. De temps en temps ils se penchaient, me contemplaient assise sur mon petit banc, toute droite, au côté du défunt, et jetaient sur moi de longs regards curieux, savants, expectateurs, calculant et soupesant je ne savais quelle idée, quelle nouvelle chimère. Il en fut ainsi tout au long de la nuit, tout au long de cette singulière veillée. Mais quand l'aube se leva sur le cercueil de l'ange Médard, bal fini, violons en sac, les gens se présentèrent devant moi et dirent, leurs traits ruisselants de placidité...chère femme, l'ange Médard a vécu en chien et tu l'as fait mourir en homme...depuis que tu es arrivée au morne La Folie, nous avons vainement cherché un nom qui te convienne...aujourd'hui, te voilà bien vieille pour recevoir un nom, mais tant que le soleil n'est pas couché, tout peut arriver...quant à nous, désormais, nous t'appellerons: Télumée Miracle...

Chapter 15

Il y a bien longtemps que j'ai laissé ma robe de combat et ce n'est pas d'aujourd'hui que le tumulte ne m'atteint plus. Je suis trop vieille, bien trop vieille pour tout ça, et le seul plaisir qui me reste sur la terre est de fumer, fumer ma vieille pipe, là, au seuil de ma case, recroquevillée sur mon petit banc, à barrer la brise de mer qui flatte ma carcasse, comme un baume soulageant. Soleil levé, soleil couché, je reste sur mon petit banc, perdue, les yeux ailleurs, à chercher mon temps au travers de la fumée de ma pipe, à revoir toutes les averses qui m'ont trempée et les vents qui m'ont secouée. Mais pluies et vents ne sont rien si une première étoile se lève pour vous dans le ciel, et puis une seconde, une troisième, ainsi qu'il advint pour moi, qui ai bien failli ravir tout le bonheur de la terre. Et même si les étoiles se couchent, elles ont brillé et leur lumière clignote, encore, là où elle est venue se déposer: dans votre deuxième coeur.

Le bourg de La Ramée est perché sur une colline qui descend vers la mer. Le seul bâtiment de pierre, apte à affronter les cyclones, est la petite église peinte près de laquelle j'habite. Quelques cases se groupent autour d'elle, de son modeste cimetière où des cassiers, des flamboyants étendent une vaste ombre rouge, humaine, sur les tombes. En contrebas de la colline, une immense plage de sable noir qui serait belle avec ses amandiers, ses cases de pêcheurs éparses, noyées dans la verdure, si des moustiques ne la hantaient par larges volées, qui suivent pas à pas bêtes et gens installés sur la grève. Les habitants disent avec indulgence que pareil endroit ne devrait pas être, sur la terre du bon Dieu, qu'ils avaient eu bien tort de s'y installer, eux, leurs parents ou leurs grands-parents, car c'est probablement une lèche de terre qui s'est échappée de la main du Très-Haut. Il y a longtemps que se profèrent de telles paroles, mais les gens naissent, meurent, les descendances se succèdent et la bourgade subsiste, et l'on en est venu à admettre qu'elle tiendra aussi longtemps que lune et soleil dans le ciel. En vérité La Ramée n'est pas La Ramée, il y a tout l'arrière-pays dont elle est le coeur, Fond-Zombi, Dara, Valbadiane, La Roncière, le morne La Folie, de sorte que m'installant ici, le dos tourné à la mer, je fais encore face, bien que de loin, à mes grands bois...

Là-haut, tout près d'elle, de son odeur, je ne suis pas arrivée à oublier Sonore. Les mères m'envoyaient leurs fillettes à laver, à coiffer, à douciner, elles disaient que je trouverais une autre Sonore, ici même, sur le morne La Folie, mais quelque amarre en moi s'était rompue, qui m'attachait à ce lieu. J'ai essayé de vivre à Bel Navire, à Bois Rouge, à La Roncière, et nulle part je n'ai trouvé de havre. De guerre lasse, je descendis un jour à la Pointe-à-Pitre, où je ne fis pas long feu non plus. Pour qui a l'habitude des grands arbres, d'un chant d'oiseau sur une peine, la ville devient un désert. Sans un arbre à pain, un groseillier, un citronnier, je me sentais à la merci de la faim, de la mendicité et la campagne m'appelait. Alors saint Antoine en personne intervint et me déposa ici au bourg même de La Ramée, sur une terre concédée par la commune derrière l'église, à deux pas du cimetière. J'y ai un jardin de vieille, un petit réchaud à anse, une chaudière où je fais griller les cacahuètes que je vends sur la place de l'église. J'aime me lever avec le soleil, cueillir une pastèque, ramasser un coco à l'eau rafraîchi par la nuit, disposer mes cornets de cacahuètes dans un panier, le mettre sur ma tête et m'en aller ainsi, crier, vendre dans la rue, et pendant que le soleil fait ses petites affaires, je fais mes petites affaires de mon côté. Les gens d'ici m'aiment bien, je n'ai qu'à héler un négrillon qui passe et voici, il s'en va chercher de l'eau pour moi. Parfois ceux de La Folie me demandent de remonter là-haut...maman Miracle, tu es l'arbre contre lequel s'appuie notre hameau, et que deviendra le morne sans toi, le sais-tu?...Alors je leur rappelle ce qu'il en est de moi, non pas un arbre, mais un vieux bout de bois sec, et je leur dis qu'elles sont tout bonnement là à m'empêcher de m'éteindre sous les feuilles. Elles rient, puis elles s'en vont en silence, car elles savent que c'est uniquement mon port d'âme, ma position de négresse que j'essaye de maintenir sur la terre. Ainsi suis-je à mon rôle d'ancienne, faisant mon jardin, grillant mes cacahuètes, recevant les uns et les autres, debout sur mes deux jambes, toute garnie de jupons empesés pour leur masquer ma maigreur. Et puis le soir, tandis que le soleil décline, je réchauffe mon manger, j'arrache ici et là une mauvaise herbe, et je pense à la vie du nègre et à son mystère. Nous n'avons, pour nous aider, pas davantage de traces que l'oiseau dans l'air, le poisson dans l'eau, et au beau milieu de cette incertitude nous vivons, et certains rient et d'autres chantent. J'ai cru dormir auprès d'un seul homme et il m'a vilipendée, j'ai cru le nègre Amboise immortel, j'ai cru à une enfant qui m'a quittée, et pourtant, sans trop savoir pourquoi, je ne considère rien de tout cela comme du temps perdu. Peut-être bien que toutes les souffrances, et même les piquants de la canne font partie du faste de l'homme, et peut-être bien qu'en le regardant d'un certain oeil, en me penchant d'une certaine manière, il me sera possible, un jour, d'accorder une certaine beauté à la personne de l'ange Médard. Ainsi rêvant, le soir descend sans que je m'en aperçoive, et, assise sur mon petit banc d'ancienne, je lève soudain la tête, troublée par la phosphorescence de certaines étoiles. Des nuages vont et viennent, une clarté s'élève et puis disparaît, et je me sens impuissante, déplacée, sans aucune raison d'être parmi ces arbres, ce vent, ces nuages. Quelque part, depuis le fond de la nuit, s'élèvent les notes discordantes, toujours les mêmes, d'une flûte et qui bientôt s'éloignent, s'apaisent. Alors je songe non pas à la mort, mais aux vivants en allés, et j'entends le timbre de leurs voix, et il me semble discerner les nuances diverses de leurs vies, les teintes qu'elles ont eues, jaunes, bleues, roses ou noires, couleurs passées, mêlées, lointaines, et je pense à ce qu'il en est de l'injustice sur la terre, et de nous autres en train de souffrir, de mourir silencieusement de l'esclavage après qu'il soit fini, oublié. J'essaye, j'essaye toutes les nuits, et je n'arrive pas à comprendre comment tout cela a pu commencer, comment cela a pu continuer, comment cela peut durer encore, dans notre âme tourmentée, indécise, en lambeaux et qui sera notre dernière prison. Parfois mon coeur se fêle et je me demande si nous sommes des hommes, parce que, si nous étions des hommes, on ne nous aurait pas traités ainsi, peut-être. Alors je me lève, j'allume ma lanterne de clair de lune et je regarde à travers les ténèbres du passé, le marché, le marché où ils se tiennent, et je soulève la lanterne pour chercher le visage de mon ancêtre, et tous les visages sont les mêmes et ils sont tous miens, et je continue à chercher et je tourne autour d'eux jusqu'à ce qu'ils soient tous achetés, saignants, écartelés, seuls. Je promène ma lanterne dans chaque coin d'ombre, je fais le tour de ce singulier marché, et je vois que nous avons reçu comme don du ciel d'avoir eu la tête plongée, maintenue dans l'eau trouble du mépris, de la cruauté, de la mesquinerie et de la délation. Mais je vois aussi, je vois que nous ne nous y sommes pas noyés...nous avons lutté pour naître, et nous avons lutté pour renaître...et nous avons appelé 'Résolu' le plus bel arbre de nos forêts, le plus solide, le plus recherché et celui qu'on abat le plus...

Ainsi vont mes pensées, mes rêveries d'ancienne, tandis que la nuit s'écoule doucement sur mes chimères, et puis reflue avec le premier chant d'un coq. Alors je me remue sur mon petit banc, je secoue les perles de rosée, je vais au petit tonneau qui donne sous la gouttière et les mains réunies en creux, je remue un peu d'eau dans ma bouche, pour laver toutes les songeries de la nuit...

La vie est vraiment, vraiment surprenante...vous avez tiré votre barque sur la grève, l'avez enlisée en plein sable et si tombe un rayon de soleil, vous ressentez de la chaleur, et si l'on pique ce vieux bout de bois sec, du sang perle, encore...

Longtemps, près d'un demi-siècle, chaque fois que l'on venait à parler d'Elie, le fils du père Abel, je me bouchais les oreilles et m'en allais, ne voulant savoir s'il était mort ou vivant, ni s'il avait jamais existé. Puis ces dernières années, l'oubli se faisant, j'ai écouté certains qui le disaient défunt, d'autres qui le disaient en France, d'autres à Pointe-à-Pitre où il vivait de la mendicité. Tout dernièrement, on m'a prévenue qu'il revenait ici pour mourir, mettre son corps au cimetière de La Ramée, dans l'espoir qu'un nègre se souviendrait de lui, au jour de la Toussaint, viendrait poser une bougie sur sa tombe[279] et lui dire quelques mots...

Après cette nouvelle, je suis restée un peu dans ma case, languissante, à remuer toutes sortes de pensées anciennes, à revoir comment l'eau claire avait tourné en sang. Et puis l'autre semaine, comme je me trouvais sur mon petit banc, à préparer ma vente du lendemain, le vieil Elie se met à tournoyer sans une parole derrière la haie de lauriers-roses qui sépare ma case de la route. Je suis assise, je grille mes cacahuètes, et puis je le vois qui passe et repasse derrière ma haie, comme s'il avait oublié quelque chose, je suis aveugle, muette, bien à l'abri sous la protection de mes lauriers, et je contemple l'Elie[280] qui monte et redescend la route comme fourmi folle en quête de nid, jetant de temps à autre, vers ma haie, un regard d'enfant innocent. Je suis assise, j'ai froid dans tous mes os, je me dis que tout le soleil du bon Dieu ne suffira pas pour me réchauffer, et je laisse l'Elie monter et redescendre la route, puis s'éloigner en silence, le dos cassé sur son bâton à noeuds...

Et puis dimanche dernier, comme je roule mes cornets, je revois au travers de mon feuillage la même silhouette flottante, dégingandée, agrippée à ce même bâton à noeuds tandis qu'un chapeau de feutre a fait son apparition, sur la montagne de cheveux d'Elie, tout aussi ébouriffés qu'autrefois, dansants, pleins de fougue et de fantaisie, en dépit de la neige qui les recouvre. Tiraillant les manches râpées de sa veste il s'est mis à crier, tout contre ma haie rose, le cou tendu:

– J'ai dit bonjour, j'ai dit bonjour la compagnie!...

Son visage est entièrement ridé, mais comment dire, ce ne sont pas de vraies rides, je ne vois aucun creux, nul sillon sur cette peau qui semble pareille à un journal qu'on aurait lu, qu'on aurait ensuite froissé, roulé en boule et qui se serait distendu de lui-même, sans pouvoir redevenir lisse tout à fait. Peut-être a-t-il entendu la mort battre des ailes et s'est-il traîné jusqu'à moi, cet homme que j'ai aimé comme le poisson aime l'eau, comme l'oiseau aime l'espace, le vivant aime la terre. J'ouvre la bouche, mais une pesanteur étrange est sur ma langue et voyant que je continue de rouler mes cornets, de les remplir de cacahuètes, de faire mon petit train-train comme si un vent tiède avait soufflé par-dessus la haie, Elie s'est penché et m'a lancé à travers les lauriers...alors Télumée, c'est comme ça?.. et l'entendant me quémander un mot, une parole de réconfort pour l'aider à supporter le poids de la terre qu'il sent déjà, sur sa poitrine, je suis redevenue, pour un instant, la petite fille aux tresses folles, à la peau lisse et tendue d'autrefois, et j'ai revu devant moi l'Elie des temps anciens, celui qui me disait sous le flamboyant de l'école, son short kaki battant ses gros genoux cagneux...Télumée, si je me trompe de traces dans la forêt, n'oublie pas que tu es la seule que j'aimerai vraiment...

Les larmes m'étouffaient, une honte inexplicable m'étreignait et je n'ai su que dire, du fond de ma gorge serrée:

– Oui, c'est bien triste...mais c'est comme ça...

Ce petit sou vaillant, ces quelques mots que je n'ai pas su donner sont le seul et unique regret de ma vie.[281]

Aujourd'hui, tandis que j'entends son glas, mon 'c'est comme ça' devient le son même de la cloche et me fouaille le coeur. Une lumière fluide descend du ciel par vagues, s'étale et se diffuse en nappes horizontales, au ras de la terre, rappelant un peu les jalousies des volets d'une case. A travers ces étranges persiennes je regarde passer le cortège funèbre. Les derniers rayons du soleil se posent doucement sur le cercueil, éclairent les vêtements sombres, caressent les visages paisibles du petit groupe qui suit.

Rien ne paraît inutile ou laid. A cette lumière, le moindre caillou, la plus minuscule feuille au vent semblent jouer leur propre mélodie, se comporter avec une très grande science. Sans trop savoir pourquoi, une certaine allégresse me vient et ma propre mort m'apparaît de manière inusitée, sans confusion ni tristesse. Je songe à Reine qui aimait dire, autrefois, sur un certain sourire...la vie est une mer sans escale, sans phare aucun...et les hommes sont des navires sans destination...et ce disant elle se rengorgeait, toujours, comme éblouie par l'éclat du faste de l'incertitude humaine. Je me demande si les gens supportent cette incertitude, cet éclat étincelant de la mort. Pourtant, malgré leur légèreté vis-à-vis d'elle, et quoi qu'ils fassent, dans quelque direction qu'ils se démènent, qu'ils hachent ou qu'ils coupent, suent dans les cannes, tiennent la position ou la relâchent, se perdent dans la nuit de la soucougnantise,[282] il demeure autour d'eux une sorte de panache. Ils vont et viennent, font et défont au coeur de l'incertitude, et leur faste s'ensuit. Et c'est pourquoi, me semble-t-il, Dieu se doit d'être jaloux même d'une créature telle que l'ange Médard...[283]

J'ai transporté ma case à l'orient et je l'ai transportée à l'occident, les vents d'est, du nord, les tempêtes m'ont assaillie et les averses m'ont délavée, mais je reste une femme sur mes deux pieds, et je sais que le nègre n'est pas une statue de sel que dissolvent les pluies. Le dimanche, lorsque je rencontre certaines gens de Dara, de Fond-Zombi, de Valbadiane ou du morne La Folie, elles me félicitent de ma fontaine et de ma toute récente électricité. Et puis elles parlent, elles disent la route goudronnée, les voitures automobiles qui traversent le pont de l'Autre Bord, les poteaux électriques qui se rapprochent, se dressent déjà à mi-chemin de La Roncière, en lieu et place des tamariniers sauvages et des balatas.[284] Alors une nostalgie m'étreint, ma personne m'échappe et je ne reconnais plus mon temps. On dira peut-être qu'il fut sauvage, on dira même qu'il fut maudit et on le reniera, mais comment puis-je me soucier de ce qui se dira demain,...alors que devenue sève d'herbe folle?

Comme je me suis débattue, d'autres se débattront, et, pour bien longtemps encore, les gens connaîtront même lune et même soleil, et ils regarderont les mêmes étoiles, ils y verront comme nous les yeux des défunts. J'ai déjà lavé et rincé les hardes que je désire sentir sous mon cadavre. Soleil levé, soleil couché, les journées glissent et le sable que soulève la brise enlisera ma barque, mais je mourrai là, comme je suis, debout, dans mon petit jardin, quelle joie!...[285]

NOTES
Refer to superscript numbers throughout Text.

PART I

Chapter 1

post-slavery – great-grandmother Minerve – grandmother Toussine

1. **coeur:** figuratively, 'courage'.
2. **il n'y a guère:** Another way of saying 'not long ago'.
3. **soupeser toute la tristesse du monde:** Télumée's let's us know immediately that she has a positive attitude.
4. **toute ma joie:** The prospect of dying soon does not sadden her.
5. **un être mythique...la légende:** These terms reflect the author's typically West Indian reverence for the elderly as purveyors of history, culture and wisdom.
6. **Reine Sans Nom:** 'Queen Without a Name,' a nickname that duly reflects the lofty stature of the indomitable Lougandor women.
7. **Lougandor:** In the principal Senegalese dialect, Wolof, the word *logan* means 'parcel of land'.
8. **Minerve:** Another name, that of the patron goddess of Rome, appropriate for the first in the line of Lougandor women.
9. **plantation:** The plantation system engendered Creole dialects.
10. **L'Abandonnée:** An excellent example of the meaningfully colourful place names invented by former slaves.
11. **marrons:** Slaves who escaped from the low-lying plantations to the wooded mountain slopes.
12. **la Dominique:** The formerly British island located between Guadeloupe and Martinique.
13. **s'éclipsa à l'annonce même de sa paternité:** 'disappeared when they announced he was a father,' a reference to the West Indian male's past, currently somewhat diminished, unwillingness to support his illicit children.
14. **le câpre:** A black man with very dark skin and Caucasian facial features.
15. **une flèche de canne:** An image typifying Schwarz-Bart's use and appreciation of commonplace elements of local colour, the upward growing tip of a sugar-cane stalk reminiscent of Reine Sans Nom's youthful beauty.

16. elle fécondait vanille: 'She fertilized vanilla' by transferring pollen from one vanilla flower to another, a delicate process requiring considerable expertise.

17. ignames: 'yams' akin to sweet potatoes.

18. racines: Reference to any number of roots eaten in the West Indies.

19. balisier: The canna plant which produces a vividly red or yellow, thick tropical flower that grows in tiers at the top of a long, green stem similar to that of an iris.

20. une sirène: 'a mermaid'. Being a fisherman, Jérémie could fall in love only with a mermaid or a girl of comparable beauty.

21. anse: 'sea cove'. This meaning of the term is obsolete in France but persists in the West Indies.

22. vivaneaux,...tazars,...balarous: Types of fish.

23. l'alizé: 'the trade wind'.

24. nasse: Large, rectangular fish traps made of woven vines.

25. la Guiablesse: 'the Demoness'. A diabolical temptress born from superstition. Creolisation changed the 'd' sound to 'gui'.

26. l'Eternel: 'Eternal God'. A euphemism reflecting Christian belief.

27. tourmaline: Precious stones.

28. pagues: Kind of crab.

29. sapote: 'sapodilla'. A large round berry, fruit of the tropical sapodilla tree.

30. se défaire d'un bétail taré: 'to get rid of a retarded cow'. Minerve wouldn't have wanted Jérémie to believe that her sole objective was to get rid of Toussine.

31. coulirous: Kind of fish.

32. rhum: 'rum'. One of the main by-products of sugar-cane, rum is the source of much alcoholism in the West Indies.

33. un court-bouillon: 'a white and spicy fish broth'.

34. daurades: 'Gilt-head fish'.

35. icaques: 'Coco plums'.

36. les ténèbres: The reference here is to the gloom or darkness of unhappiness among the majority of townspeople not touched by good fortune.

37. les propos acariâtres: Sour-tempered remarks obviously arose from jealousy fostered by poverty and a strong need for recognition.

38. pleurer: The jealous women foresaw only sadness for Minerve because they wanted her to be sad.

39. un homme de fortune: 'a temporary lover'.

40. le défilé des hommes sur leur ventre: 'Men paraded over their stomachs' in that they (the women) had one live-in lover after another but would have much preferred being married to only one and thereby being respected.

41. Qui se sert de l'épée périra par l'épée: 'He who lives by the sword shall perish by the sword' (Biblical proverb). In this novel most proverbs are typically West Indian with their peculiar references to local colour; they abound in popular wisdom and in oral traditions like those of Guadeloupe.

42. hibiscus...résédas...fleurs d'oranger: 'hibiscus...mignonnettes... orange blossoms'. These are just a few of the many images of Guadeloupean flowers and plants that colour the novel.

43. le boudin: 'black pudding'. This Creole dish resembles strings of sausage and is spicy.

44. au coco, à la pomme-liane, au corossol: 'with coconut, custard apple, corossol'. These are typical West Indian tropical fruits.

45. quadrilles...mazoukes...biguines: 'quadrilles...mazurkas...beguins'. These are West Indian folk dances.

46. tambour...petits-bois...trompe: 'drum...woodwinds...trumpet'. Traditional West Indian musical instruments.

47. trois jours durant: Wedding celebrations used to last for days.

48. zèbre de mer: 'sea dog'.

49. il usait de sorcellerie...la mer était dépeuplée: Another example of superstition.

50. lambis: A delicacy in the tropics, this is the sea mollusk that grows the big shell used as a calling or warning horn.

51. qui...qui: 'first one...then another'.

52. à même: 'right on the surface of'.

53. grains de riz: Figuratively, perfect white teeth.

54. on te donnerait l'hostie sans confession: Toussine thinks Jérémie so handsome and angelic that he wouldn't be able to commit a sin to be confessed before communion. The Catholic Church really began to indoctrinate West Indians shortly before the beginning of the 20th century.

55. une petite case: Huts were generally small and light enough to be carted from one locality to another if necessary.

56. colibris: Hummingbirds thrive on the constantly-blooming plants of Guadeloupe, for example, the orange tree.

57. canne congo: West Indians eat freshly cut, green sugar-cane and the particularly sweet Congo cane.

58. le goûter: 'the afternoon snack'.

59. on la détestait: People were so envious that they hated her. Particularly in small Guadeloupean communities, strong jealousy often caused hostility in Télumée's time.

60. les esprits: 'evil spirits'.

61. courbaril: 'Locust wood'.

62. racines vétiver...citronnelle: 'Vetiver roots...citronella.' Aromatic plants and leaves abound in Guadeloupe and are still frequently used to sweeten the air.

63. blanchis: Jealous gossipers could be most insulting by inferring that prosperous Toussine and Jérémie were trying to be like white people.

64. le mercredi des Cendres et...Noël: 'Ash Wednesday and...Christmas'. On these two most important days of the year for Christians, people wore their best clothes. Though strong in the West Indies, Christianity has never totally eclipsed beliefs of African origin.

65. Malheur...et s'y habitue: 'Woe to him who laughs just once and gets used to it'. Another of many sayings typical of commonsense folk wisdom.

66. les petites lettres: 'the alphabet and letter formation'.

67. si lourds que soient...pour les supporter: One of many references to a woman's breasts, this popular saying underscores West Indian woman's plight and invincibility, namely, being the mainstay of her children and family and never succumbing to omnipresent adversity.

68. un créole: a white descendant of European colonisers.

69. l'abolition de l'esclavage: Abolition of slavery occurred in 1848 on Guadeloupe and Martinique, thanks to French *député* Victor Schoelcher.

70. un blanc maudit: A white man banned from white society because he lived with or married a black woman.

71. un morne: 'a high hill'.

72. bourg: 'large village'.

73. face à la mort: Custom dictated that neighbours be present for nine days after a death in the family in order to help and console grieving family members.

74. Une barque: The Lougandor women are often viewed as unsinkable boats descending the river of life.

75. aux ouvertures de carton: 'with cardboard windows'. Toussine had replaced her windows with cardboard either because she had no money to replace them after the fire or because she wanted to live in darkness.

76. pourpier, cochléarias, bananes rouges makanga: 'purslane, scurvy grass, red Makanga bananas'.

77. Basse-Terre: Located on the island half of Guadeloupe called *la Basse-Terre*, the city of Basse-Terre is Guadeloupe's capital.

78. elles craignaient maintenant: The other women were afraid to approach Toussine because she seemed to be possessed by an evil spirit.

79. cabri: 'small goat'.

80. d'avoir affûté en vain leur poignard: 'of having needlessly sharpened their knife'. In other words, not counting the proverbial chickens before they hatched, the observers would not rejoice over Toussine's re-emergence into light before they were sure of it.

81. pois d'Angole: 'Angola peas'. One of many African crops or plants brought to West Indian soil.

82. Victoire: Another regal name in the Lougandor line.

83. Fond-Zombi: 'Zombie Valley'. A highland valley with another name reflecting African belief in the supernatural.

84. man: A Creole diminutive for *madame*.

85. une sorcière de première: 'a first-class witch or medium'.

86. entrer en contact avec Jérémie: Toussine hoped that man Cia could help her communicate with her dead husband.

Chapter 2

mother Victoire – Télumée's childhood – stepfather Angebert

87. le ballot sur sa tête: One can still see West Indians with loaded baskets on their head strolling along roads and streets.

88. un manguier: 'a mango tree'. Tropical mangoes have become an increasingly lucrative fruit, thanks to their growing availability and popularity in Europe and North America.

89. petite hachette coupe...nous irons encore comme ça: Toussine uses a proverb to support her belief that she will be able to work prodigiously and survive despite her apparent frailty.

90. Aussi: 'Therefore'. The word *aussi* has this meaning when it is the first word in a statement.

91. pitt: 'cockpit'. Misspelled in adaptation from English, a *pitt* is a small arena for cockfights or for mongoose-and-snake duals still frequent in the West Indies.

92. nous glanions les racontars: 'we were picking up gossip'.

93. en guise de boucles d'oreilles: 'as though earrings'. In other words, Victoire was so poor that her only jewels were her two illegitimate daughters.

94. sur un ton catégorique: The old man thinks that Lougandor pride, especially Victoire's, is unwarranted.

95. à la blannie: 'to be whitened'.

96. camphré: Camphor is an all-purpose, often used, externally applied remedy in Guadeloupe.

97. Pointe-à-Pitre: Guadeloupe's largest city and port.

98. écrevisse: 'crayfish'. Like shrimp, crayfish are now commercially produced.

99. fruits à pain: Breadfruit grows on large trees and has a taste and a texture similar to those of a potato.

100. pensées grasses: 'negative thoughts'.

101. Très-Haut: 'Almighty God'.

102. se mirent en ménage: 'set up house together'. They started living together.

103. **sans jamais lever la main sur elle:** Angebert was an exceptional West Indian man in that he never beat his mate.

104. **bien luné:** 'in a good mood'.

105. **tafia:** 'molasses brandy'.

106. **laissait 'monter':** 'he was allowing to accumulate'.

107. **'gardes':** Cages in which the caught crayfish were kept.

108. **une savane:** 'a savannah'. A flat, grass-covered, scrub expanse or a shaded green where people gather to converse.

109. **acacias:** 'locust trees'. From their fragrant blossoms, bees make the most prized West Indian honey.

110. **La corde au cou:** An image reminiscent of captive slaves treated as sub-humans.

PART II

Chapter 1

grandmother adopts Télumée – grandmother as loving role-model

111. **caraïbe:** 'Carib'. A Carib Indian descendant.

112. **la Côte-sous-le-vent:** 'Leeward Shore'

113. **filaos:** An ornamental tree, originally from Madagascar, resembling a weeping willow and most often seen in cemeteries.

114. **pont de l'Autre Bord:** 'the Other Edge/Side'. Mentioned in the introduction, this pivotal image bears a very simple, practical name suggesting a link to the unknown.

115. **Balata:** The Creole word for *arbre*.

116. **manioc:** A food staple in tropical lands, the miniature tree manioc has a particularly tasty root from which tapioca is made. Manioc is also called 'cassava'.

117. **'négresses à mouchoir':** 'mammies wearing a headscarf'.

118. **madras:** 'a madras headdress'. Madras is the vividly coloured cotton cloth of which authentically folkloric headdresses used to be made. Other pseudo-folkloric garments are now also made of it in the French West Indies. It was originally manufactured in India whence came a sizable number of immigrants after the abolition of slavery in 1848.

119. **trois pointes effilées:** 'three tapered points'. The shape of traditional women's madras headdress was symbolic.

120. **à la tout m'amuse, rien ne m'attache:** In Reine Sans Nom's case, the three-pointed headscarf meant that she was unattached and free to do what she wished.

121. des sucres d'orge,...patates douces...surelles...fruits-défendus: 'candy sticks,...sweet potatoes...sorrell...forbidden fruit'.

122. 'ti bandes': 'groups of children field workers'. The word *petit* is shortened to **ti** in Creole.

123. l'Usine: 'the local sugar-refinery'.

124. la touque: 'the barrel'.

125. bonne-maman: A term of endearment meaning 'grandmother'.

126. faire les nattes: Braiding hair was a very important periodic activity in black families since it offered mother and daughter time to be together.

127. carapate: The author's French adaptation of the Creole word *karapat*, meaning *ricin* or 'castor oil'.

128. biguines doux-sirop: 'slow beguines'. The beguine, from the Creole term, *bidjin*, is a dance, a traditional deformation of the polka danced to an African rhythm. Still popular today, it became the rage of Paris in 1931.

129. Yaya...Peine procurée par soi-même: Old song titles. Elderly people were an important link to the cultural past.

Chapter 2

adults of Fond-Zombi – Man Cia's reputation – visiting Man Cia

130. kilibibis ou fruits cristallisés: 'candied cashews or candied fruit'.

131. une longe de morue sèche: 'a strip of dried codfish'.

132. le loto et les dés: 'lotto and dice'.

133. la mort que nous méritons, mes frères: This statement reflects the terribly stigmatising inferiority complex that stemmed from white exploitation of the blacks.

134. man Cia: Toussine's best friend (See 'Introduction,' p. xvii).

135. un flamboyant: The tropical flame tree is prized both for its shade and for its beautiful red blossoms.

136. elle lui fit cette estafilade: Totally imaginative, Old Abel's embellished account, reminiscent of African tales of the fantastic, is much more entertaining than a factual one.

137. le pian ne vienne...la plante des pieds: 'yaws come...soles of our feet'. Yaws are sores caused by a tropical viral skin infection.

138. malaccas...tamarins...pruniers de Chine: 'malacas...tamarinds... Chinese plum trees'.

139. cochon planche: 'stewed pork'.

140. les Desaragne: They are the *Békés* who will indeed have an impact on Télumée later.

141. le Blanc des blancs: The worst and most powerful of all white slave owners, a mythical being of virtually supernatural strength who struck terror in those who heard of him.

142. phales et des phalènes: 'male and female moths'.

Chapter 3

grandmother as mentor – adolescent awakening – knowing Elie

143. le zambo-caraïbe: 'the ferocious-Carib'. In Creole, the first word is *zanbo*.

144. amateur de: 'lover of'.

145. femme fantaisie, une lunée, une temporelle: 'freak, a loony, a temporal phenomenon'.

146. tu...resteras blanche: The grandmother tells Télumée how to keep her innocence and dignity.

147. Nous jouions aux noix d'acajou...à pichine: 'We used to play with mahogony nuts...osselets'.

148. gros genoux épais, cornés, boursouflés: Little did it matter to Télumée that Elie had thick, calloused, swollen knees.

149. marigots: 'pools'.

150. y a pas = *il n'y a pas*

151. jabot: Wide pleated shirt-front cover. The jabot was a forerunner of the cravat.

152. berceuse dodine: 'comfortable rocking chair'.

153. le nègre est l'enfant de Dieu: Reine Sans Nom told stories in which blacks were not inferior, secondary characters.

154. les cyclones: 'hurricanes'.

Chapter 4

chaste early teens – Elie the sawyer – Télumée the Békés maid

155. marraines: Godmothers take their role quite seriously in the West Indies, and are very close to their godchildren.

156. calebasse: A large gourd-shaped fruit. In this case the word is the figurative term for a belly swollen by unexpected pregnancy.

157. leur servir mes seize ans comme plat du jour: 'to serve them my sixteen-year-old youth and beauty as the day's special.' The grandmother was too proud to let Télumée lose her dignity and virginity working, and being raped, in the cane-fields.

158. à col chale: 'cross-over collars'.

159. aller dans la terre des blancs: A descendant of *marrons* (slaves that escaped to the wooded mountain slopes), Elie was predisposed to dislike white people and would never condescend to work for them.

160. scieur de long de son état: 'sawyer by trade'.

161. mombins...fougères géantes: In Creole, *monbins* are Spanish plum trees, in this case, interspersed with arborescent ferns (*fougères géantes*).

162. j'ai pris mes jambes à mon cou: 'I took to my heels'.

163. bêtes en colonage: 'animals jointly owned'.

164. enveloppements...ventouses scarifiées: 'cataplasms...scarified suction cups'.

165. nous aurions beau: 'it would be useless for us.'

166. mamzelle = *mademoiselle*

167. mulâtresse: A mulatto (half-black, half-white) lady

168. petits blancs: 'poor, insignificant whites'.

169. boucanée: 'smoked and cured'.

170. flèches métalliques: 'metallic arrows'. Thus Télumée called them, not knowing they were lightning rods.

171. drill: 'rags'.

172. chancres: 'cankers'.

173. avec leurs ventres à crédit: This expression means that the women were giving themselves to men for nothing in return.

Chapter 5

working for Békés – Fond-Zombi Sundays with grandmother and Elie

174. la pomme-liane: 'water-lemon'

175. il avait traÎné son corps près de sept ans: Having lived and worked seven years in France for subsistence wages, Amboise was exceptional. Having learned to speak French correctly, but also less and less tolerant of the whites, he will become a spokesman for oppressed sugar-factory workers.

176. sang-dragons: 'bloodworts'.

Chapter 6

incompatibility with Békés – leaving Békés to move in with Elie

177. le punch: In Guadeloupe, this drink is a mixture of rum and fruit juices.

178. éclaircie: 'enlightened'. Obviously, unlike Mme Desaragne, her friend believed that the blacks could be civilised.

179. les cases nègres de l'habitation: The black plantation workers usually lived in row huts formerly occupied by slaves.

180. zèbre: 'bloke', 'guy'.

181. un petit répit: Télumée craftily uses mosquitoes as a pretext for leaving the plantation permanently, though seemingly only temporarily.

182. libre de mes deux seins: 'free from the painful disadvantages of just being a woman'.

183. Le couteau seul...giraumon: 'Only the knife knows what occurs in the pumpkin's heart.' This is one of the most popular West Indian proverbs.

184. mangoustes: 'mongooses'. Asian Indians imported these ferrets to control snakes in Guadeloupe and Martinique where they have proliferated, while snakes have virtually vanished. Mongoose-snake fights are sometimes inserted between cock-fights.

185. gombos, pois boucoussous: 'gumbos, boucoussou peas'

186. fromagers: 'bombax trees'. With soft white wood, these tropical trees, also known as silk-cotton trees, produce around their seeds the silky mass from which Kapok is made.

187. coqs guinmes, des coqs de combat: 'pedigree roosters, fighting roosters'.

188. un bouquet rouge: Hanging the red bouquet from a rafter was a woman's way of claiming and accepting the hut built for her and proclaiming, at the same time, though unmarried, that she would be moving into it with the builder.

189. prendre possession de votre case: The traditional roasted corn ritual, performed by a respected elder, made the union as dignified or acceptable as it could be without a truly legitimising Christian wedding.

Chapter 7

happiness with Elie – enjoying Fond-Zombi – Letitia's warning

190. poix doux: 'sweet peas'.

191. yeux vifs et fureteurs de manicou: 'keen and prying eyes of an opossum'. Resembling a fat, ten-pound rat, the nocturnal opossum is the only North American marsupial.

192. roquille de rhum: 'a two-shot glass of rum'.

193. ouape: An onomatopeic utterance of flexible meaning depending on context. Here it connotes the sound of a collapse.

194. bois de résolu...adégonde: Types of wood used respectively for kitchens and porches.

195. acomat: 'acomat', 'smokewood'.

196. goyavier: 'guava tree'.

197. laiton: 'copper-zinc alloy'.

198. ma congresse: 'sweet girl'.

199. n'était: 'were it not for'.

200. cannes campêches: 'Mexican cane'.

Chapter 8

weather ruins economy – idle Elie drinks – Elie abuses Télumée

201. un carême pour les zombis: 'a dry season for zombies'. Here, a dry season that suits zombies. The dry season (*carême*) is also the coolest season (November-April).

202. tu discernes si bien l'hivernage du carême: 'you distinguish so well the rainy season from the dry one'.

203. la pépie: A malady, the pip, that affects fowl.

204. le groupe d'infernaux: 'idle, unemployed hell-raisers'.

Chapter 9

grandmother as adviser – Elie more abusive – Télumée leaves him

205. du benjoin: 'balsam'.

206. les coques fumantes: 'the smoking shells'. The shells were the recipients filled with magical leaves that Reine Sans Nom had arranged and set afire all around Télumée's hut in order to cast a protective spell over her.

207. l'Avent: Advent, the pre-Christmas season of preparation leading to celebration of the Christian Messiah's birth.

208. rhum coloré: 'aged rhum', better than young, clear rhum.

209. elle abordera: 'she will come ashore'. In other words, she will get over it, she'll come back to reality.

210. l'agouti: A large rodent resembling a tall rat with large rear legs.

211. avait 'fondré': 'had collapsed'.

212. je...m'y retrempai un certain nombre de fois: This bathing signals Télumée's rebirth through a cleansing experience evoking baptism.

Chapter 10

Télumée's long convalescence – grandmother's death and the vigil

213. a sept fiels: 'has seven spleens'. A comparable saying in English would be 'has nine lives'.

214. escarres: 'bedsores'.

215. crème de dictame: 'dittany cream'. Dittany is a highly aromatic kind of oregano.

216. la chiboulait: 'used to tease her'.

217. Vieux-Fort: A port on the southwestern tip of Basse-Terre.

218. les prieuses: 'the ladies designated to pray'.

219. Et la roche...avant de la donner au voisin: Passing the stone to each other and using it to beat an ever-accelerating rhythm, members of the group were like a funeral chorus honouring the dead grandmother and making petitions for her. This custom originated in Africa.

220. fanal: 'headlamp'. The bright lantern fixed to the bow or mast of a boat or ship. Télumée felt lost without her guiding light, her grandmother.

221. n'est-ce pas la Reine?: As it was customary, friends attending the burial would take turns extolling the deceased. Such was the funeral service in Télumée's time.

Chapter 11

Amboise shows interest – Télumée takes heart – Man Cia vanishes

222. nègres des Fonds perdus: 'negroes of the remote Valley hamlets'. Precisely because their isolation shielded them from outside influence, these people kept the old traditions alive.

223. prenne son envol: 'take flight'. A nine-day-and-night vigil in honour of the deceased was supposed to ensure his or her soul a peaceful transition from earthly life to a heavenly one.

224. atteignait par ratés: 'in patches'.

225. les Poursuivis: 'those who were tormented by a spell'. Seen as a medium or intermediary for the living and the dead, Man Cia had, for her community, the powers of a witch and healer – in this case, of an exorcist.

226. une très belle igname caplao: 'a very big white yam'.

227. une fondrière: 'muddy gully'.

228. mancenillier empoisonné: 'poisonous manchineel tree'.

229. torchis: 'clay mud mixed with straw'.

230. Déplacés: These people were displaced in that they had been forced, mainly by poverty, to leave their original place of residence. The most alienated of all were the *Egarés*, or 'Strays', who lived off the land higher up the mountain in complete isolation.

231. irréductible: 'indomitable'. Télumée was naturally predisposed to alienate herself since she was a Lougandor and therefore no ordinary individual. On the other hand, she was hardly prouder of her lineage and proper upbringing than are average West Indian blacks. In this respect, being all immensely proud, they insist on mutual respect.

232. une petite cahute: 'a little shanty'.

233. le disque rouge de man Cia: The round red clay plot of land where Man Cia lived and to which Télumée referred (see Part II, Chapter 2) It was visible from afar.

234. cuves à vesou: 'vats of cane juice'; *vesou* is a Creole word.

235. gargouilles: 'overflow pipes'.

236. bagasse: 'cane debris'.

237. paoca, beaume commandeur, rose à la mariée et puissance de satan: 'paoca, calaba balsam, bride's rose and power of Satan'.

238. les halliers: 'undergrowth'.

239. queue de cochon: Not very nutritious, a pig's tail was a poor person's way of adding a pork taste to certain dishes.

240. faisait cul sec: 'drank it bottom up'.

241. son regard d'ancienne: Télumée's typically West Indian reverence for the elderly has conditioned her to sense a certain spark of wisdom in old Man Cia's stare.

242. démissures: This is a French spelling of the Creole term, *demisi*, meaning 'sprain'.

243. soucougnant: The Creole name for a mythical creature, resulting from the nocturnal metamorphosis of a person into a firebird.

244. à l'encan: 'to be auctioned off'.

245. les boucauts: 'barrels'.

246. je ne comprends pas...: Like many black slave descendants, Man Cia feels victimised by fate's inexplicably unfair treatment of her race.

247. un sillon de madères: 'a furrow of madera root'. Brought from India, this plant is similar in appearance to celery root.

248. néflier: 'medlar tree'.

249. causements: An archaic term meaning *causeries*, 'chats'.

Chapter 12

Olympe's friendship – Télumée binges – Amboise wins Télumée

250. malangas: The Creole name of an edible root.

251. n'envoyait jamais dire: 'never hesitated to say what she thought'.

252. se tut: Olympe stopped talking when Télumée asked how things were going in the cane-fields. The inference is that it was a subject so unpleasant or degrading that Olympe did not wish to think about it. Télumée's inquiry is the only hint that she, too, would finally condescend by absolute necessity to do such dehumanising work.

253. jambes...recouvertes de chiffons: Wrapping one's legs with rags offered little protection against the sharp cane-spikes or *piquants* that penetrated clothing and became splinters in the skin. Télumée quickly learned that the pain of splinters was more bearable than the torrid heat which the rag coverings only exacerbated.

254. quelques pièces de zinc: 'a few zinc tokens'. The sugar-refinery coins that could be exchanged for food supplies at the refinery's store. It was a vicious cycle tantamount to re-enslavement. Refineries would underpay workers who, never able to pay in full for all the food they needed, bought much on credit from the factory store and always felt guilty, afraid and therefore subservient.

255. passe-passe: 'like magic'. This expression suggests that the refinery's tokens created an insidious illusion.

256. s'il n'a rien: Through her heroine, Schwarz-Bart has just articulated the essence of black Guadeloupean identity that her experience with whites in Paris forced her to contemplate: keen appreciation for the simplest pleasures and amazing resilience despite overwhelming adversity and injustice.

257. un notre père: 'an Our Father'. The Christian Lord's Prayer.

258. un caladja: A French spelling of the Creole word, *kalagya*, a rhythmic, somewhat – or highly – scandalous song-ballad.

259. Ces jeunes hommes-là...noyés: This refrain was an obvious allusion to Elie's decline.

260. siguine: The *sigin* or *kalalou* in Creole, a cabbage plant of which the leaves are used to make the soup *calalou*.

Chapter 13

Télumée and Amboise's union – bliss with Amboise – Amboise dies

261. chachas: The Creole term for 'maracas,' gourd rattles.

262. dépouillées de toute fange, limpides: Olympe's dancing is interpreted as a symbolic, if not real, catharsis or expunction of painful memories, a cleansing of body and soul.

263. les appels: 'summonses'.

264. la peau de cabri: The drum head was made of goatskin.

265. au petit orteil de mes pieds: Télumée's account of her own dancing reveals the intoxicating, transforming and rejuvenating effect of total immersion in Guadeloupean dance – to the extent that the dancer is so entranced that he or she imaginatively becomes the surrounding objects or people which the body movements reflect.

266. ignames paccala: In Creole, *pakala* identifies a variety of white yams.

267. bananes poteaux et cornes: 'big banana trees and plantains'.

268. afin que Dieu le regarde...sans dégoût: Amboise, also, had been a victim of the inferiority complex inculcated in poor, downtrodden black West Indians, and everything around them seemed to justify it.

269. conques: 'conch shells'. Huge seashells used as wind instruments or horns to sound warnings or summonses.

270. Dès l'aube,...les draps même de notre couche: Though dead, Amboise was still very much alive in Télumée's mind.

271. des branches piquantes d'acacia: 'thorny locust branches'. Beating Amboise's grave with thorny branches was supposed to ease Télumée's pain by allowing her to transfer it to death. Symbolically punishing death, if not Amboise himself, for hurting her so much, she could vent her bitterness.

Chapter 14

Télumée adopts Sonore – Médard alienates Sonore – Médard dies

272. au séné, au semen-contra...des bains de cassia-lata: 'with senna, santonica...baths with cassia'. These are all herbal laxatives. *Cassia* is, in French, the word **casse**, and the tree from which it comes is *le cassier*.

273. qui demandent d'être soignés par l'homme: Popular belief that certain male plants grow only with a man's care reflects total ignorance or dismissal of scientific findings.

274. fanons: 'dewlaps'.

275. man Tétèle: A shortened, endearing form of *madame Télumée*.

276. la tige de ses cuisses: figuratively, his penis.

277. nèfles: 'medlar fruit'. The medlar tree's fruit resembles a crab apple.

278. un agouti, un couple de ramiers, des coeurs de palmistes...un colifichet: 'a hare, a pair of woodpigeons, hearts of cabbage palms...a trinket'.

Chapter 15

old Télumée reminisces – she rejects Elie – she is undaunted

279. la Toussaint, viendrait poser une bougie sur sa tombe: The All Saints Night-All Souls Morning candlelight vigil by family members who gather around family tombs to honor and pray for deceased relatives is an important religious event in Guadeloupe. Hence many family crypts are cluttered with burnt or half-burnt candles on All Souls Day (2 November) and thereafter.

280. l'Elie: The article added to Elie's name objectifies him as though he were a permanent fixture, a thing of the past that wouldn't go away. Ultimately, despite his sad state and although he was still irresistibly attracted to Télumée, his *marron* pride and machoism precluded any offer of reconciliation on his part.

281. Ce petit sou vaillant...seul et unique regret de ma vie: That little red penny of comfort, that one little ounce of compassion that Télumée wanted to give but could not bring herself to do so, was her only regret in life. After all his cruelty, did she still love him or simply pity him? What prevented forgiveness? Was it Lougandor pride, or was it emotional numbness?

282. soucougnantise: 'nocturnal transformation from human form into a firebird'.

283. une créature telle que l'ange Médard: This image of human degeneracy and madness harks back to Schwarz-Bart's self-identification through Télumée (Chapter 12).

284. Et puis...elles disent la route goudronnée...les poteaux électriques en lieu...des balatas: This reference to modernity of the 1960s signals a return to the book's point of departure in time, a cycle's being completed but not to be forgotten.

285. quelle joie: The implications of this ending are amply, though perhaps inconclusively, treated in the Introduction to this edition, p. xiv.